실력 향상 필수학습!
고득점을 예약하자!

구문

영어전략
중학 1
BOOK 1

천재교육

언제나 만점이고 싶은 친구들

Welcome!

숨 돌릴 틈 없이 찾아오는 시험과 평가,
성적과 입시 그리고 미래에 대한 걱정.
중·고등학교에서 보내는 6년이란 시간은
때때로 힘들고, 버겁게 느껴지곤 해요.

그런데 여러분, 그거 아세요?
지금 이 시기가 노력의 대가를
가장 잘 확인할 수 있는 시간이라는 걸요.

안 돼, 못하겠어, 해도 안 될 텐데-
어렵게 생각하지 말아요. 천재교육이 있잖아요.
첫 시작의 두려움을 첫 마무리의 뿌듯함으로 바꿔줄게요.

펜을 쥐고 이 책을 펼친 순간
여러분 앞에 무한한 가능성의 길이 열렸어요.

우리와 함께 꽃길을 향해 걸어가 볼까요?

#내신 대비서
#고득점 예약하기

영어전략

Chunjae
Makes
Chunjae

▼

[영어전략] 중학 1 구문

편집개발	최윤정, 박효정, 정혜숙, 김미혜
영문 교열	Matthew D. Gunderman
제작	황성진, 조규영
디자인총괄	김희정
표지디자인	윤순미, 장미
내지디자인	디자인 톡톡

발행일	2022년 7월 15일 초판 2022년 7월 15일 1쇄
발행인	(주)천재교육
주소	서울시 금천구 가산로9길 54
신고번호	제2001-000018호
고객센터	1577-0902
교재 내용문의	(02)3282-8834

※ 정답 분실 시에는 천재교육 교재 홈페이지에서 내려받으세요.

구문

영어전략

중학 1

BOOK 1

이 책의 구성과 활용

이 책은 3권으로 이루어져 있는데
본책인 BOOK1, 2의 구성은 아래와 같아.

주 도입

만화를 읽은 후 간단한 퀴즈를 풀며 한 주 동안 학습할 구문을 익혀 봅니다.

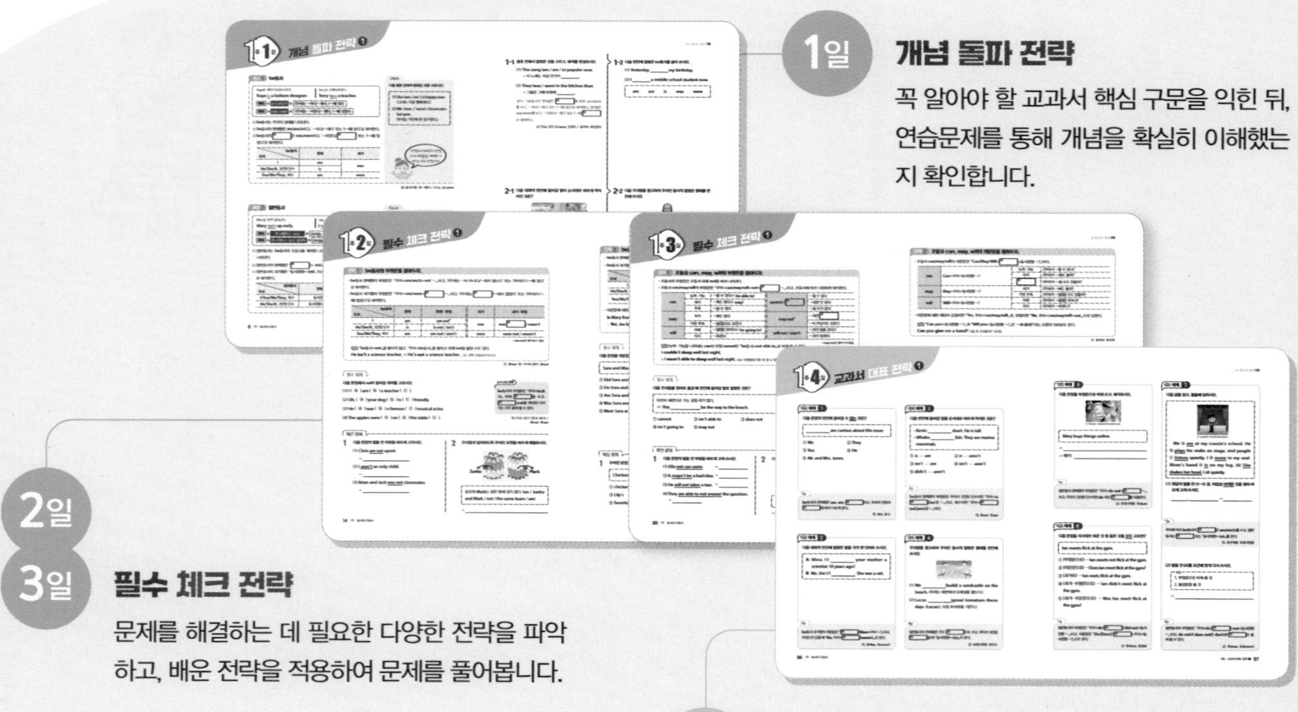

1일 개념 돌파 전략

꼭 알아야 할 교과서 핵심 구문을 익힌 뒤, 연습문제를 통해 개념을 확실히 이해했는지 확인합니다.

2일 3일 필수 체크 전략

문제를 해결하는 데 필요한 다양한 전략을 파악하고, 배운 전략을 적용하여 문제를 풀어봅니다.

4일 교과서 대표 전략

내신 기출 문제의 대표 유형을 풀어 보며 실제 학교 시험 유형을 익힙니다.

부록 **시험에 잘 나오는 개념 BOOK**

부록은 뜯어서 미니북으로 활용하세요!
시험 전에 개념을 확실하게 잡어 주세요.

주 마무리와 권 마무리의 특별 코너들로
영어 실력이 더 탄탄해질 거야!

주 마무리 코너

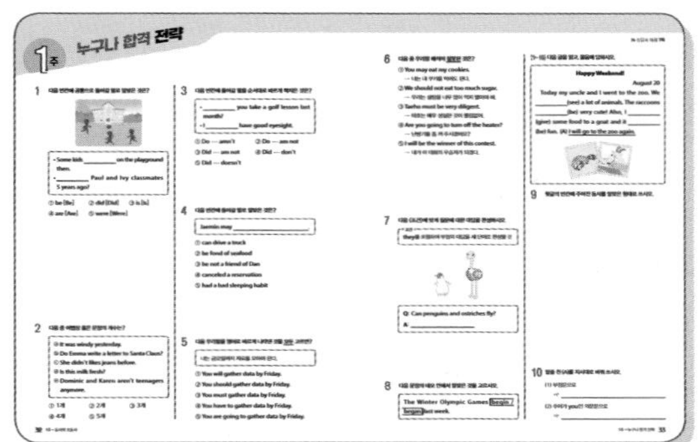

누구나 합격 전략

난이도가 낮은 문제들을 통해 앞서 학습한 내용에 대한 기초 이해력을 점검합니다.

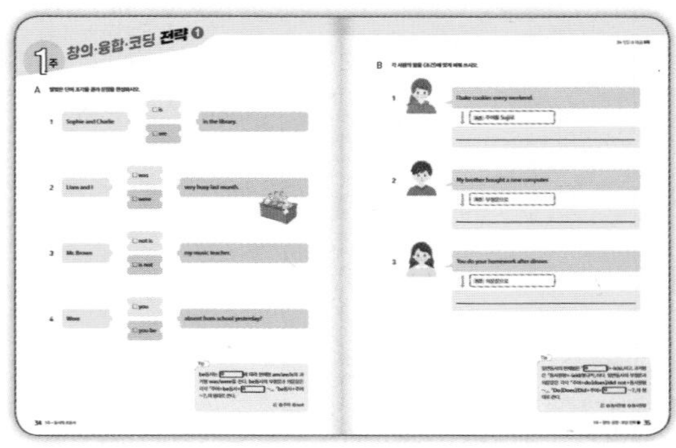

창의·융합·코딩 전략

융복합적 사고력과 문제 해결력을 키울 수 있는 재미있는 문제들을 풀어 봅니다.

권 마무리 코너

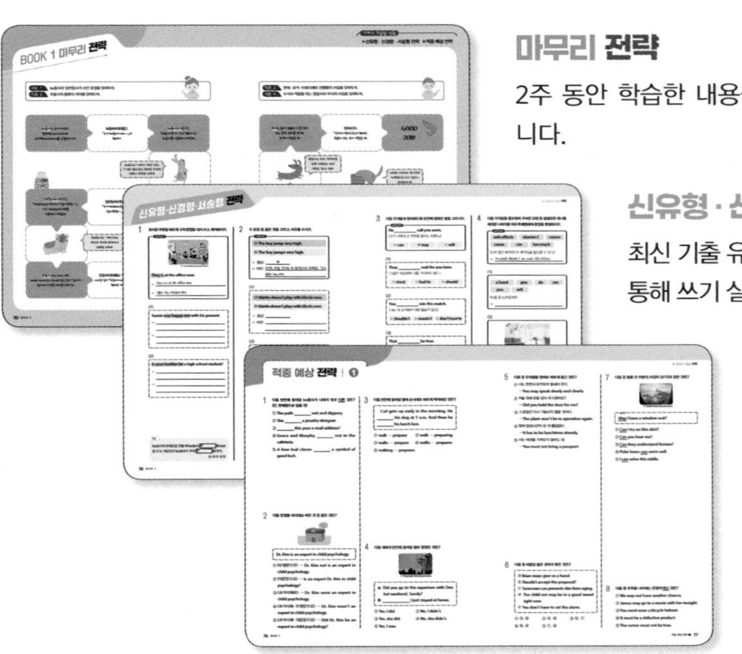

마무리 전략

2주 동안 학습한 내용을 이미지나 만화를 통해 총정리합니다.

신유형·신경향·서술형 전략

최신 기출 유형을 반영한 다양한 서술형 문제들을 통해 쓰기 실력을 키웁니다.

적중 예상 전략

실제 학교 시험 유형의 예상 문제를 풀며 실전에 대비합니다.

이 책의 차례

BOOK ❶

BOOK ❷

동사와 조동사

1 be동사

김 선생님의 담당 과목은?
a. 영어
b. 과학

2 일반동사

여학생이 방문한 장소는?
a. beach
b. amusement park

학습할 내용

❶ be동사 ❷ 일반동사 ❸ 조동사 can, may, will ❹ 조동사 must, should

3 조동사 can, may, will

여학생의 대답으로 알맞은 것은?

a. Yes, I can.

b. No, I can't.

4 조동사 must, should

수영장에서 하지 말아야 하는 것은?

a. 수영모 쓰기

b. 음식 가져오기

답 1b 2a 3b 4b

1주 1일 개념 돌파 전략 ❶

개념 1 be동사

Kaya는 패션 디자이너이다. Kaya is a fashion designer.	Terry는 선생님이었다. Terry was a teacher.

주어 + am / are / is ➔ (주어)는 ~이다/~하다, (~에) 있다

주어 + was / were ➔ (주어)는 ~이었다/~했다, (~에) 있었다

- be동사는 주어의 상태를 나타낸다.
- be동사의 현재형은 am/are/is이고, '~이다/~하다' 또는 '(~에) 있다'로 해석한다.
- be동사의 ❶ [   ]은 was/were이고, '~이었다/❷ [   ]' 또는 '(~에) 있었다'로 해석한다.

주어 \ be동사	현재	과거
I	am	was
He/She/It, 3인칭 단수	is	
You/We/They, 복수	are	were

1인칭(나/우리)과 2인칭(너/너희들)을 제외한 나머지는 모두 3인칭이야.

Quiz

다음 괄호 안에서 알맞은 것을 고르시오.

(1) She (am / are / is) happy now.
(그녀는 지금 행복하다.)

(2) We (was / were) classmates last year.
(우리는 작년에 반 친구였다.)

답 ❶ 과거형 ❷ ~했다 / (1) is (2) were

개념 2 일반동사

Mary는 일찍 일어난다. Mary gets up early.	나는 커다란 눈사람을 만들었다. I made a huge snowman.

주어 + 동사원형(+-(e)s) ➔ (주어)는 ~한다

주어 + 동사원형+-(e)d / 불규칙 ➔ (주어)는 ~했다

- 일반동사는 be동사와 조동사를 제외한 나머지 동사로, 주어의 동작이나 상태를 나타낸다.
- 일반동사의 현재형은 「❶ [   ](+-(e)s)」이고, 주로 '~한다'로 해석한다.
- 일반동사의 과거형은 「동사원형+-(e)d」 또는 불규칙 형태이고, 주로 '❷ [   ]'로 해석한다.

주어 \ 일반동사	현재	과거
I/You/We/They, 복수	동사원형	동사원형+-(e)d 또는 불규칙
He/She/It, 3인칭 단수	동사원형+-(e)s	

Quiz

다음 괄호 안에서 알맞은 것을 고르시오.

(1) My little brother (like / likes) robots.
(내 남동생은 로봇을 좋아한다.)

(2) They (study / studied) math together yesterday.
(그들은 어제 함께 수학을 공부했다.)

답 ❶ 동사원형 ❷ ~했다 / (1) likes (2) studied

1-1 괄호 안에서 알맞은 것을 고르고, 해석을 완성하시오.

(1) This song (am / are / is) popular now.
➡ 이 노래는 지금 인기가 ________.

(2) They (was / were) in the kitchen then.
➡ 그들은 그때 부엌에 ________.

풀이 | be동사의 현재형은 ❶ ________에 따라 am/are/is를 쓰고, '~이다/~하다' 또는 '(~에) 있다'로 해석한다. 과거형은 was/were를 쓰고, '~이었다/~했다' 또는 '(~에) ❷ ________'로 해석한다.

답 (1) is, 있다 (2) were, 있었다 / ❶ 주어 ❷ 있었다

1-2 다음 빈칸에 알맞은 be동사를 골라 쓰시오.

(1) Yesterday ________ my birthday.

(2) I ________ a middle school student now.

am	are	is	was	were

2-1 다음 대화의 빈칸에 들어갈 말이 순서대로 바르게 짝지어진 것은?

A: Somi ________ cats.
B: I ________ her cats before.

① love … saw

② loves … see

③ loves … saw

풀이 | 일반동사의 현재형은 주로 ❶ ________을 쓰고, 주어가 3인칭 ❷ ________일 때 동사 뒤에 -(e)s를 붙인다. 일반동사의 과거형은 주어에 관계없이 「동사원형+-(e)d」 또는 불규칙 형태로 쓴다.

답 ③ / ❶ 동사원형 ❷ 단수

2-2 다음 우리말을 참고하여 주어진 동사의 알맞은 형태를 빈칸에 쓰시오.

(1) Mom ________(drink) coffee every day.
(엄마는 매일 커피를 마신다.)

(2) Daniel and I ________(play) in the rain last night.
(Daniel과 나는 어젯밤에 빗속에서 놀았다.)

개념 3 조동사 can, may, will

나는 플루트를 잘 연주할 수 있어. (능력·가능)
I can play the flute well.

그녀는 내일 너에게 전화할 거야. (미래)
She will call you tomorrow.

주어 + can / may + 동사원형 → (주어)는 ~할 수 있다/~해도 된다
주어 + will + 동사원형 → (주어)는 ~일 것이다/~할 것이다

- 조동사는 ❶ ____ 에 다양한 의미를 더해 주는 말이다.
- 조동사는 단독으로 쓰지 않고, 항상 ❷ ____ 와 함께 쓴다. 이때 동사는 반드시 동사원형으로 쓴다.
- 조동사 can, may는 능력, 허가 등의 의미를, will은 미래의 의미를 나타낸다.
- can, may, will의 과거형은 각각 could, might, would이다.

can	능력·가능	~할 수 있다 (= be able to)
	허가	~해도 된다 (= may)
	추측	~일 수 있다
may	허가	~해도 된다
	약한 추측	~일[할]지도 모른다
will	미래	~일[할] 것이다 (= be going to)
	의지	~하겠다

Quiz

우리말을 참고하여 다음 빈칸에 알맞은 조동사의 기호를 쓰시오.

(1) I ________ play the piano well.
(나는 피아노를 잘 연주할 수 있다.)

(2) My family ________ go on a trip this weekend.
(우리 가족은 이번 주말에 여행을 갈 것이다.)

(3) Emily ________ be busy now.
(Emily는 지금 바쁠지도 모른다.)

ⓐ can ⓑ may ⓒ will

답 ❶ 동사 ❷ 동사 / (1) ⓐ (2) ⓒ (3) ⓑ

개념 4 조동사 must, should

운전자들은 빨간불에서 멈춰야 한다. (의무)
Drivers must stop at a red light.

너는 병원에 가 보는 것이 좋겠어. (충고)
You should see a doctor.

주어 + must / should + 동사원형 → (주어)는 ~해야 한다

- 조동사 must, should는 동사 ❶ ____ 에 쓰여 의무, 충고 등의 의미를 나타낸다.
- must가 의무를 나타낼 때 have [has] to로 바꿔 쓸 수 있고, ❷ ____ 은 모두 had to로 쓴다.
- 의무를 나타내는 should는 must보다 약한 의미를 나타낸다.

must	의무·필요	~해야 한다 (= have [has] to)
	강한 추측	~임에 틀림없다
should	도덕적 의무·충고	~해야 한다, ~하는 게 좋겠다

Quiz

우리말을 참고하여 다음 빈칸에 알맞은 조동사의 기호를 쓰시오.

(1) He ________ be sleepy.
(그는 졸린 것이 틀림없다.)

(2) I ________ stay there all day.
(나는 하루 종일 거기 있어야 했다.)

(3) You ________ tell her the truth.
(너는 그녀에게 진실을 말하는 것이 좋겠다.)

ⓐ must ⓑ should ⓒ had to

답 ❶ 앞 ❷ 과거형 / (1) ⓐ (2) ⓒ (3) ⓑ

3-1 다음 문장을 우리말로 바르게 옮긴 것을 고르시오.

(1) Jerry will travel to Peru.
① Jerry는 페루로 여행을 갈 것이다.
② Jerry는 페루로 여행을 갈지도 모른다.

(2) I could stand on my head.
① 나는 물구나무를 서겠다.
② 나는 물구나무를 설 수 있었다.

(3) You may swim in this river.
① 너는 이 강에서 수영해도 된다.
② 너는 이 강에서 수영해야 한다.

풀이 | (1) 조동사 ❶ ______은 미래의 의미일 때 '~일[할] 것이다'라는 뜻이다. (2) 조동사 could는 ❷ ______의 과거형으로 능력·가능을 나타낼 때 '~할 수 있었다'라는 뜻이다. (3) 조동사 may는 허가의 의미일 때 '~해도 된다'라는 뜻이다.

답 (1)① (2)② (3)① / ❶ will ❷ can

3-2 다음 두 문장의 의미가 같도록 빈칸에 알맞은 말을 쓰시오.

(1) Jina is able to speak five languages.
= Jina __________ speak five languages.

(2) We are going to have a barbeque party.
= We __________ have a barbeque party.

4-1 밑줄 친 부분에 유의하여 우리말 해석을 완성하시오.

(1) He <u>must</u> be very angry.
➡ 그는 매우 화가 난 것이 ________.

(2) You <u>should</u> eat healthy food.
➡ 너는 건강에 좋은 음식을 먹는 것이 ________.

풀이 | (1) must는 '~해야 한다'라는 의미로 ❶ ______·필요를 나타내거나 '~임에 틀림없다'라는 의미로 강한 추측을 나타낸다. (2) should는 '~해야 한다'라는 의미로 도덕적 의무를 나타내거나 '~하는 게 좋겠다'라는 의미로 ❷ ______를 나타낸다.

답 (1) 틀림없다 (2) 좋겠다 / ❶ 의무 ❷ 충고

4-2 우리말과 일치하도록 빈칸에 알맞은 말을 쓰시오.

진호는 어제 많은 숙제를 해야 했다.
➡ Jinho ______ ______ do a lot of homework yesterday.

1주 1일 개념 돌파 전략 ❷

CHECK UP

(1) They (is / are) from Toronto.

(2) Tom and I (am / are) here together.

(3) Mina (was / were) busy yesterday.

- 구문 be동사는 주어의 상태를 나타내는 말로, 주어에 따라 ❶ ______ 으로 am/are/is를, 과거형으로 was/were를 쓴다.
- 해석 (1) 그들은 토론토 출신이다.
  (2) Tom과 나는 이곳에 함께 있다.
  (3) 미나는 어제 ❷ ______ .

답 (1) are (2) are (3) was / ❶ 현재형 ❷ 바빴다

1 동사에 밑줄을 긋고, 문장을 해석하시오.

(1) The man is at the post office.

➡ ______________________

(2) Henry and Noah were happy with their new house.

➡ ______________________

(3) A bird was on my head.

➡ ______________________

CHECK UP

(1) Lucas (draw / draws) a picture.

(2) We (make / makes) a model airplane.

(3) Ann and Chloe (learn / learned) Pilates last year.

- 구문 일반동사는 주어의 동작이나 상태를 나타내는 말로, 현재형은 「❶ ______ (+-(e)s)」, 과거형은 「동사원형+-(e)d」/불규칙 형태이다.
- 해석 (1) Lucas는 그림을 그린다.
  (2) 우리는 모형 비행기를 ❷ ______ .
  (3) Ann과 Chloe는 작년에 필라테스를 배웠다.

답 (1) draws (2) make (3) learned / ❶ 동사원형 ❷ 만든다

2 동사에 밑줄을 긋고, 문장을 해석하시오.

© Syda Productions/shutterstock

(1) I like math and science.

➡ ______________________

(2) My dad reads the newspaper.

➡ ______________________

(3) The child put his socks into the washing machine an hour ago.

➡ ______________________

put *A* into *B* A를 B에 넣다 washing machine 세탁기

>> 정답과 해설 1쪽

CHECK UP

(1) She can dance a waltz. (능력 / 의지)
(2) The news may be true. (미래 / 추측)
(3) The students will visit a museum. (허가 / 미래)

• 구문 조동사는 동사에 다양한 의미를 더해 주는 말로 can, may는 능력, 허가, ❶ _____의 의미를, will은 미래의 의미를 나타낸다.
• 해석 (1) 그녀는 왈츠를 출 수 있다.
(2) 그 소식은 사실❷ _____.
(3) 학생들은 박물관을 방문할 것이다.

답 (1) 능력 (2) 추측 (3) 미래 / ❶ 추측 ❷ 일지도 모른다

3 '조동사+동사'에 밑줄을 긋고, 문장을 해석하시오.

(1) The tree may be unhealthy.
➡ ________________

(2) She will move to Toronto.
➡ ________________

(3) Honeybees can communicate with each other.
➡ ________________

unhealthy 건강하지 않은 communicate 의사소통을 하다

CHECK UP

(1) The boy must be sad. (의무 / 추측)
(2) Logan has to clean his room. (의무 / 추측)
(3) You should protect the environment. (추측 / 충고)

• 구문 조동사 must와 should는 의무, 충고 등의 의미를 나타낸다. must가 의무를 나타낼 때 ❶ _____ to로 바꿔 쓸 수 있다.
• 해석 (1) 그 소년은 틀림없이 슬플 것이다.
(2) Logan은 그의 방을 ❷ _____.
(3) 여러분은 환경을 보호해야 한다.

답 (1) 추측 (2) 의무 (3) 충고 / ❶ have ❷ 청소해야 한다

4 '조동사+동사'에 밑줄을 긋고, 문장을 해석하시오.

(1) Our children should eat more vegetables.
➡ ________________

(2) Charles must come back by 9.
➡ ________________

(3) Jammy had to leave in a hurry.
➡ ________________

vegetable 채소 leave 떠나다

1주 2일 필수 체크 전략 ❶

전략 1 be동사의 부정문을 알아두자.

- be동사 현재형의 부정문은 「주어+am/are/is+not ~.」이고, '(주어)는 ~이 아니다/~하지 않는다' 또는 '(주어)가 (~에) 없다'로 해석한다.
- be동사 과거형의 부정문은 「주어+was/were+❶ ______ ~.」이고, '(주어)는 ❷ ______/~하지 않았다' 또는 '(주어)가 (~에) 없었다'로 해석한다.

주어 \ be동사	현재	현재·부정	과거	과거·부정
I	am	am not*	was	was ❸ ______ / wasn't
He/She/It, 3인칭 단수	is	is not / isn't		
You/We/They, 복수	are	are not / aren't	were	were not / weren't

*am not은 줄여 쓸 수 없음.

주의 「be동사+not」을 줄이지 않고, 「주어+be동사」를 줄이고 뒤에 not을 붙일 수도 있다.
He **isn't** a science teacher. = He**'s not** a science teacher. 그는 과학 선생님이 아니다.

답 ❶ not ❷ ~이 아니었다 ❸ not

필수 예제

다음 문장에서 not이 들어갈 위치를 고르시오.

(1) I (ⓐ) am (ⓑ) a teacher (ⓒ).

(2) Oh, (ⓐ) your dog (ⓑ) is (ⓒ) friendly.

(3) He (ⓐ) was (ⓑ) a famous (ⓒ) musical actor.

(4) The apples were (ⓐ) on (ⓑ) the table (ⓒ).

문제 해결 전략

be동사의 부정문은 「주어+be동사」 뒤에 ❶ ______을 쓰고, ❷ ______ not을 제외한 나머지는 모두 줄여 쓸 수 있다.

답 (1) ⓑ (2) ⓒ (3) ⓑ (4) ⓐ / ❶ not ❷ am

확인 문제

1 다음 문장의 밑줄 친 부분을 바르게 고치시오.

(1) Chris <u>are not</u> upset.
➡ ______________________

(2) I <u>amn't</u> an only child.
➡ ______________________

(3) Brian and Jack <u>was not</u> classmates.
➡ ______________________

2 우리말과 일치하도록 주어진 표현을 바르게 배열하시오.

준호와 Mark는 같은 팀에 있지 않다. (on / Junho and Mark / not / the same team / are)

➡ ______________________

>> 정답과 해설 2쪽

전략 2 be동사의 의문문을 알아두자.

- be동사 현재형의 의문문은 「Am/Are/Is+주어 ~?」이고, '~이니?/~하니?' 또는 '(~에) 있니?'로 해석한다.
- be동사 과거형의 의문문은 「Was/Were+주어 ~?」이고, '~이었니?/❶ ____' 또는 '(~에) 있었니?'로 해석한다.

주어 \ be동사	현재	현재·의문	과거	과거·의문
I	am	Am I ~?	was	❷ ____+주어 ~?
He/She/It, 3인칭 단수	is	Is+주어 ~?		
You/We/They, 복수	are	❸ ____+주어 ~?	were	Were+주어 ~?

- 의문문에 대한 대답이 긍정이면 「Yes, 주어+be동사.」로, 부정이면 「No, 주어+be동사+not.」으로 답한다.

Is Mary from England? Mary는 영국에서 왔니?

– **Yes**, she **is**. 응, 그래. / – **No**, she **isn't**. 아니, 그렇지 않아.

답 ❶ ~했니? ❷ Was ❸ Are

필수 예제

다음 문장을 의문문으로 바르게 바꾼 것은?

Sora and Mia were in Paris last summer.

① Did Sora and Mia in Paris last summer?
② Do Sora and Mia in Paris last summer?
③ Are Sora and Mia in Paris last summer?
④ Was Sora and Mia in Paris last summer?
⑤ Were Sora and Mia in Paris last summer?

문제 해결 전략

be동사 현재형의 의문문은 「Am/❶ ____/Is+주어 ~?」이고, 과거형의 의문문은 「Was/❷ ____+주어 ~?」이다.

답 ⑤ / ❶ Are ❷ Were

확인 문제

1 주어진 문장을 의문문으로 만들 때 두 번째로 오는 말은?

Chicken pasta is Lily's favorite food.

① chicken pasta ② does
③ Lily's ④ is
⑤ favorite food

2 우리말과 일치하도록 다음 대화의 빈칸에 알맞은 말을 쓰시오.

A: ________ ________ a cook?
(당신은 요리사입니까?)

B: ________, ________ ________. I am a doctor.
(아니요. 저는 의사입니다.)

필수 체크 전략 ❶

전략 3 일반동사의 부정문을 알아두자.

- 일반동사 현재형의 부정문은 「주어+do [does] not+동사원형 ~.」이고, '(주어)가 ~하지 않는다'로 해석한다.
- 일반동사 과거형의 부정문은 「주어+did not+동사원형 ~.」이고, '(주어)가 ❶ [ ]'로 해석한다.

주어 \ 일반동사	현재	현재·부정	과거	과거·부정
I/You/We/They, 복수	동사원형	do not+동사원형 / don't+동사원형	동사원형+-(e)d / 불규칙	did ❷ [ ] +동사원형 / didn't+동사원형
He/She/It, 3인칭 단수	동사원형+-(e)s	does not+동사원형 / ❸ [ ] +동사원형		

주의 부정문을 만드는 do는 조동사이고, '~을 하다'라는 의미의 do는 일반동사이다.

I **did**n't **do** my homework. 나는 나의 숙제를 하지 않았다.
(did: 조동사, do: 일반동사)

답 ❶ ~하지 않았다 ❷ not ❸ doesn't

필수 예제

다음 빈칸에 들어갈 말을 순서대로 바르게 짝지은 것은?

- Sally __________ live in Seoul now.
- Jaden and I __________ drink coffee.

① don't … don't ② doesn't … doesn't ③ don't … doesn't
④ doesn't … don't ⑤ isn't … aren't

문제 해결 전략

일반동사 현재형의 부정문은 「주어+do [does] not+❶ [ ] ~.」으로 쓰며, do not은 don't로, does not은 ❷ [ ]로 줄여 쓸 수 있다.

답 ④ / ❶ 동사원형 ❷ doesn't

확인 문제

1 다음 문장의 밑줄 친 ⓐ와 ⓑ를 바르게 고치시오.

- I ⓐ doesn't like sweets.
- Harry ⓑ doesn't walk to school yesterday. He took a bus.

ⓐ __________ ⓑ __________

2 다음 문장을 부정문으로 바꿀 때 빈칸에 알맞은 말을 쓰시오.

Jiho closed the door.
➡ Jiho __________ the door.

>> 정답과 해설 2쪽

전략 4 일반동사의 의문문을 알아두자.

• 일반동사 현재형의 의문문은 「Do [Does]+주어+동사원형 ~?」이고, '(주어)가 ~하니?'로 해석한다.
• 일반동사 과거형의 의문문은 「Did+주어+동사원형 ~?」이고, '(주어)가 ❶ ____'로 해석한다.

주어 \ 일반동사	현재	현재 · 의문	과거	과거 · 의문
I/You/We/They, 복수	동사원형	Do+주어+동사원형 ~?	동사원형+-(e)d / 불규칙	Did+주어+❷ ____ ~?
He/She/It, 3인칭 단수	동사원형+-(e)s	Does+주어+동사원형 ~?		

• 의문문에 대한 대답이 긍정이면 「Yes, 주어+do [does]/did.」로, 부정이면 「No, 주어+don't [doesn't]/didn't.」로 답한다.
Does Tom **like** broccoli? Tom은 브로콜리를 좋아하니?
– **Yes**, he **does**. 응, 그래. / – **No**, he **doesn't**. 아니, 그렇지 않아.

답 ❶ ~했니? ❷ 동사원형

필수 예제

다음 대화의 빈칸에 들어갈 말로 알맞은 것은?

A: ____________ social media?
B: Yes, he does.

① Do Ben use ② Do use Ben
③ Does Ben use ④ Does use Ben
⑤ Did Ben use

문제 해결 전략
주어가 3인칭 단수일 때 일반동사 현재형의 의문문은 「❶ ____ +주어+동사원형 ~?」이고 긍정의 대답은 「Yes, ❷ ____ + does.」로 한다.

답 ③ / ❶ Does ❷ 주어

확인 문제

1 다음 대화의 대답을 참고하여 질문을 완성하시오.

A: ____________ Roy and Troy ____________ tae kwon do in LA?
B: Yes, they do. They teach tae kwon do in LA.

2 다음 문장을 의문문으로 바꿔 쓰시오.

Kathie ate pizza for lunch.

➡ ____________________

필수 체크 전략 ❷

1 다음 중 빈칸에 not이 들어갈 수 없는 것은?

① He is ________ from China.

② Noah and Owen are ________ twins.

③ We were ________ in the flower shop then.

④ Your textbook ________ was on the shelf.

⑤ The boys were ________ middle school students.

문제 해결 전략

be동사 현재형의 부정문은 「주어+am/are/is+❶ ______ ~.」이고, be동사 과거형의 부정문은 「주어+❷ ______/were+not ~.」이다.

답 ❶ not ❷ was

2 다음 문장을 의문문으로 바르게 바꾼 것은?

Julie took Professor Lee's class last semester.

① Do Julie take Professor Lee's class last semester?

② Does Julie take Professor Lee's class last semester?

③ Was Julie take Professor Lee's class last semester?

④ Did Julie take Professor Lee's class last semester?

⑤ Did Julie took Professor Lee's class last semester?

문제 해결 전략

일반동사의 의문문은 「Do [Does]/Did+주어+❶ ______ ~?」의 형태이다. 일반동사 과거형의 의문문은 ❷ ______로 시작해야 한다.

답 ❶ 동사원형 ❷ Did

3 다음 대화의 빈칸에 들어갈 말로 알맞은 것은?

A: Do you work out regularly?
B: ____________ I go to the gym every evening.

① Yes, you do. ② Yes, I do. ③ Yes, I am.

④ No, you don't. ⑤ No, I don't.

문제 해결 전략

일반동사 현재형의 의문문 「Do+주어+동사원형 ~?」에 대한 대답이 긍정이면 「Yes, 주어+❶ ______.」로, 부정이면 「No, 주어+❷ ______.」로 답한다.

답 ❶ do ❷ don't

>> 정답과 해설 3쪽

4 다음 글의 밑줄 친 부분과 같은 뜻이 되도록 주어진 표현을 바르게 배열하시오.

Today is the first day of middle school. It is sunny outside. Dad is in front of the door.

Dad: 지민아, 준비되었니?

Jimin: No, I'm not.

Dad: Hurry up! We're late!

I put on my school uniform. I brush my hair. I am almost ready.

you / ready / are

➡ ____________________, Jimin?

Words

sunny 화창한
in front of ~의 앞쪽에
put on ~을 입다
school uniform 교복
ready 준비가 된

문제 해결 전략

I가 주어일 때 be동사의 현재형은 ❶ ______으로 쓴다. 의문문에 대한 대답이 긍정이면 Yes, I am. 부정이면 No, I'm ❷ ______.으로 한다.

답 ❶ am ❷ not

© Getty Images Bank

5 다음 글의 밑줄 친 우리말을 〈조건〉에 맞게 영작하시오.

"Paint the most beautiful thing in the world to you. The art show is coming," said the art teacher. "What's the most beautiful thing to me?" Nicole thought for hours, but 그녀는 좋은 생각이 떠오르지 않았다.

조건

have, any good ideas를 이용하여 6단어로 쓸 것

➡ ____________________

Words

art show 미술 전시회

문제 해결 전략

일반동사 과거형의 부정문은 「주어+did not+❶ ______ ~.」으로 쓰고, '(주어)가 ❷ ______.'로 해석한다.

답 ❶ 동사원형 ❷ ~하지 않았다

1주 3일 필수 체크 전략 ❶

전략 1 조동사 can, may, will의 부정문을 알아두자.

• 조동사의 부정문은 조동사 뒤에 not을 써서 나타낸다.
• 조동사 can/may/will의 부정문은 「주어+can/may/will+not+❶ ______ ~.」이고, 조동사에 따라 다양하게 해석한다.

can	능력·가능	~할 수 있다 (= be able to)	cannot / ❷ ______	~할 수 없다
	허가	~해도 된다 (= may)		~하면 안 된다
	추측	~일 수 있다		~일 리가 없다
may	허가	~해도 된다	may not*	~하면 ❸ ______
	약한 추측	~일[할]지도 모른다		~이 아닐지도 모른다
will	미래	~일[할] 것이다 (= be going to)	will not / won't	~하지 않을 것이다
	의지	~하겠다		~하지 않겠다

*may not은 줄여 쓰지 않음.

주의 능력·가능을 나타내는 can의 부정 cannot은 「be동사+not able to」로 바꿔 쓸 수 있다.
I **couldn't sleep** well last night.
= I **wasn't able to sleep** well last night. 나는 어젯밤에 잠을 잘 잘 수 없었다.

답 ❶ 동사원형 ❷ can't ❸ 안 된다

필수 예제

다음 우리말을 영어로 옮길 때 빈칸에 들어갈 말로 알맞은 것은?

이것이 해변으로 가는 길일 리가 없다.
➡ This ______________ be the way to the beach.

① cannot ② isn't able to ③ does not
④ isn't going to ⑤ may not

문제 해결 전략
조동사의 부정문은 조동사 뒤에 ❶ ______ 을 쓴다. '~할 수 없다'라는 의미의 cannot [can't]은 「be동사+❷ ______ able to」로 바꿔 쓸 수 있다.

답 ① / ❶ not ❷ not

확인 문제

1 다음 문장의 밑줄 친 부분을 바르게 고쳐 쓰시오.

(1) Ella not can swim. ➡ ______________
(2) It mayn't be a bad idea. ➡ ______________
(3) He will not takes a taxi. ➡ ______________
(4) They are able to not answer the question.
➡ ______________

2 다음 문장을 부정문으로 바꿔 쓰시오.

It will rain tomorrow.

➡ ______________________________

>> 정답과 해설 3쪽

전략 2 조동사 can, may, will의 의문문을 알아두자.

• 조동사 can/may/will의 의문문은 「Can/May/Will+❶ ______ +동사원형 ~?」이다.

can	Can+주어+동사원형 ~?	능력·가능	(주어)가 ~할 수 있니?
		허가	(주어)가 ~해도 될까?
		❷ ______	(주어)가 ~일 수도 있을까?
may	May+주어+동사원형 ~?	허가	(주어)가 ~해도 될까?
		약한 추측	(주어)가 ~일[할] 수도 있을까?
will	Will+주어+동사원형 ~?	미래	(주어)가 ~일[할] 것이니?
		의지	(주어)가 ~하겠니?

• 의문문에 대한 대답이 긍정이면 「Yes, 주어+can/may/will.」로, 부정이면 「No, 주어+can/may/will+not.」으로 답한다.

주의 「Can you+동사원형 ~?」과 「Will you+동사원형 ~?」은 '~해 줄래?'라는 요청의 의미로도 쓴다.
Can you **give** me a hand? 나를 좀 도와줄래? 〈요청〉

답 ❶ 주어 ❷ 추측

필수 예제

우리말과 일치하도록 주어진 표현을 배열할 때 세 번째로 오는 것은?

너는 오늘 밤에 파티에 갈 거니?
(go / will / to the party / you / tonight)

① go ② will ③ to the party
④ you ⑤ tonight

문제 해결 전략
조동사의 의문문은 「조동사+주어+❶ ______ ~?」이고, 「Yes, 주어+❷ ______.」 또는 「No, 주어+조동사+not.」으로 대답한다.

답 ① / ❶ 동사원형 ❷ 조동사

확인 문제

1 다음 대화의 빈칸에 들어갈 말로 알맞은 것은?

A: May I park here?
B: ____________ The parking lot is full.

① Yes, you may. ② Yes, you do.
③ Yes, you may not. ④ No, you may.
⑤ No, you may not.

2 다음 우리말을 참고하여 빈칸에 알맞은 말을 쓰시오.

________ ________ ________ the door for me? (날 위해 문을 열어 줄래?)

전략 3 조동사 must, have to, should의 부정문을 알아두자.

• 조동사 must/should의 부정문은 「주어+must/should+❶ ______ +동사원형 ~.」이다.

must	의무·필요	~해야 한다 (= have to)	must not / mustn't	~하면 안 된다 〈금지〉
	강한 추측	~임에 틀림없다	cannot	~일 리가 없다
have [has] to	의무·필요	~해야 한다	don't [doesn't] have to	~할 필요가 없다 〈불필요〉
should	도덕적 의무	~해야 한다	should not / shouldn't	~하면 안 된다 〈금지〉
	충고	~하는 게 좋겠다		~하지 않는 게 좋겠다

주의 must와 have to는 둘 다 '의무·필요'의 의미를 나타내지만, 부정형인 must not과 don't have to는 '금지'와 '불필요'로 서로 ❷ ______ 의미를 나타낸다.

You **must not take** photos here. 당신은 여기에서 사진을 찍으면 안 된다. 〈금지〉

You **don't have to worry** about it. 당신은 그것에 관해 걱정할 필요가 없다. 〈불필요〉

답 ❶ not ❷ 다른

필수 예제

우리말을 참고하여 네모 안에서 알맞은 말을 고르시오.

(1) You [must not / don't have to] smoke in the building.
(당신은 건물 안에서 흡연하면 안 됩니다.)

(2) You [must not / should not] eat too much dessert.
(너는 디저트를 너무 많이 먹지 않는 게 좋겠다.)

(3) Jane [doesn't have to / has not to] go to work today.
(Jane은 오늘 출근할 필요가 없다.)

문제 해결 전략

의무를 나타내는 must의 부정형 must not은 ❶ ______ 를 나타내고, don't have to는 ❷ ______ 를 나타낸다.

답 (1) must not (2) should not (3) doesn't have to / ❶ 금지 ❷ 불필요

확인 문제

1 다음 우리말을 영어로 옮길 때 빈칸에 들어갈 말로 가장 알맞은 것은?

> 그녀는 노트북을 충전할 필요가 없다. 그것은 배터리가 가득 차 있다.
> ➡ She ______ charge her laptop. It has a full battery.

① cannot ② shouldn't
③ must not ④ isn't able to
⑤ doesn't have to

2 우리말과 일치하도록 주어진 표현을 바르게 배열하시오.

> 도서관에서 떠들면 안 된다.
> (make / you / not / in the library / must / noise)

➡ ______________________

전략 4 조동사 must, have to, should의 의문문을 알아두자.

• 조동사 must/should의 의문문은 「Must/❶ [ ] +주어+동사원형 ~?」이다.

must	Must+주어+동사원형 ~?	의무·필요	(주어)가 ~해야 합니까?
have [has] to	Do [Does]+주어+have to+동사원형 ~?		
should	Should+주어+동사원형 ~?	도덕적 의무	(주어)가 ~해야 합니까?

• 의문문에 대한 대답이 긍정이면 「Yes, 주어+must/should.」로, 부정이면 「No, 주어+must/should+not.」으로 답한다.

주의 부정의 대답으로 '불필요'를 나타낼 때 「No, 주어+don't [doesn't] have to.」로 쓴다.

• have to의 의문문에 대한 대답은 do 또는 have to를 이용할 수 있다.

Do I **have to go** there? 제가 그곳에 가야 합니까?

– **Yes**, you **do**. = **Yes**, you ❷ [ ] **to**. 응, 그래야 해.

– **No**, you **don't**. = **No**, you **don't have to**. 아니, 그럴 필요 없어.

답 ❶ Should ❷ have

필수 예제

다음 대화의 빈칸에 들어갈 말로 알맞은 것은?

A: ________________ my application in person?
B: Yes, you must.

① Should submit I
② Must submit I
③ Have to I submit
④ Must I submit
⑤ Have I to submit

문제 해결 전략

조동사 must의 의문문은 「❶ [ ] +주어+동사원형 ~?」이고, 이에 대한 긍정의 대답은 「Yes, ❷ [ ] +must.」로 한다.

답 ④ / ❶ Must ❷ 주어

확인 문제

1 주어진 표현을 바르게 배열하여 조동사 의문문을 완성하시오.

(1) ______________________ early today?
(leave / must / we)

(2) ______________________ the meeting?
(Jane / does / attend / have to)

(3) ______________________ to him first?
(I / say sorry / should)

2 다음 대화의 빈칸에 알맞은 말을 쓰시오.

A: Do I have to pay for the delivery?
B: ________, ________ ________. It's free.

1주 3일 필수 체크 전략 ❷

1 다음 표의 내용과 일치하는 것은?

	dance	swim	do ballet
Tyler	O	X	X
Bomi	X	O	X

① Tyler can't dance. ② Tyler can swim.
③ Bomi can't do ballet. ④ Bomi can't swim.
⑤ Tyler and Bomi can do ballet.

문제 해결 전략

조동사 can은 ❶ ______ ·가능(~할 수 있다)의 의미를 나타낸다. 또한 can의 부정형은 cannot 또는 ❷ ______ 이다.

답 ❶ 능력 ❷ can't

2 다음 표지판의 내용을 가장 잘 나타낸 것은?

① You don't feed animals.
② You should feed animals.
③ You must not feed animals.
④ You don't have to feed animals.
⑤ You are not going to feed animals.

문제 해결 전략

조동사 must는 '~해야 한다'라는 의미로 의무를 나타낸다. 부정형은 must not 또는 mustn't이고, ❶ ______ 를 나타낸다.

답 ❶ 금지

3 다음 중 짝지어진 대화가 <u>어색한</u> 것은?

① **A**: Will you answer the phone?
B: Yes, I will.

② **A**: Can you lend me your camera?
B: Sure, I can.

③ **A**: Should I buy a ticket?
B: No, you don't have to.

④ **A**: May I sit here?
B: No, you may are not.

⑤ **A**: Can Dad have dinner tonight with us?
B: Yes, he can. He is able to have dinner together.

문제 해결 전략

조동사의 의문문은 「❶ ______ +주어+동사원형 ~?」이고, 의문문의 답은 「Yes, 주어+조동사.」 또는 「No, 주어+조동사+❷ ______ .」으로 한다.

답 ❶ 조동사 ❷ not

» 정답과 해설 5쪽

4 다음 글의 밑줄 친 부분을 〈조건〉에 맞게 다시 쓰고, 해석하시오.

Mr. Nam spent a year in Antarctica. He worked as a cook at Antarctic Jang Bogo Station. He recorded his life there in his diary.

May 30

The polar night goes on. The moon and the stars are always in the sky. I miss the sun. It is really cold, but I do not catch a cold. <u>Viruses can live here.</u>

조건
1. 부정문으로 바꿔 쓸 것
2. 줄임말을 쓸 것

➡ ______________________

➡ 해석: ______________________

Words

spend 보내다
Antarctica 남극
polar 극지의
go on 계속되다

문제 해결 전략

조동사 can의 부정형은 cannot 또는 ❶ ______ 이고, 불가능의 의미일 때 '~할 수 없다'라고 해석한다.

답 ❶ can't

© 연합뉴스

5 다음 글을 읽고, 질문에 알맞은 대답을 <u>5단어</u>로 쓰시오.

Mr. and Mrs. Gibson: In late fall, it gets cold and we move to a warmer country. We follow a leader and fly in a "V" shape. The leader has to guide us, and it's not an easy job. So we take turns in the lead to save energy. This way, we can travel very far.

Q: Does one leader have to guide the others all the way?
A: ______________________

Words

fall 가을
guide 이끌다
in the lead 앞장서서
far 멀리
all the way 내내, 완전히

문제 해결 전략

주어가 단수인 has to의 의문문은 「❶ ______ +주어+have to+동사원형 ~?」이고 부정의 답은 「No, 주어+❷ ______ (have to).」로 한다.

답 ❶ Does ❷ doesn't

1주 4일 교과서 대표 전략 ❶

대표 예제 1

다음 문장의 빈칸에 들어갈 수 없는 것은?

_________ are curious about this issue.

① We ② They
③ You ④ He
⑤ Mr. and Mrs. Jones

Tip

be동사의 현재형은 am, are, ❶ [ ] 이고, 주어의 인칭과 ❷ [ ] 에 따라 다르게 쓴다.

답 ❶ is ❷ 수

대표 예제 2

다음 빈칸에 들어갈 말을 순서대로 바르게 짝지은 것은?

- Kevin _________ short. He is tall.
- Whales _________ fish. They are marine mammals.

① is … are ② is … aren't
③ isn't … are ④ isn't … aren't
⑤ didn't … aren't

Tip

be동사 현재형의 부정문은 주어가 3인칭 단수이면 「주어+is ❶ [ ] [isn't] ~.」이고, 복수이면 「주어+❷ [ ] not [aren't] ~.」이다.

답 ❶ not ❷ are

대표 예제 3

다음 대화의 빈칸에 알맞은 말을 각각 한 단어로 쓰시오.

A: Mina, (1) _________ your mother a scientist 10 years ago?
B: No, she (2) _________. She was a vet.

Tip

be동사 과거형의 의문문은 「❶ [ ] /Were+주어 ~?」이고, 부정으로 답할 때 「No, 주어+❷ [ ] /weren't.」로 한다.

답 ❶ Was ❷ wasn't

대표 예제 4

우리말을 참고하여 주어진 동사의 알맞은 형태를 빈칸에 쓰시오.

(1) We _________(build) a sandcastle on the beach. (우리는 해변에서 모래성을 쌓는다.)

(2) Lucas _________(grow) tomatoes these days. (Lucas는 요즘 토마토를 기른다.)

Tip

일반동사의 현재형은 주로 ❶ [ ] 으로 쓰고, 주어가 3인칭 ❷ [ ] 일 때 「동사원형+-(e)s」로 쓴다.

답 ❶ 동사원형 ❷ 단수

>> 정답과 해설 5쪽

대표 예제 5

다음 문장을 부정문으로 바꿔 쓰고, 해석하시오.

© Stanisic Vladimir/shutterstock

Mary buys things online.

➡ ______

➡ 해석: ______

Tip

일반동사 현재형의 부정문은 「주어+do not+❶ ______ ~.」이고, 주어가 3인칭 단수이면 do 대신 ❷ ______를 이용한다.

답 ❶ 동사원형 ❷ does

대표 예제 6

다음 문장을 지시대로 바꾼 것 중 옳은 것을 모두 고르면?

Ian meets Rick at the gym.

① (부정문으로) → Ian meets not Rick at the gym.
② (의문문으로) → Does Ian meet Rick at the gym?
③ (과거로) → Ian mets Rick at the gym.
④ (과거·부정문으로) → Ian didn't meet Rick at the gym.
⑤ (과거·의문문으로) → Was Ian meet Rick at the gym?

Tip

일반동사의 부정문은 「주어+do [❶ ______]/did not+동사원형 ~.」이고, 의문문은 「Do [Does]/❷ ______+주어+동사원형 ~?」으로 쓴다.

답 ❶ does ❷ Did

대표 예제 7

다음 글을 읽고, 물음에 답하시오.

© graphic-line/shutterstock

We ⓐ are at my cousin's school. He ⓑ plays his violin on stage, and people ⓒ listens quietly. I ⓓ move in my seat. Mom's hand ⓔ is on my leg. (A) She shakes her head. I sit quietly.

(1) 윗글의 밑줄 친 ⓐ~ⓔ 중, 어법상 어색한 것을 찾아 바르게 고쳐 쓰시오.

______, ______ ➡ ______

Tip

주어에 따라 be동사의 ❶ ______은 am/are/is를 쓰고, 일반동사는 ❷ ______ 또는 「동사원형+-(e)s」를 쓴다.

답 ❶ 현재형 ❷ 동사원형

(2) 밑줄 친 (A)를 조건에 맞게 다시 쓰시오.

조건
1. 부정문으로 바꿔 쓸 것
2. 줄임말을 쓸 것

➡ ______

Tip

일반동사의 부정문은 「주어+do [❶ ______] not+동사원형 ~.」이고, do not과 does not은 don't와 ❷ ______로 줄여 쓸 수 있다.

답 ❶ does ❷ doesn't

교과서 대표 전략 1

대표 예제 8

다음 중 밑줄 친 부분의 쓰임이 나머지와 다른 것은?

① Can she play chess?

② Yuna can use sign language.

③ Can you open the cap, please?

④ He can speak Chinese well.

⑤ Bees can flap their wings 200 times a second.

Tip

조동사 can은 능력·가능(~할 수 ❶), 허가(~해도 된다), 추측(~일 수 있다)의 의미 등으로 쓰이며, 의문문에 쓰였을 때 ❷ (~해 줄래?)의 의미로도 쓰일 수 있다.

답 ❶ 있다 ❷ 요청

대표 예제 9

다음 중 어법상 옳은 문장을 모두 고르면?

① It cannot is true.

② Can Harley plays the piano?

③ You may park not here.

④ May I borrow your pen?

⑤ Jake won't visit me tomorrow.

Tip

조동사의 부정문은 「주어+조동사+not+❶ ~.」이고, 의문문은 「조동사+주어+❷ ~?」이다.

답 ❶ 동사원형 ❷ 동사원형

대표 예제 10

다음 문장을 주어진 우리말과 일치하도록 바꿀 때 빈칸에 알맞은 말을 쓰시오.

> She has to wait for him at the bus stop.

(1) 그녀는 그를 버스 정류장에서 기다리면 안 된다.

➡ She ________ ________ ________ for him at the bus stop.

(2) 그녀는 그를 버스 정류장에서 기다릴 필요가 없다.

➡ She ________ ________ ________ ________ for him at the bus stop.

Tip

have [has] to의 부정형은 문맥에 따라 ❶ [should] not(~하면 안 된다)과 don't [❷] have to(~할 필요가 없다)로 쓸 수 있다.

답 ❶ must ❷ doesn't

대표 예제 11

주어진 표현을 바르게 배열하여 질문을 완성하시오.

> **Teacher**: (again / I / explain / have to / it / do)?
> **Student**: No, you don't have to.

➡ ________________________________

Tip

have [has] to의 의문문은 「❶ [Does]+주어+have to+동사원형 ~?」으로 쓰고 '(주어)가 ~❷ ?'로 해석한다.

답 ❶ Do ❷ 해야 합니까

대표 예제 12

다음 그림을 보고 should와 주어진 표현을 이용하여 표지판에 어울리는 문장을 완성하시오.

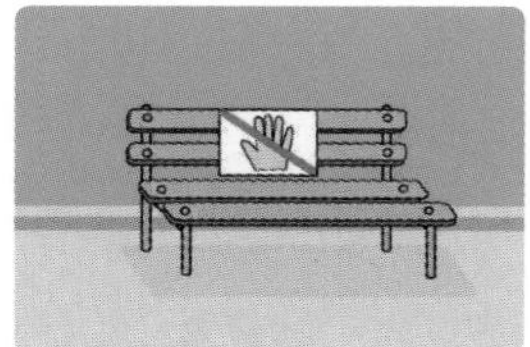

(1) You ______________________ on the bench. (sit)

(2) You ______________________ in the art museum. (take pictures)

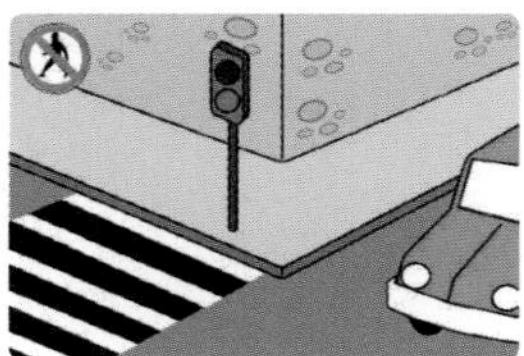

(3) You ______________________ at a red light. (cross the street)

Tip

조동사 should는 '~해야 한다, ~하는 게 좋겠다'라는 도덕적 ❶ [ ]·충고를 나타내고, should not은 '~하면 안 된다'라는 ❷ [ ]의 의미를 나타낸다.

답 ❶ 의무 ❷ 금지

대표 예제 13

다음 글의 밑줄 친 우리말을 〈조건〉에 맞게 영어로 옮기시오.

Yejin's favorite hobby is dancing. She is a new member of the school dance club. Members come to the school gym on Saturdays and practice dance moves. These days Yejin is learning hip-hop moves. <u>그 동아리는 다음 달에 학교 축제에서 공연할 것이다.</u>

조건

1. 조동사를 반드시 포함할 것
2. perform, the school festival, next month를 포함하여 10단어로 쓸 것

➡ ______________________________________

© Kiselev Andrey Valerevich/shutterstock

Tip

'~일[할] 것이다'라는 의미로 ❶ [ ]를 나타낼 때 조동사 ❷ [ ](= be going to)을 이용한다.

답 ❶ 미래 ❷ will

1주 4일 교과서 대표 전략 ❷

1 다음 대화 중 어법상 어색한 것은?

① **A**: Are you a fan of Picasso?
B: No, I am not. I'm a big fan of Monet.

② **A**: Am I your best friend?
B: Yes, you am.

③ **A**: Is this your first time in our hotel?
B: Yes, it is.

④ **A**: Were you born in Vancouver?
B: No, I wasn't. I was born in Sydney.

⑤ **A**: Was Betty here 10 minutes ago?
B: Yes, she was.

Tip
주어가 I일 때 be동사 현재형의 의문문은 「❶ ____ I ~?」이고, 「Yes, ❷ ____ are.」 또는 「No, you are not[aren't].」으로 답한다.

답 ❶ Am ❷ you

2 다음 문장을 부정문으로 만들 때 빈칸에 들어갈 말로 알맞은 것은?

> Minjun picked up a brush at his first birthday party.
> ➡ Minjun ________ a brush at his first birthday party.

① isn't pick up ② don't pick up
③ doesn't pick up ④ didn't pick up
⑤ didn't picked up

Tip
일반동사 과거형의 부정문은 「주어+❶ ____ not+동사원형 ~.」 형태로 쓴다. did not은 줄여서 ❷ ____ 로 쓸 수 있다.

답 ❶ did ❷ didn't

3 주어진 문장과 의미가 가장 가까운 것은?

> I will open a bank account.

① I may open a bank account.
② I can open a bank account.
③ I must open a bank account.
④ I am able to open a bank account.
⑤ I am going to open a bank account.

Tip
조동사 will이 ❶ ____(~일[할] 것이다)의 의미로 쓰이면 be ❷ ____ to로 바꿔 쓸 수 있다.

답 ❶ 미래 ❷ going

4 다음 대화의 빈칸에 들어갈 말로 알맞은 것은?

> **A**: Andy, you sit too close to the TV. You ________ sit away from it.
> **B**: All right.

① should ② will
③ cannot ④ don't have to
⑤ are going to

Tip
'~해야 한다', '~하는 게 좋겠다' 라는 의미로 도덕적 의무 · ❶ ____를 나타내는 조동사는 ❷ ____이다.

답 ❶ 충고 ❷ should

5 다음 두 문장이 같은 의미가 되도록 빈칸에 알맞은 말을 쓰시오.

Can I pay by credit card?
= ________ ________ ________ by credit card?

Tip

조동사 can이 '~해도 된다'라는 ❶[ ]의 의미로 쓰일 때 조동사 ❷[ ]로 바꿔 쓸 수 있다.

답 ❶허가 ❷may

6 다음 우리말을 참고하여 질문에 대한 대답을 완성하시오.

A: Do I have to leave now?
B: No, ________ ________ ________ ________.
(아니요, 그럴 필요 없습니다.)
It only takes 10 minutes from here.

Tip

have to의 의문문에 대한 대답은 「Yes, 주어+❶[ ] to.」 또는 「No, 주어+❷[ ] have to.」이다.

답 ❶have ❷don't

7 다음 글의 빈칸에 알맞은 말을 〈보기〉에서 골라 쓰시오.

Teacher: Hello, everyone. I ________ Bang Jeongsik. I teach math. Some students ________ good at math, but don't worry. My math class ________ fun!

보기
aren't is isn't am are

Tip

be동사의 현재형은 ❶[ ]에 따라 am/are/is를 사용하고, 부정형은 be동사 ❷[ ]에 not을 쓴다.

답 ❶주어 ❷뒤

8 다음 우리말과 일치하도록 주어진 표현을 이용하여 영작한 후(1), 지시대로 바꿔 쓰시오(2)~(3).

Kate는 어젯밤에 접시를 깨뜨렸다.
(break, a dish, last night)

(1) ________________________

(2) 부정문으로
➡ ________________________

(3) 의문문으로
➡ ________________________

Tip

일반동사의 부정문은 「주어+do[does]/did ❶[ ]+동사원형 ~.」으로 쓰고, 의문문은 「Do[Does]/❷[ ]+주어+동사원형 ~?」으로 쓴다.

답 ❶not ❷Did

1주 누구나 합격 전략

1 다음 빈칸에 공통으로 들어갈 말로 알맞은 것은?

> • Some kids ________ on the playground then.
> • ________ Paul and Ivy classmates 5 years ago?

① be [Be] ② did [Did] ③ is [Is]
④ are [Are] ⑤ were [Were]

2 다음 중 어법상 옳은 문장의 개수는?

> ⓐ It was windy yesterday.
> ⓑ Do Emma write a letter to Santa Claus?
> ⓒ She didn't likes jeans before.
> ⓓ Is this milk fresh?
> ⓔ Dominic and Karen aren't teenagers anymore.

① 1개 ② 2개 ③ 3개
④ 4개 ⑤ 5개

3 다음 빈칸에 들어갈 말을 순서대로 바르게 짝지은 것은?

> • ________ you take a golf lesson last month?
> • I ________ have good eyesight.

① Do … amn't ② Do … am not
③ Did … am not ④ Did … don't
⑤ Did … doesn't

4 다음 빈칸에 들어갈 말로 알맞은 것은?

> Jaemin may ________________.

① can drive a truck
② be fond of seafood
③ be not a friend of Dan
④ canceled a reservation
⑤ had a bad sleeping habit

5 다음 우리말을 영어로 바르게 나타낸 것을 모두 고르면?

> 너는 금요일까지 자료를 모아야 한다.

① You will gather data by Friday.
② You should gather data by Friday.
③ You must gather data by Friday.
④ You have to gather data by Friday.
⑤ You are going to gather data by Friday.

6 다음 중 우리말 해석이 잘못된 것은?

① You may eat my cookies.
→ 너는 내 쿠키를 먹어도 된다.

② We should not eat too much sugar.
→ 우리는 설탕을 너무 많이 먹지 말아야 해.

③ Taeho must be very diligent.
→ 태호는 매우 성실한 것이 틀림없어.

④ Are you going to turn off the heater?
→ 난방기를 좀 꺼 주시겠어요?

⑤ I will be the winner of this contest.
→ 내가 이 대회의 우승자가 되겠다.

7 다음 〈조건〉에 맞게 질문에 대한 대답을 완성하시오.

조건
they를 포함하여 부정의 대답을 세 단어로 완성할 것

Q: Can penguins and ostriches fly?
A: ____________________

8 다음 문장의 네모 안에서 알맞은 것을 고르시오.

The Winter Olympic Games [begin / began] last week.

[9~10] 다음 글을 읽고, 물음에 답하시오.

Happy Weekend!

August 20

Today my uncle and I went to the zoo. We __________(see) a lot of animals. The raccoons __________(be) very cute! Also, I __________(give) some food to a goat and it __________(be) fun. (A) I will go to the zoo again.

9 윗글의 빈칸에 주어진 동사를 알맞은 형태로 쓰시오.

10 밑줄 친 (A)를 지시대로 바꿔 쓰시오.

(1) 부정문으로
➡ ____________________

(2) 주어가 you인 의문문으로
➡ ____________________

1주 창의·융합·코딩 전략 ❶

A 알맞은 단어 조각을 골라 문장을 완성하시오.

1 Sophie and Charlie ☐is ☐are in the library.

2 Liam and I ☐was ☐were very busy last month.

3 Mr. Brown ☐not is ☐is not my music teacher.

4 Were ☐you ☐you be absent from school yesterday?

Tip

be동사는 ❶ [ ]에 따라 현재형 am/are/is와 과거형 was/were를 쓴다. be동사의 부정문과 의문문은 각각 「주어+be동사+❷ [ ] ~.」, 「be동사+주어 ~?」의 형태로 쓴다.

답 ❶ 주어 ❷ not

>> 정답과 해설 8쪽

B 각 사람의 말을 〈조건〉에 맞게 바꿔 쓰시오.

1 I bake cookies every weekend.

조건 주어를 Suji로

____

2 My brother bought a new computer.

조건 부정문으로

____

3 You do your homework after dinner.

조건 의문문으로

____

Tip

일반동사의 현재형은 「❶ ______ (+-(e)s)」이고, 과거형은 「동사원형+-(e)d/불규칙」이다. 일반동사의 부정문과 의문문은 각각 「주어+do [does]/did not+동사원형 ~.」, 「Do [Does]/Did+주어+❷ ______ ~?」의 형태로 쓴다.

답 ❶ 동사원형 ❷ 동사원형

1주 창의·융합·코딩 전략 ❷

C 각 사람이 하는 말과 일치하도록 알맞은 카드를 A, B에서 각각 한 개씩 골라 문장을 완성하시오.

1 나는 춤을 아주 잘 출 수 있어.

➡ I ______________________ very well.

2 그녀는 피곤한 게 틀림없어.

➡ She ______________________ tired.

3 Amy는 나와 함께 놀이공원에 갈 거야.

➡ Amy ______________________ to the amusement park with me.

A		B	
will	should	is	be
have to	can	go	goes
may	must	dance	danced

Tip

조동사 can, may는 능력, 허가 또는 추측 등의 의미를, will은 ❶ ________ 의 의미를 나타내고, must는 의무, 강한 추측을, should는 의무, 충고 등을 나타내며, 조동사 뒤에는 항상 ❷ ________ 이 온다.

답 ❶ 미래 ❷ 동사원형

>> 정답과 해설 8쪽

D 둘 중 어법상 바르게 말한 사람에 표시하시오.

1

Jenny: Tony cans ride a horse.

☐ Jenny

Paul: Tony can ride a horse.

☐ Paul

2

Chris: You must swim not in this river.

☐ Chris

Emily: You must not swim in this river.

☐ Emily

3

Betty: Do we should finish this work today?

☐ Betty

Ron: Should we finish this work today?

☐ Ron

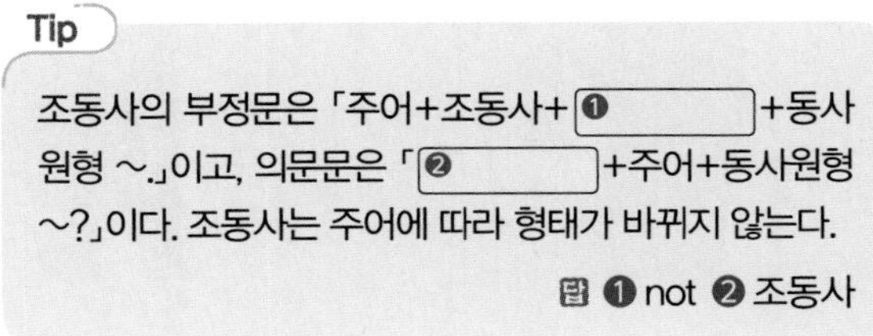
Tip

조동사의 부정문은 「주어+조동사+ ❶ ______ +동사원형 ~.」이고, 의문문은 「❷ ______ +주어+동사원형 ~?」이다. 조동사는 주어에 따라 형태가 바뀌지 않는다.

답 ❶ not ❷ 조동사

시제 / 수식어

1 현재·과거·미래시제

a month ago

now

next month

I played tennis a month ago, and now I jog every day. I will swim next month.

여학생이 다음 달에 할 운동은?
a. 조깅 b. 수영

2 현재·과거진행형

Eddie and his sister were preparing a surprise party for their parents.

Now, Eddie's family ....

문장의 마지막에 이어질 말은?
a. had a joyful time together
b. is having a joyful time together

학습할 내용

❶ 현재 · 과거 · 미래시제 ❷ 현재 · 과거진행형 ❸ 형용사의 쓰임 ❹ 부사의 쓰임

3 형용사의 쓰임

4 부사의 쓰임

답 1 b 2 b 3 a 4 b

2주 1일 개념 돌파 전략 ❶

개념 1 현재시제, 과거시제의 쓰임

나는 항상 집에서 TV를 본다.
I always watch TV at home.

나는 지난 주말에 집에 머물렀다.
I stayed home last weekend.

주어 + am/are/is 또는 동사원형(+-(e)s) ~. ➔ ~이다/~하다, ~한다
주어 + was/were 또는 「동사원형+-(e)d/불규칙」 ~. ➔ ~이었다/~했다

- 현재시제는 ❶ [ ] 의 동작이나 상태, 반복적인 습관, 일반적인 사실, 변함없는 진리 등을 나타낼 때 사용하며, '~이다/~하다' 또는 '~한다'로 해석한다.
- 과거시제는 ❷ [ ] 의 동작이나 상태, 역사적 사실 등을 나타낼 때 사용하며, '~이었다' 또는 '~했다'로 해석한다.

Quiz

밑줄 친 동사가 나타내는 것은?

I cleaned the house from top to bottom yesterday.

① 현재의 동작
② 과거의 동작

답 ❶ 현재 ❷ 과거 / ②

개념 2 현재진행형, 과거진행형의 쓰임

나는 지금 친구들을 기다리고 있다.
I am waiting for my friends now.

주어 + be동사 + 동사원형-ing ~. ➔ ~하고 있다/~하고 있었다

- 진행형은 「be동사+동사원형-ing」의 형태로, 특정 시점에 ❶ [ ] 중인 일이나 동작을 나타낸다.
- 현재진행형에는 be동사 am/are/is를 쓰고, '~하고 있다/~하는 중이다'로 해석한다.
- 과거진행형에는 be동사 was/were를 쓰고, '~하고 ❷ [ ] /~하는 중이었다'로 해석한다.

Quiz

밑줄 친 동사가 나타내는 것은?

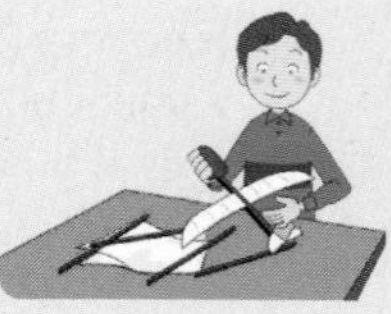

Suho is making a model plane.

① 현재에 진행 중인 동작
② 과거에 진행 중이던 동작

답 ❶ 진행 ❷ 있었다 / ①

개념 3 미래시제의 쓰임

나는 올해 여행을 갈 것이다.
I will take a trip this year.

나는 내일 쇼핑하러 갈 것이다.
I am going to go shopping tomorrow.

주어 + will + 동사원형 ~. 주어 + be going to + 동사원형 ~.

- 미래시제는 ❶ [ ] 에 일어날 동작이나 상태, 계획을 나타낸다.
- 미래시제는 「will+동사원형」이나 「be ❷ [ ] to+동사원형」의 형태로 쓰고, '~할 것이다', '~할 예정이다'로 해석한다.
- will은 말하는 시점의 순간적인 의지를, be going to는 예정된 계획을 말한다.

Quiz

다음 문장의 시제는?

I am going to go to the airport tonight.

① 현재 ② 현재진행 ③ 미래

답 ❶ 미래 ❷ going / ③

>> 정답과 해설 10쪽

1-1 다음 문장의 시제를 고르고, 우리말 해석을 완성하시오.

Brian comes home at seven o'clock. (현재 / 과거)

➡ Brian은 7시에 집에 ______________.

풀이 | 현재시제는 am/are/is 또는 ❶ ______ (+-(e)s)로 나타내며, '~이다/~하다', '~한다'의 의미이다. ❷ ______ 시제는 was/were 또는 「동사원형+-(e)d」로 나타내며, '~이었다/~했다'의 의미이다.

답 현재, 온다 / ❶ 동사원형 ❷ 과거

1-2 다음 문장의 시제를 고르고, 우리말 해석을 완성하시오.

Miran visited her grandparents last week. (현재 / 과거)

➡ 미란이는 지난주에 그녀의 조부모님 댁을 ______________.

2-1 다음 문장에서 동사를 찾아 밑줄을 긋고, 우리말 해석을 완성하시오.

Children were singing together.

➡ 아이들이 함께 ______________.

풀이 | 「be동사+동사원형-ing」 형태의 진행형은 특정 시점에 ❶ ______ 중인 일이나 동작을 나타낸다. 과거진행형은 be동사로 was/were를 쓰고, '~하고 있었다/❷ ______'로 해석한다.

답 were singing, 노래하고 있었다 / ❶ 진행 ❷ ~하는 중이었다

2-2 다음 문장에서 동사를 찾아 밑줄을 긋고, 우리말 해석을 완성하시오.

Sally is listening to music.

➡ Sally는 음악을 ______________.

3-1 다음 문장의 우리말 해석을 완성하시오.

He will have noodles for lunch.

➡ 그는 점심으로 국수를 ______________.

풀이 | 미래시제는 「❶ ______ +동사원형」이나 「be going to+동사원형」으로 나타내고, '~할 것이다', '~할 ❷ ______ 이다'로 해석한다.

답 먹을 것이다 / ❶ will ❷ 예정

3-2 다음 문장의 우리말 해석을 완성하시오.

We are going to do volunteer work on the weekend.

➡ 우리는 주말에 자원봉사를 ______________.

개념 4 수식어 1: 형용사

그는 유명한 패션 디자이너이다.

He is a famous fashion designer.

형용사 + 명사 → 수식어: ~한, ~의

- 형용사는 명사를 앞에서 꾸미는 ❶ 역할을 한다.

  cf. 형용사는 수식어 역할뿐만 아니라 주어, 목적어의 상태나 성질을 보충 설명하는 보어 역할도 한다. (☞ BOOK 2-1주)

  The fashion designer is **famous.** 그 패션 디자이너는 유명하다.

Quiz

다음 중 밑줄 친 형용사가 꾸미는 말에 동그라미 하시오.

(1) This is a tall building.

(2) I want new sneakers.

답 ❶ 수식어 / (1) building (2) sneakers

개념 5 수식어 2: 부사

Cathy는 느리게 달린다.

Cathy runs slowly.

동사 + 부사

이 피자는 정말 맛있다.

This pizza tastes really good.

부사 + 형용사/부사/문장 전체

- 부사는 ❶ , 형용사, 다른 부사, 또는 문장 전체를 수식한다.
- 「형용사+-ly」 형태인 부사가 많으며, '~하게'의 의미를 나타낸다.

Quiz

다음 문장에서 밑줄 친 부사 very가 수식하는 것은?

He is very kind to others.

① He ② is ③ kind

답 ❶ 동사 / ③

개념 6 수식어 3: 전치사구

나는 앞주머니가 달린 배낭을 샀다.

I bought a backpack with a front pocket.

명사 + 전치사구 → 명사를 수식하는 형용사구

그들은 방 안에서 놀고 있다.

They are playing in the room.

주어 + 동사 + 전치사구 → 장소・시간・방법・방향 등을 나타내는 부사구

- 전치사구는 「전치사+명사(구)」의 형태이며, ❶ 처럼 명사 뒤에서 명사를 수식한다.
- 전치사구는 장소, 시간, 방법, 방향 등을 나타내는 부사적 수식어로 쓰인다.

Quiz

다음 문장에서 밑줄 친 전치사구의 역할로 알맞은 것은?

The woman with brown hair is my aunt. (형용사 / 부사)

답 ❶ 형용사 / 형용사

4-1 다음 문장에서 형용사를 찾아 밑줄을 긋고, 우리말 해석을 완성하시오.

In Europe, I visited beautiful cities.
➡ 유럽에서 나는 ____________ 도시들을 방문했다.

풀이 | 형용사는 '~한, ~의'의 의미로 명사를 앞에서 꾸미는 ❶ [ ] 역할을 하거나, 주어 또는 목적어를 보충 설명하는 ❷ [ ] 역할을 한다.

답 beautiful, 아름다운 / ❶ 수식어 ❷ 보어

4-2 다음 문장에서 형용사를 찾아 밑줄을 긋고, 우리말 해석을 완성하시오.

The famous actor waved his hand.
➡ 그 ____________ 배우는 손을 흔들었다.

5-1 다음 문장에서 부사를 찾아 밑줄을 긋고, 우리말 해석을 완성하시오.

She chose her words carefully.
➡ 그녀는 할 말을 ____________ 골랐다.

풀이 | 부사는 동사, 형용사, 다른 부사, 또는 ❶ [ ]를 꾸밀 수 있고, 형용사에 ❷ [ ]를 붙여 만든 부사가 많다.

답 carefully, 신중하게[조심스럽게] / ❶ 문장 전체 ❷ -ly

5-2 다음 문장에서 부사를 모두 찾아 밑줄을 긋고, 우리말 해석을 완성하시오.

The foreigner spoke very slowly.
➡ 그 외국인은 ____________ 말했다.

6-1 다음 문장에서 전치사구에 밑줄을 긋고, 우리말 해석을 완성하시오.

The man at the bus stop helped me.
➡ ____________ 남자가 나를 도왔다.

풀이 | 전치사구는 형용사처럼 명사 뒤에서 ❶ [ ]를 수식하거나 장소, 시간, 방법, 방향 등을 나타내는 부사적 수식어로 쓰인다.

답 at the bus stop, 버스 정류장에 있는 / ❶ 명사

6-2 다음 문장에서 전치사구에 밑줄을 긋고, 우리말 해석을 완성하시오.

Sally walks to school every day.
➡ Sally는 매일 ____________ 걸어간다.

2주 1일 개념 돌파 전략 ❷

CHECK UP

(1) The sun (rises / rose) in the east.

(2) Edison (invents / invented) the light bulb.

• 구문 현재의 일이나 습관, 변함없는 진리 등을 나타낼 때 ❶ ______ 시제를 쓰고, 과거의 동작이나 상태, 역사적 사실 등을 나타낼 때 과거시제를 쓴다.
• 해석 (1) 해는 동쪽에서 뜬다.
(2) Edison은 전구를 ❷ ______.

답 (1) rises (2) invented / ❶ 현재 ❷ 발명했다

1 동사에 밑줄을 긋고, 문장을 해석하시오.

(1) Mike was sick in bed yesterday.

➡ ______________________

(2) Snow melts under bright sunlight.

➡ ______________________

be sick in bed 아파서 누워 있다 melt 녹다 bright 밝은

CHECK UP

The boys are (dancing / danced) on the stage now.

• 구문 특정 시점에 진행 중인 일이나 동작을 나타낼 때 「be동사+동사원형-ing」 형태의 진행형을 쓴다. be동사는 현재진행형일 때 am/are/is, 과거진행형일 때 was/❶ ______ 를 쓴다.
• 해석 소년들이 지금 무대 위에서 ❷ ______.

답 dancing / ❶ were ❷ 춤을 추고 있다

2 우리말과 같은 의미가 되도록 주어진 동사를 알맞은 형태로 쓰시오.

(1) Joe는 세차를 하고 있다. (wash)

➡ Joe ________ ________ his car.

(2) 어린아이들이 길을 건너고 있었다. (cross)

➡ Little kids ________ ________ the street.

cross 건너다, 횡단하다

CHECK UP

(1) I (call / will call) you tomorrow.

(2) Linda is going to (moves / move) to a new house.

• 구문 미래에 일어날 동작이나 상태, 계획 등을 나타낼 때 「will+동사원형」이나 「be going to+❶ ______」 형태의 미래시제를 쓴다.
• 해석 (1) 내가 내일 너에게 ❷ ______.
(2) Linda는 새집으로 이사할 예정이다.

답 (1) will call (2) move / ❶ 동사원형 ❷ 전화할게

3 시제에 유의하여 문장을 해석하시오.

(1) Jake will take a trip to Hawaii next summer.

➡ ______________________

(2) We are going to go hiking next week.

➡ ______________________

take a trip 여행을 가다 go hiking 등산하러 가다

CHECK UP

A (big dog / dog big) runs after a ball.

- 구문 형용사는 '~한/~의'의 의미로 명사 앞에서 명사를 꾸미는 ❶ [   ]로 쓰인다.
- 해석 ❷ [   ] 개가 공을 쫓아간다.

답 big dog / ❶ 수식어 ❷ 큰

4 형용사에 밑줄을 긋고, 문장을 해석하시오.

(1) Bora has long hair.

➡ ______________________

(2) Ann always wears a cute headband.

➡ ______________________

CHECK UP

The man (kind / kindly) led me out.

- 구문 부사는 '~하게'의 의미로 형용사, 동사, 다른 부사 또는 ❶ [   ] 전체를 수식하는 역할을 하고, 주로 「형용사 + -ly」 형태이다.
- 해석 그 남자는 ❷ [   ] 나를 밖으로 안내해 주었다.

답 kindly / ❶ 문장 ❷ 친절하게

5 밑줄 친 부사가 수식하는 말에 네모 표시하고, 문장을 해석하시오.

(1) Brian touched me <u>gently</u> on the shoulder.

➡ ______________________

(2) The air in the forest is <u>really</u> fresh.

➡ ______________________

gently 부드럽게 fresh 상쾌한

CHECK UP

(1) The fish <u>in the pond</u> are colorful.
(형용사 / 부사) 역할

(2) My grandparents live <u>in the country</u>.
(형용사 / 부사) 역할

- 구문 전치사구는 ❶ [   ]처럼 명사를 수식하거나 장소, 시간, 방법, 방향 등을 나타내는 부사적 수식어로 쓰인다.
- 해석 (1) 연못의 물고기들은 다채로운 색이다.
(2) 나의 조부모님은 ❷ [   ] 사신다.

답 (1) 형용사 (2) 부사 / ❶ 형용사 ❷ 시골에

6 전치사구에 밑줄을 긋고, 우리말 해석을 완성하시오.

(1) Luna is a member of the soccer team.

➡ Luna는 __________ 회원이다.

(2) The students are studying hard in the classroom.

➡ 학생들은 __________ 열심히 공부하는 중이다.

member 회원 classroom 교실

2주 2일 필수 체크 전략 ❶

전략 1 현재시제, 과거시제와 함께 쓰이는 시간 표현을 알아두자.

• 현재시제는 현재의 동작이나 상태, 반복적인 ❶ [ ], 일반적인 사실, 변함없는 진리 등을 나타낼 때 사용하고, 과거시제는 과거에 일어난 일이나 역사적 사실을 나타낼 때 사용한다.

현재시제	am/are/is 또는 동사원형(+-(e)s)	~이다/~하다, ~한다
과거시제	was/were 또는 「동사원형+-(e)d/불규칙」	~이었다/~했다

• 현재시제, 과거시제와 함께 자주 쓰이는 표현을 알아두어야 한다.

현재시제와 자주 쓰이는 표현	now, these days, every [each]+시간 명사, always, usually 등
과거시제와 자주 쓰이는 표현	yesterday, then, last week [month/year], ago, in+과거 연도 등

I **go** to school by bus **every day**. 나는 매일 버스로 학교에 간다. 〈현재: 반복적인 습관〉

Columbus **discovered** America **in 1492**. Columbus는 1492년에 아메리카 대륙을 발견했다. 〈과거: 역사적 ❷ [ ]〉

답 ❶ 습관 ❷ 사실

필수 예제

다음 문장의 네모 안에서 알맞은 것을 고르시오.

(1) We [study / studied] in the library last Friday.

(2) My uncle [lives / lived] in Seoul now.

(3) I [go / went] to the shopping mall yesterday.

(4) Kevin [leaves / left] for New York a week ago.

문제 해결 전략

now(지금)는 ❶ [ ] 시제와 함께 쓰이고, yesterday(어제), last ~(지난 ~), ago(~ 전에)는 ❷ [ ] 시제와 함께 쓰인다.

답 (1) studied (2) lives (3) went (4) left / ❶ 현재 ❷ 과거

확인 문제

1 다음 빈칸에 알맞은 것을 고르시오.

(1) Julia ___________ our team last summer.

① stays ② joined ③ play

(2) Jihun ___________ an English lesson now.

① has ② have ③ had

2 우리말을 영어로 옮길 때, 주어진 단어의 알맞은 형태를 빈칸에 쓰시오.

Sally는 매일 매 식사 후에 이를 닦는다.

➡ Sally ___________ her teeth after each meal every day. (brush)

전략 2 현재진행형과 과거진행형을 구분하자.

• 현재진행형은 현재에 ❶ ______ 중인 일이나 동작을 나타낼 때 쓰고, 과거진행형은 과거 특정 시점에 진행 중이던 일이나 동작을 나타낼 때 쓴다.
• be동사는 주어와 시제에 따라 am/are/is 또는 was/were를 구별하여 쓴다.

현재진행형	am/are/is+동사원형-ing	~하고 있다, ~하는 중이다
과거진행형	was/were+동사원형-ing	~하고 있었다, ~하는 중이었다

I am running in the park now. 나는 지금 공원에서 뛰고 있다.
I was running in the park at 7 yesterday. 나는 어제 7시에 공원에서 뛰고 있었다.
주의 감정, 생각, 소유, 존재와 같은 ❷ ______ 를 나타내는 동사 (like, love, want, need, know, believe, have, exist, remain 등)는 진행형으로 잘 쓰지 않는다.
I **am knowing** the fact. (×) / I know the fact. (○) 나는 그 사실을 안다.

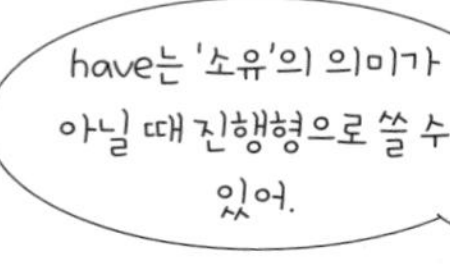

답 ❶ 진행 ❷ 상태

필수 예제

다음 문장의 네모 안에서 어법상 알맞은 것을 고르시오.

(1) My younger brother is [does / doing] his homework.

(2) He [is / was] reading a book now.

(3) Jake and I [are / were] swimming in the pool then.

문제 해결 전략

과거 또는 현재에 ❶ ______ 중인 일을 나타낼 때 「be동사+❷ ______-ing」로 진행형을 쓴다. 이때 be동사는 주어와 시제에 따라 am/are/is, was/were를 구별하여 쓴다.

답 (1) doing (2) is (3) were / ❶ 진행 ❷ 동사원형

확인 문제

1 다음 문장을 진행형으로 바꿀 때, 빈칸에 알맞은 be동사를 〈보기〉에서 골라 쓰시오.

보기
am are is was were

(1) Jessica washes the dishes.
➡ Jessica ________ washing the dishes.

(2) They played a baseball game together yesterday.
➡ They ________ playing a baseball game together yesterday.

2 다음 우리말을 영어로 옮긴 문장에서 어색한 곳을 찾아 바르게 고쳐 문장을 다시 쓰시오.

그녀는 어젯밤에 집에서 TV를 보고 있었다.
➡ She was watched TV at home last night.

➡ ________________________

전략 3 진행형의 부정문과 의문문을 알아두자.

• 진행형의 ❶ [   ]은 「be동사+not+동사원형-ing」의 형태로 쓴다.

현재진행형 부정문	am/are/is+not+동사원형-ing	~하고 있지 않다, ~하는 중이 아니다
과거진행형 부정문	was/were+not+동사원형-ing	~하고 있지 않았다, ~하는 중이 아니었다

Sally **is [was] not listening** to music. Sally는 음악을 듣고 있지 않다[않았다].

• 진행형의 ❷ [   ]은 「be동사+주어+동사원형-ing ~?」의 형태로 쓰고, be동사를 이용하여 대답한다.

현재진행형 의문문	Am/Are/Is+주어+동사원형-ing ~? – Yes, 주어+am/are/is. – No, 주어+am/are/is+not.	~하고 있니?, ~하는 중이니? – 응, 그래. / – 아니, 그렇지 않아.
과거진행형 의문문	Was/Were+주어+동사원형-ing ~? – Yes, 주어+was/were. – No, 주어+was/were+not.	~하고 있었니?, ~하는 중이었니? – 응, 그랬어. / – 아니, 그렇지 않았어.

Are [Were] Kate and Sandy having lunch together? Kate와 Sandy는 함께 점심을 먹는 중이니[중이었니]?
– Yes, they **are [were]**. / – No, they **aren't [weren't]**. – 응, 그래[그랬어]. / – 아니, 그렇지 않아[않았어].

답 ❶ 부정문 ❷ 의문문

필수 예제

다음 문장을 의문문으로 알맞게 바꾼 것은?

You are taking pictures.

① Do you taking pictures?
② Did you take pictures?
③ Are you take pictures?
④ Are you taking pictures?
⑤ Were you taking pictures?

문제 해결 전략

진행형의 부정문과 의문문은 각각 「be동사+❶ [   ]+동사원형-ing」와 「be동사+주어+❷ [   ]-ing ~?」의 형태로 쓴다.

답 ④ / ❶ not ❷ 동사원형

확인 문제

1 다음 문장을 지시에 따라 바꿔 쓸 때 빈칸에 알맞은 말을 쓰시오.

(1) They are sitting on the grass. (부정문으로)
➡ They ________________ on the grass.

(2) He was running around the park. (의문문으로)
➡ ________________ around the park?

2 주어진 표현을 바르게 배열하여 질문을 완성하시오.

A: (Tom / painting / the fence / is)?
B: Yes, he is.

➡ ________________________

>> 정답과 해설 11쪽

전략 4 미래시제 부정문과 의문문의 형태에 대해 알아두자.

• 미래시제의 부정문은 「will not [won't]+❶ ____」 또는 「be동사+not going to+동사원형」 형태로 쓴다.

미래시제 부정문	will not [won't]+동사원형	~이지[하지] 않을 것이다
	am/are/is+not going to+동사원형	

I **won't** give you a ride. 나는 너를 차에 태워 주지 않을 거야.

I'**m not going to** go out tonight. 나는 오늘 밤에 외출하지 않을 거야.

• 미래시제의 의문문은 「Will+주어+동사원형 ~?」 또는 「be동사+주어+going to+동사원형 ~?」 형태로 쓴다.

미래시제 의문문	Will+주어+동사원형 ~? – Yes, 주어+will. / – No, 주어+will not [won't].	~일[할] 거니? – 응, 그럴 거야. / – 아니, 그러지 않을 거야.
	be동사+주어+going to+동사원형 ~? – Yes, 주어+be동사. / – No, 주어+be동사+❷ ____.	

Will they come back next winter? 그들이 내년 겨울에 돌아올까?

– Yes, they **will**. / – No, they **won't**. – 응, 그럴 거야. / – 아니, 그러지 않을 거야.

답 ❶ 동사원형 ❷ not

필수 예제

다음 중 밑줄 친 우리말을 영어로 바르게 옮긴 것을 고르시오.

(1) 피곤해. <u>나는 늦게 자지 않을 거야.</u>

I feel tired. ① I will sleep not late.

② I will not sleep late.

(2) 너무 춥다. <u>너는 오늘 외출할 거니?</u>

It's too cold. ① Are you going to go out today?

② Do you going to go out today?

문제 해결 전략

미래시제의 부정문은 「will ❶ ____ [won't]+동사원형」 또는 「be동사+not going to+동사원형」으로 쓰고, 의문문은 「Will+주어+❷ ____ ~?」 또는 「be동사+주어+going to+동사원형 ~?」으로 쓴다.

답 (1)② (2)① / ❶ not ❷ 동사원형

확인 문제

1 다음 우리말과 일치하도록 할 때 not이 들어갈 위치로 알맞은 곳은?

> 우리는 다음 수업 시간에 시험을 보지 않을 것이다.
> ➡ We (①) will (②) take (③) an exam (④) next class (⑤).

2 우리말과 일치하도록 주어진 표현을 바르게 배열하시오.

> 너는 이번 주말에 그녀의 결혼식에 참석할 예정이니?
> (to / going / her wedding / are / attend / this weekend / you)

➡ ____________________

2주 2일 필수 체크 전략 ❷

1 다음 문장의 네모 안에서 알맞은 동사를 고르고, 해석하시오.

(1) The earth [is / was] round.

➡ ____________________

(2) King Sejong [invents / invented] Hangeul.

➡ ____________________

문제 해결 전략

일반적인 사실이나 변함없는 진리를 나타낼 때는 ❶ [　　] 를 사용하고, 과거에 일어난 일이나 역사적 사실을 나타낼 때는 ❷ [　　] 를 사용한다.

답 ❶ 현재시제 ❷ 과거시제

2 다음 중 밑줄 친 동사의 쓰임이 바른 것은?

① I am washing the car yesterday.

② I am having a big backpack.

③ You are not watching TV now.

④ We was not drinking juice.

⑤ He is carrying a heavy bag last week.

문제 해결 전략

특정 시점에 ❶ [　　] 중인 일이나 동작을 나타낼 때 「be동사+동사원형-ing」 형태의 진행형을 쓴다. 감정, 생각, 소유, 존재 등 ❷ [　　] 를 나타내는 동사는 진행형으로 쓰지 않는다.

답 ❶ 진행 ❷ 상태

3 다음 중 짝지어진 대화가 어색한 것은?

① **A**: Was she sitting on a park bench all day?
B: Yes, she was.

② **A**: Is Harry sleeping in his room?
B: Yes, he is.

③ **A**: Were they reading this science book?
B: No, they weren't.

④ **A**: Was he looking for his brother?
B: No, he didn't.

⑤ **A**: Are you listening to music now?
B: Yes, I am.

문제 해결 전략

진행형의 ❶ [　　] 은 「be동사+주어+동사원형-ing ~?」의 형태이고, 「Yes, 주어+be동사.」, 「No, 주어+ ❷ [　　] +not.」으로 대답한다.

답 ❶ 의문문 ❷ be동사

[4~5] 다음 글을 읽고, 물음에 답하시오.

A little boy (A) [forgets / forgot] his lines while he was acting on the stage. But luckily (B) <u>그의 어머니가 앞줄에서 그를 지켜보고 있었다</u>. She made a gesture with her hands to help her son. But it didn't work. So she said the words silently with her lips. That didn't help her son, either. Her son was standing there but couldn't say a word. Finally, she told him, "I am the light of the world." Then her son said in a loud clear voice, "My mother (C) [is / was] the light of the world."

Words

line 대사
while ~하는 동안에
stage 무대
work 효과가 있다
silently 조용히
lip 입술

4 윗글의 네모 (A)와 (C)에서 각각 알맞은 말을 골라 쓰시오.

(A) ________________ (C) ________________

문제 해결 전략

현재의 동작이나 상태 등을 나타낼 때 ❶ [ ] 시제를, 과거의 동작이나 상태 등을 나타낼 때 ❷ [ ] 시제를 쓴다.

답 ❶ 현재 ❷ 과거

5 밑줄 친 (B)의 우리말과 같은 뜻이 되도록 주어진 표현을 바르게 배열하시오.

watching / from the front row / him / was / his mother

➡ ________________________________

문제 해결 전략

과거진행형은 「was/were + 동사원형-ing」 형태로 ❶ [ ] 의 특정 시점에 진행 중이던 일을 나타내며, '~하고 ❷ [ ] '라는 의미이다.

답 ❶ 과거 ❷ 있었다

2주 3일 필수 체크 전략 ❶

전략 1 수식어 역할을 하는 형용사의 위치와 수식 대상을 알아두자.

• 형용사는 명사를 앞에서 수식하고, -thing, -body, -one으로 끝나는 대명사를 ❶ ______ 에서 수식한다.

명사 수식	She has a **beautiful** voice. 그녀는 아름다운 목소리를 가지고 있다.
대명사 수식	I need something **interesting.** 나는 재미있는 무언가가 필요하다.

• 수나 양을 나타내는 형용사는 명사 앞에 쓰이고, 수식하는 명사가 셀 수 있는지 없는지에 따라 구분하여 사용한다.

수량형용사	many(많은), a few(약간의), few(거의 없는)	+셀 수 있는 명사
	much(많은), a little(약간의), little(거의 없는)	+셀 수 없는 명사
	some/any(조금, 약간의)	+둘 다

주의 some은 주로 긍정문에, any는 부정문이나 ❷ ______ 에 쓴다.

I bought **some** books. 나는 책을 몇 권 샀다.

We didn't buy **any** clothes. 우리는 옷을 전혀 사지 않았다.

권유하는 표현에는 의문문에도 some을 써.

답 ❶ 뒤 ❷ 의문문

필수 예제

다음 문장의 네모 안에서 어법상 알맞은 것을 고르시오.

(1) Alex bought a [new car / car new].

(2) There is [interesting nothing / nothing interesting] on TV today.

(3) Angela has [many / much] friends.

문제 해결 전략

형용사는 명사를 ❶ ______ 에서 수식하고, -thing, -body, -one으로 끝나는 대명사를 ❷ ______ 에서 수식한다.

답 (1) new car (2) nothing interesting (3) many / ❶ 앞 ❷ 뒤

확인 문제

1 주어진 형용사를 추가하여 문장을 다시 쓰시오.

(1) This is a story. (funny)

➡ ______________________

(2) There are oranges in the basket. (some)

➡ ______________________

(3) She has something. (special)

➡ ______________________

2 다음 문장을 부정문으로 바꿀 때, 빈칸에 알맞은 말을 쓰시오.

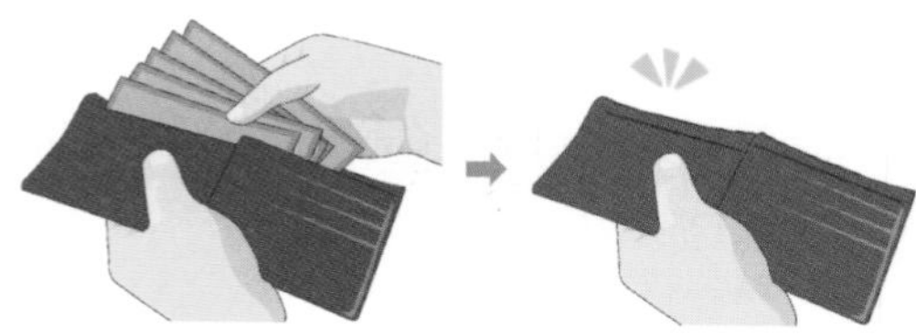

There is some money in my wallet.

➡ There isn't ____________ in my wallet.

전략 2 수식어 역할을 하는 부사의 위치와 수식 대상을 알아두자.

• 부사는 동사를 앞이나 뒤에서 수식하고, 형용사, 부사, 문장 전체를 앞에서 수식하는 것이 일반적이다.

동사 수식	The dog barked **fiercely.** 그 개는 사납게 짖었다.
형용사, 부사 수식	Bees move their wings **very** fast. 벌들은 그들의 날개를 매우 빠르게 움직인다.
문장 전체	**Luckily**, I found a four-leaf clover. 운이 좋게도, 나는 네잎 클로버를 발견했다.

• 빈도부사는 동사를 앞이나 뒤에서 수식하여 어떤 동작이나 사건이 얼마나 ❶ ______ 일어나는지 나타낸다.

종류	100% ← always 항상	usually 보통, 대개	often 종종	sometimes 때때로, 가끔	seldom 거의 ~ 않다	never 전혀 ~ 않다 → 0%
위치	be동사, 조동사 뒤	He is **always** kind to us. 그는 항상 우리에게 친절하다. You should **never** lie to anyone. 너는 누구에게도 절대 거짓말하면 안 된다.				
	일반동사 ❷ ______	I **usually** get up at 7 in the morning. 나는 보통 아침 7시에 일어난다.				

답 ❶ 자주 ❷ 앞

필수 예제

주어진 빈도부사가 들어갈 위치로 알맞은 곳을 고르시오.

(1) I (①) will (②) eat (③) fast food. (never)

(2) Bomin (①) is (②) late (③) for school. (sometimes)

(3) She (①) goes (②) shopping (③) on Saturdays. (usually)

문제 해결 전략

빈도부사는 일반적으로 be동사나 조동사의 ❶ ______ 에 오고, 일반동사의 ❷ ______ 에 온다.

답 (1)② (2)② (3)① / ❶ 뒤 ❷ 앞

확인 문제

1 주어진 부사를 추가하여 문장을 다시 쓰시오.

(1) Kevin drives. (carefully)

➡ ______________________

(2) I'm sorry about my mistake. (really)

➡ ______________________

(3) Suji skips breakfast. (usually)

➡ ______________________

2 다음 문장에서 단어의 순서가 어색한 부분을 찾아 바르게 고치시오.

I go sometimes to a museum with my friends.

__________ ➡ __________

필수 체크 전략 ❶

전략 3 주의해야 할 부사의 형태에 대해 알아두자.

• 형용사에 -ly를 붙여 만든 부사가 많지만, 주의해야 할 부사들도 있다.

형용사+-ly	careful(주의 깊은) → carefully(주의 깊게) beautiful(아름다운) → beautifully(아름답게)
-y로 끝나는 형용사는 y를 i로 고치고 +-ly	happy(행복한) → happily(행복하게) easy(쉬운) → easily(쉽게)
형용사와 형태가 같은 부사	fast(빠른) – fast(빨리) early(이른) – ❶ ______(일찍) late(늦은) – late(늦게) hard(어려운) – hard(열심히)
-ly가 붙어 뜻이 달라지는 부사	hard(어려운/열심히) → hardly(거의 ~ 않다) near(가까운/가까이) → nearly(거의) late(늦은/늦게) → lately(최근에) high(높은/높이) → highly(대단히, 매우)

very, well, so, too처럼 「형용사+-ly」의 형태가 아닌 부사도 많아.

He worked **hard** to succeed. 그는 성공하기 위해 ❷ ______ 일했다.
She **hardly** goes to school late. 그녀는 학교에 거의 지각하지 않는다.

답 ❶ early ❷ 열심히

필수 예제

다음 문장의 네모 안에서 알맞은 것을 고르시오.

(1) They all lived [happy / happily] ever after.

(2) He looks busy [late / lately].

(3) I was so tired. I could [hard / hardly] walk.

문제 해결 전략

'~한'의 의미로 ❶ ______를 수식하면 형용사이고, '~하게'의 의미로 동사를 수식하면 ❷ ______이다.

답 (1) happily (2) lately (3) hardly / ❶ 명사 ❷ 부사

확인 문제

1 다음 중 밑줄 친 단어의 쓰임이 나머지 둘과 다른 것은?

① The ants were working hard.

② Parking is a hard job for her.

③ Some of the questions were very hard.

2 다음 문장에서 어색한 부분을 찾아 바르게 고쳐 쓰시오.

The teacher spoke fastly to the students.

______ ➡ ______

>> 정답과 해설 13쪽

전략 4 수식어 역할을 하는 전치사구의 위치와 수식 대상을 알아두자.

• 전치사구는 「전치사+명사(구)」 형태의 수식어구로, 형용사 또는 부사 역할을 한다.

• 형용사처럼 쓰이는 전치사구는 ❶ [ ] 를 수식하며, 수식하는 명사 뒤에 온다.

명사 수식	The museums **in this city** are amazing. 이 도시의 박물관들은 굉장하다.

• 부사처럼 쓰이는 전치사구는 주로 문장의 앞이나 뒤에서 장소, 시간, 방법, 방향 등을 나타낸다.

장소	There is a famous museum **in this city**. 이 도시에는 유명한 박물관이 있다.
시간	The restaurant opens **at 10:00 a.m.** 그 식당은 오전 10시에 연다.
방법	They worked **in groups**. 그들은 그룹으로 작업했다.
방향	We went **to the train station**. 우리는 기차역으로 갔다.

답 ❶ 명사

필수 예제

다음 중 밑줄 친 전치사구의 쓰임이 나머지 넷과 다른 것은?

① The baby on the bed looks sleepy.

② The car in the garage is mine.

③ He ate those cookies in the box.

④ Ms. Harris lives with her husband and two children.

⑤ Everyone in the classroom laughed at her idea.

문제 해결 전략

전치사구는 명사를 수식하는 ❶ [ ] 역할이나 동사를 수식하는 ❷ [ ] 역할을 한다.

답 ④ / ❶ 형용사 ❷ 부사

확인 문제

1 다음 문장에서 밑줄 친 전치사구가 어떤 의미를 나타내는지 고르시오.

(1) I will go on a trip during vacation. [시간 / 장소]

(2) Jiho ate noodles with chopsticks. [방법 / 시간]

(3) Kelly lives in a small town. [방향 / 장소]

2 다음 문장에서 (A)와 (B)가 수식하는 말을 각각 찾아 쓰시오.

The boy (A) in the picture stood up (B) from the sofa.

(A) ____________ (B) ____________

2주 3일 필수 체크 전략 ❷

1 다음 빈칸에 들어갈 말이 순서대로 바르게 짝지어진 것은?

• There are ____________ apples on the table.
• I need ____________ sugar for my tea.

① much … many ② much … a few ③ many … few
④ some … a little ⑤ some … a few

문제 해결 전략

수량형용사 many, a few, few 다음에는 셀 수 ❶ ______ 명사가 오고, much, a little, little 다음에는 셀 수 ❷ ______ 명사가 온다. 또한 some 뒤에는 둘 다 올 수 있다.

답 ❶ 있는 ❷ 없는

2 다음 중 밑줄 친 부분의 쓰임이 나머지 넷과 다른 것은?

① Cathy is a fast learner.
② She is wearing a pretty dress.
③ I often stay up late at night.
④ It was a hard decision.
⑤ The early bird catches the worm.

문제 해결 전략

'~한'의 의미로 ❶ ______를 수식하면 형용사, '~하게'의 의미로 동사, 형용사, 다른 부사 등을 수식하면 ❷ ______이다.

답 ❶ 명사 ❷ 부사

3 다음 표 내용을 〈보기〉와 같이 문장으로 쓰시오.

	always	sometimes	never
go to school by bike	✔		
clean my room		✔	
be late for school			✔

보기
I always go to school by bike.

(1) I ______________________________.
(2) I ______________________________.

문제 해결 전략

빈도부사는 be동사나 조동사의 ❶ ______에 오거나 일반동사의 ❷ ______에 온다.

답 ❶ 뒤 ❷ 앞

>> 정답과 해설 14쪽

[4~5] 다음 글을 읽고, 물음에 답하시오.

Anna and Emma are twin sisters. They are (A) pretty and cute. They look almost the same, but they are different in many ways. Anna likes to study, and (B) she reads always books. However, (C) Emma hard studies. She likes to play sports. She can play baseball and football very well. Anna and Emma are different, but they get along well.

Words

twin 쌍둥이
in many ways 여러 방면으로
get along well 잘 지내다

© sylv1rob1/shutterstock

4 다음 중 밑줄 친 부분의 쓰임이 윗글의 (A)와 같은 것은?

① This puzzle is pretty hard.
② That's a very pretty doll.
③ My father looked pretty tired.
④ The traffic was pretty bad.
⑤ It's going to be pretty hot.

문제 해결 전략

형용사 pretty는 부사와 형태가 같다. 형용사일 때는 '❶ ______'이라는 뜻이고, 부사일 때는 '❷ ______, 매우'라는 뜻이다.

답 ❶ 예쁜 ❷ 꽤

5 밑줄 친 (B)와 (C)에서 각각 어색한 부분을 찾아 바르게 고쳐 다시 쓰시오.

(B) ______________________

(C) ______________________

문제 해결 전략

빈도부사는 보통 일반동사 ❶ ______ 에 온다. 또한 hard는 형용사와 부사로 모두 쓰지만 서로 의미가 다르고, hardly는 '거의 ~ 않다'라는 의미의 ❷ ______이다.

답 ❶ 앞 ❷ 부사

2주 4일 교과서 대표 전략 ❶

대표 예제 1

다음 글을 어제의 상황으로 바꿔 쓸 때, 빈칸에 알맞은 말을 쓰시오.

Namsu usually gets up at 7. He has breakfast at 7:30. He walks to school with his sister at 8:30.

➡ Yesterday, Namsu ________ up at 7. He ________ breakfast at 7:30. He ________ to school with his sister at 8:30.

Tip

과거시제는 ❶ ________ 에 이미 끝난 동작이나 상태를 나타낸다. 일반동사의 과거형은 「❷ ________ +-(e)d」 또는 불규칙 형태이다.

답 ❶ 과거 ❷ 동사원형

대표 예제 2

밑줄 친 (A)와 (B)를 알맞은 형태로 고쳐 쓰시오.

I (A) am knowing Suho. He (B) is in the same class as me last year.

(A) ________ (B) ________

Tip

감정, 생각, 소유, 존재와 같은 ❶ ________ 를 나타내는 동사는 ❷ ________ 으로 쓰지 않는다.

답 ❶ 상태 ❷ 진행형

대표 예제 3

주어진 표현과 현재진행형을 이용하여 그림 속 상황을 묘사하는 글을 완성하시오.

© Getty Images Bank

Kate ____________(send) a text message to her friend. Jack ____________(work) on his laptop. Sandy ____________(watch) a video on her smartphone.

Tip

현재진행형은 「am/are/is+❶ ________ -ing」의 형태로 쓴다. 주어가 3인칭 단수이면 be동사 is를, 복수이면 ❷ ________ 를 이용하여 진행형을 만든다.

답 ❶ 동사원형 ❷ are

대표 예제 4

빈칸에 알맞은 말을 넣어 대화를 완성하시오.

A: ________ you swimming in the lake then?

B: No, I ________. I was fishing by the lake.

Tip

과거진행형의 의문문은 「Was/Were+주어+❶ ________ -ing ~?」이고, 대답은 「Yes, 주어+was/were.」 또는 「No, 주어+was/were+❷ ________ .」으로 한다.

답 ❶ 동사원형 ❷ not

>> 정답과 해설 14쪽

대표 예제 5

빈칸에 들어갈 말이 순서대로 바르게 짝지어진 것은?

• We ________ home tomorrow.
• I ________ basketball with my friends yesterday.

① are … play
② were … play
③ will be … played
④ will are … played
⑤ will be … will play

Tip

later(~후에), next week(다음 주), ❶ ________(내일) 등은 미래시제와, yesterday(어제), last(지난 ~), ago(~ 전에) 등은 ❷ ________시제와 함께 쓰이는 표현이다.

답 ❶ tomorrow ❷ 과거

대표 예제 6

다음 우리말을 영어로 옮길 때 빈칸에 알맞은 말을 쓰시오.

Jake는 다음 주에 그의 가족과 캠핑을 갈 예정이다.
➡ Jake ______ ______ ______ ______ camping with his family next week.

Tip

미래를 나타내는 「be ❶ ________ to+동사원형」은 '~할 ❷ ________이다'로 해석한다.

답 ❶ going ❷ 예정

대표 예제 7

다음 글을 읽고, 물음에 답하시오.

It was (A) [get / getting] cooler outside. Nicole was on her way to her mother's small bakery. A yellow leaf fell from a tree. She picked it up and looked at it for a while. Over the leaf, she saw her mother. She (B) [is / was] working in the shop. Nicole smiled the happiest smile.
"That's beautiful. (C) 나는 이 장면을 그릴 거야!"

(1) (A)와 (B)에서 각각 알맞은 말을 골라 쓰시오.

(A) ________ (B) ________

Tip

진행형은 「be동사+동사원형-ing」의 형태로 특정 시점에 ❶ ________ 중인 일을 나타낸다. 이때 be동사는 현재진행형에 am/are/is를, ❷ ________에 was/were를 쓴다.

답 ❶ 진행 ❷ 과거진행형

(2) 주어진 표현을 바르게 배열하여 밑줄 친 (C)의 우리말을 영어로 옮기시오.

to / I / this scene / going / paint / am

➡ ______________________________

Tip

'~할 것이다', '~할 예정이다'라는 의미의 ❶ ________시제는 「will+동사원형」이나 「be going to+❷ ________」을 이용하여 나타낼 수 있다.

답 ❶ 미래 ❷ 동사원형

대표 예제 8

우리말과 일치하도록 주어진 표현을 배열할 때, 네 번째로 오는 것은?

그녀는 어젯밤에 하늘에서 이상한 것을 봤다.
➡ (she / something / saw / strange / in the sky) last night.

① she
② something
③ saw
④ strange
⑤ in the sky

© Allexxandar/shutterstock

Tip
-thing, -body, -one으로 끝나는 ❶ [ ]는 형용사가 ❷ [ ]에서 수식한다.

답 ❶ 대명사 ❷ 뒤

대표 예제 9

다음 문장의 네모 안에서 알맞은 말을 고르시오.

(1) [Some / Any] birds are flying in the sky.
(2) Are there [some / any] books in the box?

Tip
수량형용사 중 some과 any는 '조금, 약간의'라는 의미를 나타내는데, 주로 ❶ [ ]에 some이 쓰이고 부정문과 의문문에 ❷ [ ]가 쓰인다.

답 ❶ 긍정문 ❷ any

대표 예제 10

주어진 표현을 이용하여 다음 우리말을 영어로 옮기시오.

그는 고속도로에서 빠르게 운전한다.
(drive, fast, on the highway)

➡ ______________________________

Tip
fast는 형용사와 부사의 형태가 ❶ [ ] 단어이다. '빠르게 운전한다'는 의미이므로 여기서는 ❷ [ ]를 수식하는 부사이다.

답 ❶ 같은 ❷ 동사

대표 예제 11

〈보기〉에서 알맞은 말을 골라 자신에게 맞는 완전한 문장으로 대답하시오.

보기
always　　often　　sometimes

Q: How often do you eat vegetables for dinner?
A: ______________________________

Tip
어떤 일이 얼마나 ❶ [ ] 일어나는지 나타내는 부사를 빈도부사라고 하며, 일반동사와 함께 쓸 때에는 대개 동사의 ❷ [ ]에 쓴다.

답 ❶ 자주 ❷ 앞

대표 예제 12

다음 글의 밑줄 친 ①~⑤ 중 쓰임이 다른 하나를 고르면?

Scene 3: In Mr. and Mrs. Stork's house

(There are plates and bottles on the shelf. Mr. Stork puts some fish soup on the plates in front of Mr. and Mrs. Fox.)

Mr. Fox: I love these ① nice plates.
Mrs. Stork: I bought them for you.
Mrs. Fox: You're ② so kind. I want to buy ③ some bottles for you, too.
Mrs. Stork: Why don't we go to Mr. Monkey's shop together?
Mrs. Fox: That's a ④ good idea.
Mr. Fox: You will taste Carol's ⑤ delicious chicken soup soon!
Mr. Stork: I can't wait.

(They all laugh out loud.)

Tip
형용사는 ❶ ______ 를 앞에서 꾸미고, 부사는 동사, ❷ ______, 다른 부사 또는 문장 전체를 꾸민다.

답 ❶ 명사 ❷ 형용사

대표 예제 13

다음 글의 밑줄 친 ①~⑤ 중 〈보기〉의 밑줄 친 부분과 쓰임이 같은 것을 고르면?

Aleksey · Moscow, 16
October 3, 9:30 p.m.

① In the evening, my parents and I gather ② in the living room and watch Korean TV programs. My mother loves to watch dramas. She wants to visit all the beautiful places ③ in Korea some day. I love to watch music programs. I am a big fan of K-pop. There will be a K-pop concert ④ in Moscow ⑤ in November. I plan to go.

보기
Everyone in the room turns and looks at me.

© CJ Nattanai/shutterstcok

Tip
전치사구는 앞의 명사를 수식하는 ❶ ______ 역할을 하거나, 장소, 시간, 방법, 방향 등을 나타내는 ❷ ______ 역할을 한다.

답 ❶ 형용사 ❷ 부사

2주 4일 교과서 대표 전략 ❷

1 다음 중 밑줄 친 동사의 쓰임이 바른 것은?

① My brother always get up late.

② He learns Chinese last year.

③ We watched a soccer game tomorrow.

④ Jina made a strawberry cake yesterday.

⑤ We will have dinner together a week ago.

Tip

tomorrow(내일) 등은 ❶ [　　] 시제와 함께 쓰이고, last(지난 ~), ago(~ 전에) 등은 ❷ [　　] 시제와 함께 쓰인다.

답 ❶ 미래 ❷ 과거

2 다음 중 짝지어진 대화가 어색한 것은?

① **A**: Is Juho studying math now?
B: Yes, he is.

② **A**: Were you watching TV then?
B: No, I wasn't.

③ **A**: Will you send a text message to him?
B: Yes, I will.

④ **A**: Are the kids staying with their parents?
B: Yes, they will.

⑤ **A**: Is Tony going to meet her next week?
B: No, he isn't.

Tip

주어가 복수인 현재진행형의 의문문은 「Are+주어+동사원형 ❶ [　　] ~?」이고, 대답은 「Yes, 주어+ ❷ [　　].」 또는 「No, 주어+aren't.」로 한다.

답 ❶ -ing ❷ are

3 다음 문장에서 어법상 어색한 부분을 찾아 바르게 고치시오.

Jenny saw strange something in the dark.

__________ ➡ __________

Tip

형용사는 대개 명사를 ❶ [　　] 에서 수식하지만, -thing, -body, -one으로 끝나는 대명사는 ❷ [　　] 에서 수식한다.

답 ❶ 앞 ❷ 뒤

4 빈칸에 들어갈 말이 순서대로 바르게 짝지어진 것은?

- Helen gets up ________ in the morning.
- Junho practices ________ for the contest.
- Kevin ________ crossed the old bridge.

① late … hard … careful

② late … hardly … carefully

③ late … hard … carefully

④ lately … hardly … careful

⑤ lately … hard … carefully

Tip

형용사 뒤에 -ly를 붙이면 대개 형용사와 비슷한 의미의 ❶ [　　] 가 되지만, late와 hard는 -ly가 붙으면 각각 '최근에'와 '❷ [　　]'로 의미가 달라진다.

답 ❶ 부사 ❷ 거의 ~않다

5 우리말과 일치하도록 〈보기〉에서 알맞은 말을 골라 쓰시오.

보기

many	a few	few
much	a little	little

(1) 나는 오늘 숙제가 거의 없다.

➡ I have ________ homework today.

(2) 지나는 문구점에서 약간의 펜과 연필을 샀다.

➡ Jina bought ________ pens and pencils at the stationery store.

(3) 많은 사람들이 요즘 새로운 질병으로 고통받고 있다.

➡ ________ people are suffering from a new disease these days.

Tip

수량을 나타내는 형용사 중 many, a few, few는 셀 수 ❶ ________ 명사 앞에 쓰고, much, a little, little은 셀 수 ❷ ________ 명사 앞에 쓴다.

답 ❶ 있는 ❷ 없는

6 다음 밑줄 친 부분의 쓰임이 나머지 넷과 다른 것은?

① The boy on the chair is my cousin.

② The car in front of my house is not mine.

③ My brother in China wants to sell his car.

④ The boys were playing soccer on the field.

⑤ Please hand me the pen next to the phone.

Tip

전치사구는 ❶ ________ 처럼 명사 뒤에서 명사를 수식할 수 있고, 장소나 시간을 나타내는 ❷ ________ 역할도 할 수 있다.

답 ❶ 형용사 ❷ 부사

[7~8] 다음 글을 읽고, 물음에 답하시오.

Jiho is (A) ____________(take) a cooking class at the community center on Saturdays. His parents run a small restaurant. (B) They are busy on Saturdays. So, he makes his own lunch. He is going (C) ____________ (make) *spaghetti aglio e olio* this Saturday.

7 (A)와 (C)에 주어진 동사의 알맞은 형태를 쓰시오.

(A) ________________ (C) ________________

Tip

현재진행형은 「be동사+ ❶ ________ -ing」 형태이고, 미래시제는 「be going ❷ ________ +동사원형」으로 나타낸다.

답 ❶ 동사원형 ❷ to

8 밑줄 친 (B)에 always를 추가하여 문장을 다시 쓰고, 해석하시오.

문장: ________________________________

해석: ________________________________

Tip

always, usually, sometimes 등의 ❶ ________ 는 조동사와 be동사 ❷ ________ 나 일반동사 앞에 쓴다.

답 ❶ 빈도부사 ❷ 뒤

2주 누구나 합격 전략

1 다음 문장의 네모 안에서 알맞은 말을 고른 후, 문장을 해석하시오.

© Getty Images Korea

> The Olympic Games [take / took] place every four years.

➡ ______________________

2 주어진 문장을 부정문으로 바꿔 쓸 때 빈칸에 알맞은 말을 쓰시오.

> I will swim in the sea.
> ➡ I ________ swim in the sea.

3 다음 그림을 보고, 주어진 질문에 대한 대답을 세 단어로 쓰시오.

> **Q**: Is the boy playing the guitar?
> **A**: ______________________

4 다음 중 밑줄 친 부분의 쓰임이 나머지 넷과 다른 것은?

① Harry is wearing pajamas.
② Jim is reading a magazine.
③ My father is working in his office.
④ The students are talking to each other.
⑤ We are going to have pizza for lunch.

5 다음 글을 어제의 상황으로 바꿔 쓸 때, 빈칸에 알맞은 말을 쓰시오.

> Sora usually comes home around 5. She takes a shower at 5:30 and does her homework at 6. After that, she has dinner at 7.

⬇

> Yesterday, Sora (1) ________ home around 5. She (2) ________ a shower at 5:30 and (3) ________ her homework at 6. After that, she (4) ________ dinner at 7.

>> 정답과 해설 16쪽

6 밑줄 친 단어가 수식하는 부분에 네모 표시 하시오.

(1) Would you like some water?

(2) There is something attractive about this painting.

(3) The tickets sold out quickly on the website.

(4) Suddenly, I heard a strange sound.

7 다음 밑줄 친 형용사의 쓰임이 나머지 넷과 다른 것은?

① I'm hungry.

② My father looks great.

③ These flowers smell good.

④ She is pretty and kind.

⑤ We need some fresh vegetables.

8 우리말과 일치하도록 주어진 표현을 바르게 배열하시오.

나는 뭔가 신나는 일이 필요해.
(exciting / I / something / need)

➡ ______________________________

9 다음 중 밑줄 친 부분의 쓰임이 바른 것은?

① The police arrived final.

② The bottle is nearly empty.

③ It hard rained at all last summer.

④ The plane flew highly up in the sky.

⑤ You should study hardly during the summer vacation.

10 우리말과 일치하도록 주어진 단어를 넣어 문장을 다시 쓰시오.

(1) I enjoy challenges. (always)

➡ ______________________________

(2) Mom is busy on weekends. (often)

➡ ______________________________

2주 창의·융합·코딩 전략 ❶

A 각 사람의 말을 〈조건〉에 맞게 바꿔 쓰시오.

1 

Sophia and Chris watch a movie together.

조건 현재진행형으로 바꿀 것

____

2 

Mr. Smith doesn't drink coffee.

조건 at that time을 추가하여 과거진행 부정문으로 바꿀 것

____

3 

Lucas dances to the music on the stage.

조건 now를 추가하여 현재진행 의문문으로 바꿀 것

____

Tip

진행형은 「❶ ______ +동사원형-ing」로 쓰고, 부정문은 be동사 뒤에 not을 쓴다. 진행형 의문문은 「be동사+❷ ______ +동사원형-ing ~?」의 형태이다.

답 ❶ be동사 ❷ 주어

>> 정답과 해설 17쪽

B 그림을 보고 Jenny의 물음에 대한 Paul의 대답을 완성하시오.

1 Are you going to go to school by bus tommorow?

_________, _________ _________. I'm going to go to school by bicycle.

2 Are you going to study in the library?

_________, _________ _________.

3 Will you play basketball tomorrow?

_________, _________ _________.

4 Will you have pizza for dinner?

_________, _________ _________. I will have *jajangmyeon*.

Tip

「be동사+주어+ going to+동사원형 ~?」 형태의 미래시제 의문문에는 ❶ ________ 를 이용하여 답하고, 「Will + 주어 + 동사원형 ~?」 형태의 의문문에는 ❷ ________ 을 이용하여 답한다.

답 ❶ be동사 ❷ will

C 알맞은 단어 조각을 골라 문장을 완성하시오.

1 This car | is | □ expensive. / □ expensively.

2 My father | drives | □ careful. / □ carefully.

3 These are | □ sweet / □ sweetly | strawberries.

4 Jenny's sister | bakes a cake | □ good. / □ well.

Tip

형용사는 명사나 대명사를 수식하거나 ❶ ______ 또는 목적어를 보충 설명해 준다. 부사는 동사, 형용사, 다른 부사, 또는 ❷ ______ 전체를 수식한다. 「형용사+-ly」 형태인 부사가 많지만 형용사와 형태가 같거나, very, well, so, too처럼 전혀 다른 형태를 갖는 부사도 있다.

답 ❶ 주어 ❷ 문장

>> 정답과 해설 17쪽

D Brian의 일주일 동안의 생활을 보여 주는 표를 보고, 알맞은 카드를 두 개씩 골라 문장을 완성하시오. (단, 카드는 한 번씩만 쓸 것)

	Mon.	Tue.	Wed.	Thur.	Fri.	Sat.	Sun.
study English	✓	✓		✓	✓		
wash the dishes			✓			✓	
watch TV							
take a shower	✓	✓	✓	✓	✓	✓	✓

1 Brian ________________ studies English ________________.

2 Brian ________________ washes the dishes ________________.

3 Brian ________________ watches TV ________________.

4 Brian ________________ takes a shower ________________.

always	often	in the living room	in the bathroom
sometimes	never	in the kitchen	in the classroom

Tip

어떤 동작이나 사건이 얼마나 자주 일어나는지를 나타낼 때 ❶ ________ 를 사용하고, 장소를 나타낼 때 「전치사+명사(구)」 형태의 ❷ ________ 를 이용할 수 있다.

답 ❶ 빈도부사 ❷ 전치사구

BOOK 1 마무리 전략

적중 1 be동사와 일반동사가 쓰인 문장을 알아두자.
적중 2 조동사의 종류와 의미를 알아두자.

be동사는 주어에 따라 현재형 am/are/is와 과거형 was/were를 구별해서 써.

be동사의 부정문은 「주어+be동사+not ~.」의 형태야.

be동사의 의문문은 「be동사+주어 ~?」의 형태이고, be동사를 이용해서 대답해.

be동사는 '~이다/~하다' 또는 '(~에) 있다'라는 의미로 주어의 상태나 성질을 나타내.

일반동사의 현재형은 동사원형(+-(e)s), 과거형은 「동사원형+-(e)d/불규칙」으로 써.

일반동사의 부정문은 「주어+do[does]/did+not +동사원형 ~.」이야.

일반동사의 의문문은 「Do[Does]/Did+주어+동사원형 ~?」이고, do[does]/did를 이용해서 대답해.

일반동사는 '~하다'라는 의미로 주어의 동작이나 상태를 나타내.

조동사 can은 능력, 가능, 허가, may는 허가, 추측, should와 must는 의무를 나타내.

조동사 can, may, will, must, have to, should 등은 동사 앞에서 동사에 다양한 의미를 더해 줘.

조동사의 부정형은 조동사 뒤에 not을 넣어 「조동사+not+동사원형」의 형태로 써.

조동사의 의문문은 「조동사+주어+동사원형 ~?」이고, 조동사를 이용해서 대답해.

적중 3 현재·과거·미래시제와 진행형의 쓰임을 알아두자.
적중 4 수식어 역할을 하는 형용사와 부사의 쓰임을 알아두자.

부사는 동사, 형용사, 다른 부사 또는 문장 전체를 꾸미는 수식어 역할을 해.

전치사구는 「전치사+명사(구)」의 형태로, 형용사 또는 부사 역할을 해.

GOOD JOB!

형용사는 주어, 목적어를 보충 설명하는 보어 역할도 할 수 있어.

상태를 나타내는 동사들은 진행형으로 쓰지 않으니 주의해야 해.

형용사는 명사나 대명사를 꾸미는 수식어 역할을 해.

진행형은 「be동사+동사원형-ing」의 형태로, 특정 시점에 진행 중인 일이나 동작을 나타내.

미래시제는 「will+동사원형」이나 「be going to+동사원형」의 형태로 써.

현재시제는 현재의 동작이나 상태, 반복적인 습관, 변함없는 진리 등을 나타낼 때 사용해.

과거시제는 과거의 동작이나 상태, 역사적인 사실 등을 나타낼 때 사용해.

미래시제는 미래에 일어날 동작이나 상태, 계획 등을 나타낼 때 사용해.

신유형·신경향·서술형 전략

1 표시된 부분을 바르게 고쳐 문장을 다시 쓰고, 해석하시오.

sample

© mutsuMaks/shutterstock

They is at the office now.

➡ They are at the office now.

➡ 그들은 지금 사무실에 있다.

(1)

Sumin was happy not with his present.

➡

➡

(2)

Is your brother be a high school student?

➡

➡

Tip

be동사의 부정문을 만들 때 be동사 ❶ [ ]에 not을 쓰고, 의문문은 be동사가 주어 ❷ [ ]에 온다.

답 ❶ 뒤 ❷ 앞

2 두 문장 중 옳은 것을 고르고, 이유를 쓰시오.

sample

ⓐ The boy jump very high.

ⓑ The boy jumps very high.

➡ 정답: ⓑ

➡ 이유: 주어가 3인칭 단수일 때 일반동사의 현재형은 「동사원형+-(e)s」이다.

(1)

ⓐ Martin doesn't play with blocks now.

ⓑ Martin doesn't plays with blocks now.

➡ 정답:

➡ 이유:

(2)

© Getty Images Bank

ⓐ Did you improved your English skills?

ⓑ Did you improve your English skills?

➡ 정답:

➡ 이유:

Tip

일반동사의 부정문과 의문문을 만들 때 do[does] 또는 ❶ [ ]를 이용하고, 동사는 ❷ [ ]으로 쓴다.

답 ❶ did ❷ 원형

>> 정답과 해설 18쪽

3 다음 우리말과 일치하도록 빈칸에 알맞은 말을 고르시오.

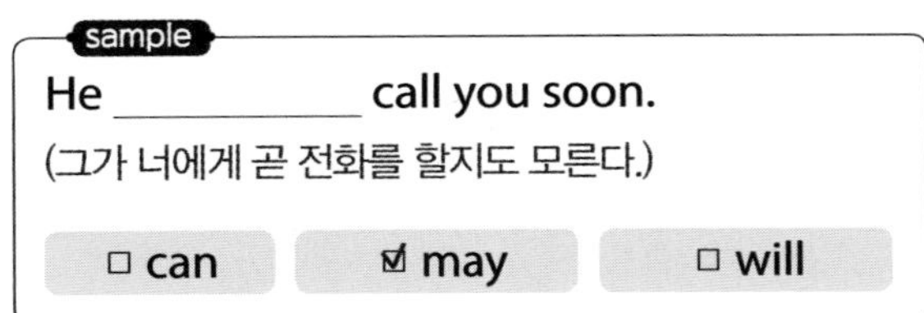
sample

He ________ call you soon.
(그가 너에게 곧 전화를 할지도 모른다.)

□ can ☑ may □ will

(1)

They ________ wait for you here.
(그들은 이곳에서 너를 기다려야 했다.)

□ must □ had to □ should

(2)

You ________ win this match.
(너는 이 경기에서 이길 필요가 없다.)

□ shouldn't □ mustn't □ don't have to

(3)

That ________ be true.
(그것은 사실일 리가 없다.)

□ can't □ won't □ may not

Tip

조동사 must와 have to는 둘 다 의무를 나타내고, 부정형은 각각 강한 금지와 ❶ ________를 나타낸다. 조동사 can의 부정형은 능력·가능/허가의 의미 외에 강한 부정의 ❷ ________도 나타낼 수 있다.

답 ❶ 불필요 ❷ 추측

4 다음 우리말을 참조하여, 주어진 표현 중 불필요한 하나를 제외한 나머지를 바르게 배열하여 문장을 완성하시오.

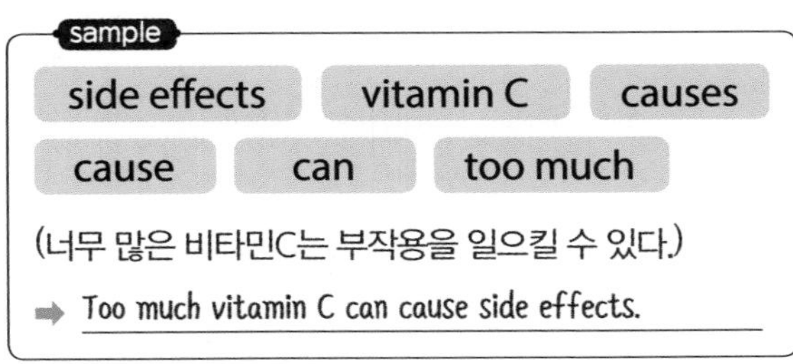
sample

side effects / vitamin C / causes / cause / can / too much

(너무 많은 비타민C는 부작용을 일으킬 수 있다.)

➡ Too much vitamin C can cause side effects.

(1)

a hand / give / do / me / you / will

(나를 좀 도와줄래?)

➡ ________________________

(2)

© sirtravelalot/shutterstock

come / the party / may / to / does / she / not

(그녀는 파티에 오지 않을지도 모른다.)

➡ ________________________

Tip

조동사의 부정문은 「주어+❶ ________+not+동사원형 ~.」이고, 의문문은 「❷ ________+주어+동사원형 ~?」이다.

답 ❶ 조동사 ❷ 조동사

5 주어진 표현을 바르게 배열하여 문장을 완성한 후, 완성된 문장을 괄호 안의 지시대로 바꿔 쓰시오.

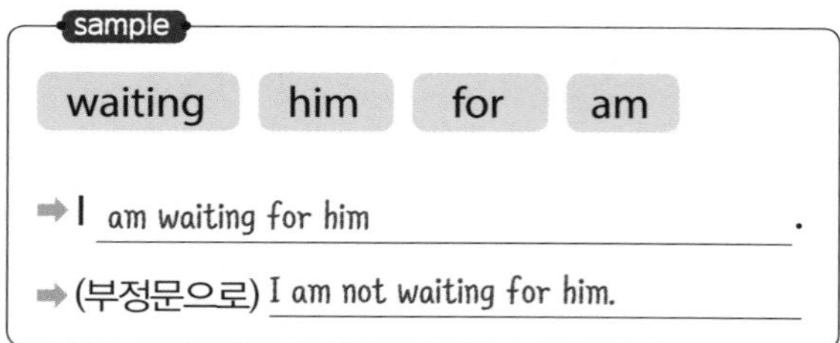

sample

waiting / him / for / am

➡ I am waiting for him.

➡ (부정문으로) I am not waiting for him.

(1)

your / are / doing / homework

➡ You ______________________.

➡ (의문문으로) ______________________

(2)

was / coming / across / street / the

➡ She ______________________.

➡ (부정문으로) ______________________

(3)

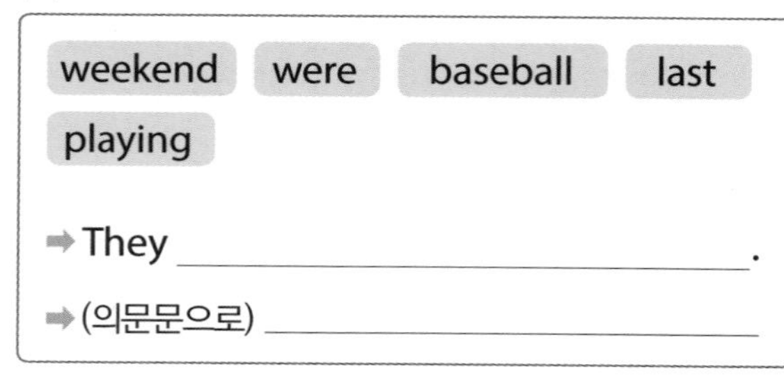

weekend / were / baseball / last / playing

➡ They ______________________.

➡ (의문문으로) ______________________

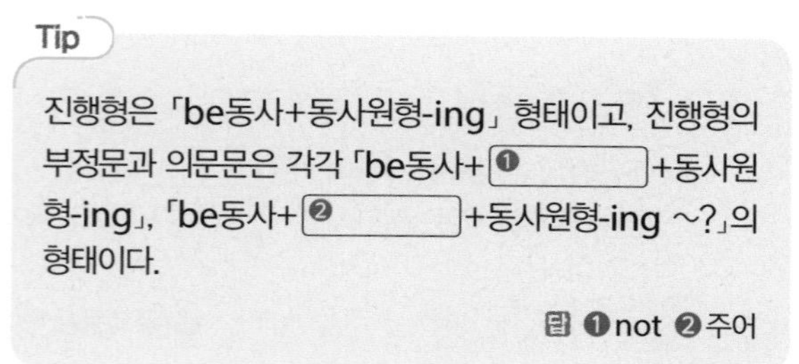

Tip

진행형은 「be동사+동사원형-ing」 형태이고, 진행형의 부정문과 의문문은 각각 「be동사+❶ ______ +동사원형-ing」, 「be동사+❷ ______ +동사원형-ing ~?」의 형태이다.

답 ❶ not ❷ 주어

6 주어진 표현 중 필요한 것만 골라 바르게 배열하여 대화를 완성하시오.

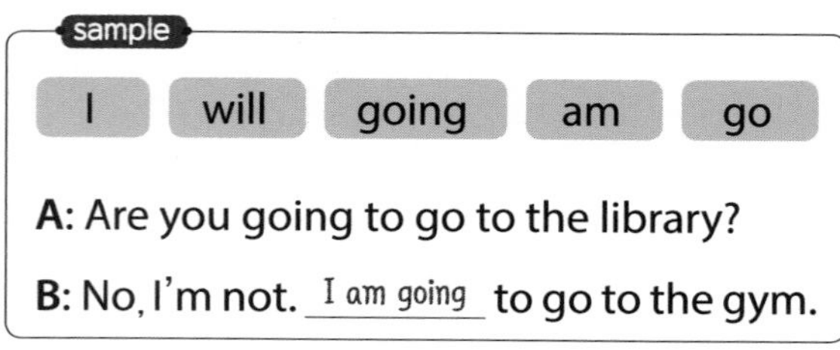

sample

I / will / going / am / go

A: Are you going to go to the library?

B: No, I'm not. I am going to go to the gym.

(1)

am / will / I / going / won't

A: Will you meet her at the bus stop?

B: No, I won't. ____________ meet her at the train station.

(2)

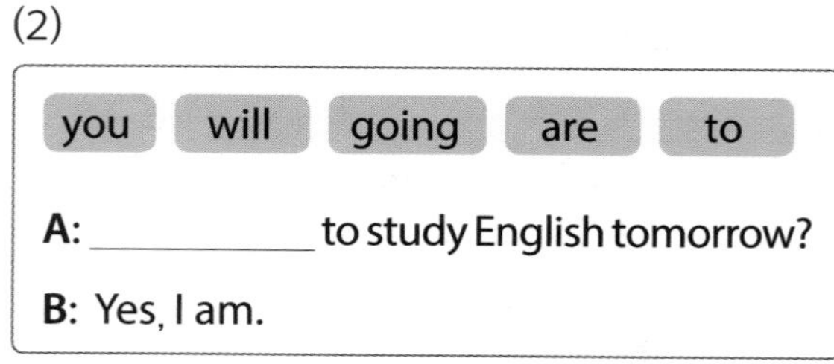

you / will / going / are / to

A: ____________ to study English tomorrow?

B: Yes, I am.

(3)

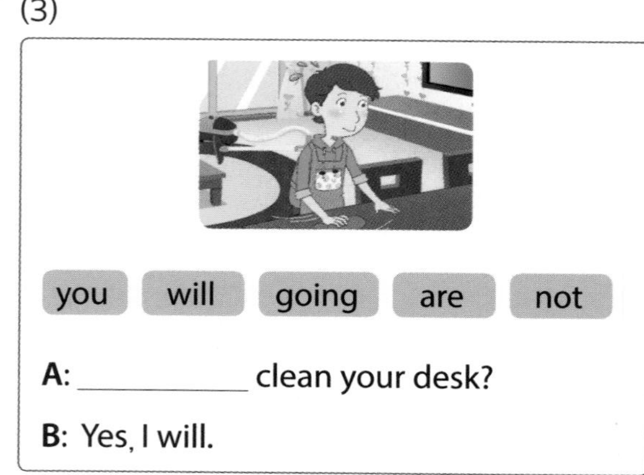

you / will / going / are / not

A: ____________ clean your desk?

B: Yes, I will.

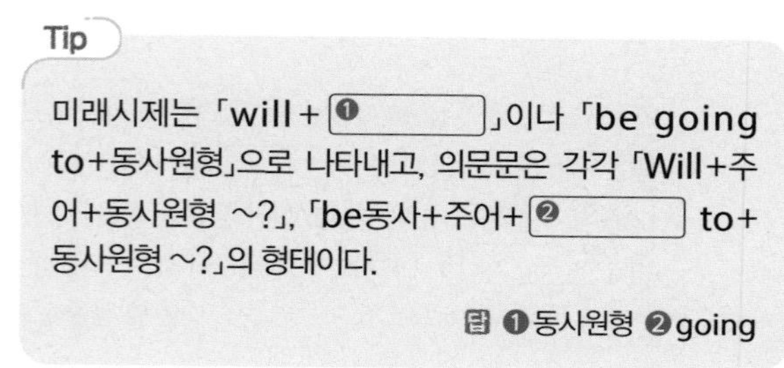

Tip

미래시제는 「will+❶ ______ 」이나 「be going to+동사원형」으로 나타내고, 의문문은 각각 「Will+주어+동사원형 ~?」, 「be동사+주어+❷ ______ to+동사원형 ~?」의 형태이다.

답 ❶ 동사원형 ❷ going

7 밑줄 친 부분을 수식하는 단어에 네모 표시하고, 해석을 완성하시오.

sample

She has a [lovely] voice.

➡ 그녀는 사랑스러운 목소리를 가지고 있다.

(1)

Did you do well on your math test?

➡ 너는 수학 시험을 ________ 봤니?

(2)

The grass was wet from heavy rain the day before.

➡ 풀은 전날의 ________ 비에 젖어 있었다.

(3)

The road was nearly empty.

➡ 도로가 ________ 비어 있었다.

Tip

형용사는 '~한/~인'의 의미로 ❶________나 대명사를 수식하고, 부사는 '~하게'의 의미로 ❷________, 형용사, 다른 부사, 문장 전체를 수식한다.

답 ❶ 명사 ❷ 동사

8 네모 안에서 알맞은 말을 고르고, 이유를 쓰시오.

sample

I need [some / any] information about him.

➡ 정답: some

➡ 이유: 긍정문이므로 수량형용사 some이 알맞다.

(1)

Would you like [some / any] sweets?

➡ 정답: ________

➡ 이유: ________

(2)

He talked about [mysterious something / something mysterious].

➡ 정답: ________

➡ 이유: ________

(3)

You [always should / should always] keep a spare tire in your car.

➡ 정답: ________

➡ 이유: ________

Tip

수량형용사 some이나 any는 '약간의, 몇몇의'라는 뜻을 나타내며 명사를 수식한다. 긍정문, ❶________에는 some을, 부정문, ❷________에는 any를 쓴다.

답 ❶ 권유문 ❷ 의문문

적중 예상 전략 | ❶

1 다음 빈칸에 들어갈 be동사가 나머지 넷과 다른 것은? (단, 현재형으로 넣을 것)

① The path ________ wet and slippery.

② She ________ a jewelry designer.

③ ________ this your e-mail address?

④ Grace and Murphy ________ not in the cafeteria.

⑤ A four-leaf clover ________ a symbol of good luck.

2 다음 문장을 지시대로 바꾼 것 중 옳은 것은?

Dr. Kim is an expert in child psychology.

① (부정문으로) → Dr. Kim not is an expert in child psychology.

② (의문문으로) → Is an expert Dr. Kim in child psychology?

③ (과거시제로) → Dr. Kim were an expert in child psychology.

④ (과거시제 · 부정문으로) → Dr. Kim wasn't an expert in child psychology.

⑤ (과거시제 · 의문문으로) → Did Dr. Kim be an expert in child psychology?

3 다음 빈칸에 들어갈 말이 순서대로 바르게 짝지어진 것은?

Carl gets up early in the morning. He ________ his dog at 5 a.m. And then he ________ his lunch box.

① walk … prepare　　② walk … preparing

③ walks … prepare　　④ walks … prepares

⑤ walking … prepares

4 다음 대화의 빈칸에 들어갈 말로 알맞은 것은?

© Phattranit Wk/shutterstock

A: Did you go to the aquarium with Den last weekend, Sandy?

B: ________ I just stayed at home.

① Yes, I did.　　② No, I didn't.

③ Yes, she did.　　④ No, she didn't.

⑤ Yes, I was.

>> 정답과 해설 19쪽

5 다음 중 우리말을 영어로 바르게 옮긴 것은?

① 너는 천천히 또박또박 말해야 한다.
→ You may speak slowly and clearly.

② 저를 위해 문을 잡아 주시겠어요?
→ Did you hold the door for me?

③ 그 공장은 다시 가동되지 않을 것이다.
→ The plant won't be in operation again.

④ 벌써 점심시간이 된 게 틀림없다.
→ It has to be lunchtime already.

⑤ 너는 여권을 가져오지 않아도 돼.
→ You must not bring a passport.

6 다음 중 어법상 옳은 것끼리 묶은 것은?

ⓐ Brian mays give us a hand.
ⓑ Should I accept the proposal?
ⓒ Sunscreen can prevents skin from aging.
ⓓ The child not may be in a good mood right now.
ⓔ You don't have to set the alarm.

① ⓐ, ⓑ ② ⓐ, ⓓ ③ ⓑ, ⓒ
④ ⓑ, ⓔ ⑤ ⓒ, ⓓ

7 다음 중 밑줄 친 부분의 쓰임이 〈보기〉와 같은 것은?

© BABAROGA/shutterstock

보기
<u>May</u> I have a window seat?

① <u>Can</u> I try on this skirt?
② <u>Can</u> you hear me?
③ <u>Can</u> they understand Korean?
④ Polar bears <u>can</u> swim well.
⑤ I <u>can</u> solve this riddle.

8 다음 중 추측을 나타내는 문장이 <u>아닌</u> 것은?

① We may not have another chance.
② James may go to a movie with her tonight.
③ You must wear a bicycle helmet.
④ It must be a defective product.
⑤ The rumor must not be true.

9 다음 대화의 빈칸에 알맞은 대답을 쓰시오.

A: Are the ingredients in the fridge?
B: ________, ________ ________.
They are on the table.

10 다음 표를 참고하여 빈칸에 알맞은 말을 쓰시오.

	novel	class
Jake	fantasy	acting
Emma	fantasy	pottery

(1) A: Do Jake and Emma like fantasy novels?
B: ________, ________ ________.

(2) A: Does Emma take an acting class?
B: No, ________ ________. She ________ ________ ________ ________.

11 다음 문장을 지시대로 바꿔 쓰시오.

Peter studies biology every day.

(1) 부정문으로
➡ ________________

(2) 의문문으로
➡ ________________

12 다음 문장에서 어법상 어색한 부분을 찾아 바르게 고쳐 쓰시오.

© Bertl123/shutterstock

Olivia can rides a roller coaster.

________ ➡ ________

13 다음 빈칸에 가장 알맞은 조동사를 〈보기〉에서 골라 쓰시오. (단, 한 번씩만 사용할 것)

보기
must can will

(1) William is very strong. He ________ carry heavy things.
(2) We ________ wear a seat belt in the car.
(3) My family ________ visit my grandparents this weekend.

14 다음 우리말과 일치하도록 주어진 동사를 이용하여 빈칸에 알맞은 말을 쓰시오.

Molly ________ ________ ________ ________ the meeting. (attend)
(Molly는 회의에 참석할 필요가 없다.)

>> 정답과 해설 19쪽

[15~16] 다음 글을 읽고, 물음에 답하시오.

Seven-year-old Louise hurt both her hands and had surgery. So she (A) ________(be) in the hospital. One day, a doctor came to see her. When she saw the doctor, she asked the doctor. "Will I be able to (B) ________(play) the piano later?" "Of course, you will. So don't worry too much," answered the doctor. "But that's strange," said Louise. "(C) 저는 예전에는 그것을 칠 수 없었거든요."

15 (A)와 (B)에 주어진 동사의 알맞은 형태를 쓰시오.

(A) ____________ (B) ____________

'~할 수 있을 것이다'라는 뜻으로 '미래'와 '능력·가능'의 의미를 동시에 나타낼 때 「will be able to+동사원형」을 이용할 수 있어.

16 밑줄 친 (C)와 같은 뜻이 되도록 주어진 표현을 바르게 배열하시오.

play / before / I / to / it / wasn't / able

➡ ________________________________

[17~18] 다음 글을 읽고, 물음에 답하시오.

© Ollyy/shutterstock

(A) Are you know the "I Spy" game? It is a very popular game among children. Also, it's a very simple game to play. Here's how to play. One person chooses a word. The word (B) [must / may] be the name of something you can see in the room. Let's say the person chooses "cup." He or she says "I spy with my little eye, something beginning with C." Then the other players (C) [should / might] look around and guess what the word is. When one person guesses the word, he or she chooses the next word.

17 밑줄 친 (A)에서 어법상 어색한 부분을 바르게 고쳐 문장을 다시 쓰시오.

➡ ________________________________

18 (B)와 (C)의 각 네모 안에서 알맞은 조동사를 골라 쓰시오.

(B) ____________ (C) ____________

적중 예상 전략 | ❷

1 빈칸에 들어갈 말이 순서대로 바르게 짝지어진 것은?

- He ________ the business meeting next Monday at 10 a.m.
- The school bus ________ late yesterday morning.

① attended … arrives
② attended … arrived
③ will attend … arrives
④ will attend … arrived
⑤ will attend … will arrive

2 다음 문장의 빈칸에 들어갈 말로 알맞은 것은?

The man ________ a box now.

① carry ② carried ③ will carry
④ is carrying ⑤ was carrying

3 주어진 문장과 의미가 가장 가까운 것은?

Ted will pick me up at the airport.

① Ted picked me up at the airport.
② Ted may pick me up at the airport.
③ Ted should pick me up at the airport.
④ Ted was picking me up at the airport.
⑤ Ted is going to pick me up at the airport.

4 다음 중 우리말을 영어로 잘못 나타낸 것은?

① 나는 오늘 저녁을 먹지 않을 것이다.
→ I will not have dinner tonight.
② 두 소녀가 어제 공원에서 춤을 추고 있었다.
→ Two girls are dancing in the park yesterday.
③ 나는 지금 음악을 듣고 있지 않다.
→ I am not listening to music now.
④ 그녀는 오늘 밤 TV를 보지 않을 것이다.
→ She is not going to watch TV tonight.
⑤ 나는 어젯밤 10시에 잠을 자고 있지 않았다.
→ I was not sleeping at 10 p.m. last night.

5 밑줄 친 부분의 쓰임이 나머지 넷과 다른 것은?

① I'm going to play soccer.
② The show is going out live.
③ He's not going to buy a laptop.
④ She's going to send a package.
⑤ Are you going to stay here?

>> 정답과 해설 21쪽

6 다음 빈칸에 들어갈 수 없는 것은?

I read a very ________ story today.

① short ② funny ③ interesting
④ scary ⑤ sadly

7 다음 빈칸에 들어갈 말로 알맞은 것은?

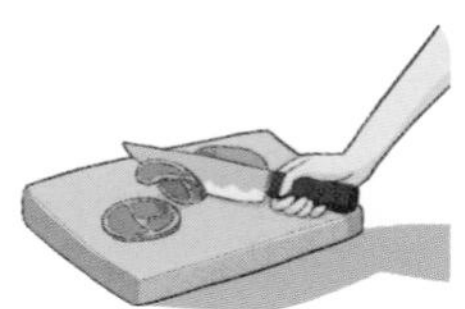

You should use a knife ________.

① hardly ② lovely
③ friendly ④ carefully
⑤ difficult

8 다음 중 밑줄 친 부분을 잘못 고친 것은?

① We hard know each other.
→ hardly

② They have a very nicely house.
→ nice

③ The girl met popular someone.
→ popularly someone

④ The boy walked fastly in the street.
→ fast

⑤ The blue bird is flying highly in the sky.
→ high

9 다음 중 빈칸에 some을 쓸 수 있는 것끼리 묶은 것은?

ⓐ Do you have ________ studying tips?
ⓑ Would you like ________ apple juice?
ⓒ There are ________ trees in the yard.
ⓓ There aren't ________ balls in the basket.
ⓔ I know ________ students from that school.

① ⓐ, ⓑ ② ⓑ, ⓒ
③ ⓒ, ⓔ ④ ⓐ, ⓑ, ⓓ
⑤ ⓑ, ⓒ, ⓔ

10 다음 중 밑줄 친 부분의 쓰임이 〈보기〉와 같은 것을 모두 고르면?

© Aboutlife/shutterstock

보기

The movie was wonderful.

① She doesn't speak fast.
② The man kindly helped me.
③ The eagle can fly very high.
④ You look so pretty in that dress!
⑤ The weather is cold and dry in winter.

11 그림을 보고, 빈칸에 알맞은 말을 넣어 대화를 완성하시오.

A: Were you talking on the phone at 11 o'clock last night?
B: No, _______ _______. I _______ _______ in bed then.

12 대화를 읽고, 대화에서 알 수 있는 사실을 완성하시오.

Seho: What are you doing, Sora?
Sora: I'm preparing for an environmental campaign.
Seho: Oh, you're great! Can I help you?
Sora: Sure. Can you make a poster?
Seho: No problem. I will make a poster.

Sora is _______ for an environmental campaign. Seho is going to help her. He _______ _______ _______ make a poster.

13 다음 글의 빈칸에 주어진 단어의 알맞은 형태를 쓰시오.

Sujin had a math test today. The test was easy. So, she solved the problems (A) _______(easy) and got a (B) _______ (high) score.

14 Liam의 일상생활에 관한 표의 내용과 일치하도록 알맞은 빈도부사를 넣어 문장을 다시 쓰시오.

	usually	often	never
ride a bike		✔	
be late for class			✔
have dinner at home	✔		

(1) Liam rides a bike.
➡ _______________

(2) Liam is late for class.
➡ _______________

(3) Liam has dinner at home.
➡ _______________

>> 정답과 해설 21쪽

[15~16] 다음 글을 읽고, 물음에 답하시오.

(A) 나는 지금 부모님과 함께 여름 휴가를 즐기고 있다. We came to Paris yesterday. We stayed in a traditional hotel. Today, we went to the Louvre Museum in the morning. The Louvre Museum is the largest museum in the world. There are about 35,000 different works of art. We saw many famous paintings. (B) We are going to visit the Eiffel Tower in the afternoon. I will have a good time here.

15 밑줄 친 (A)와 같은 뜻이 되도록 〈조건〉에 맞게 쓰시오.

조건
1. 진행형으로 쓸 것
2. enjoy, the summer vacation, now를 포함하여 10단어로 쓸 것

➡ ____________________

16 시제에 유의하여 밑줄 친 (B)를 바르게 해석하시오.

➡ ____________________

____

[17~18] 다음 글을 읽고, 물음에 답하시오.

Mike lives in a ⓐ small house with his parents. His father is a ⓑ great cook. His mother cooks ⓒ well, too. (A) 그들은 주방에서 무언가 맛있는 것을 요리하고 있다. Mike is doing his homework in his room now. He has too ⓓ many homework today. But, he will finish everything ⓔ quickly, and will enjoy a delicious dinner with his parents.

17 밑줄 친 ⓐ~ⓔ 중, 어법상 어색한 것을 찾아 바르게 고치시오.

________, ________ ➡ ________

18 밑줄 친 (A)와 같은 뜻이 되도록 주어진 표현을 바르게 배열하시오.

© Africa Studio/shutterstock

delicious / they / something / in the kitchen / are cooking

➡ ____________________

____

MEMO

구문 영어전략 중학 1

BOOK 2

이 책의 구성과 활용

이 책은 3권으로 이루어져 있는데
본책인 BOOK1, 2의 구성은 아래와 같아.

주 도입

만화를 읽은 후 간단한 퀴즈를 풀며 한 주 동안 학습할 구문을 익혀 봅니다.

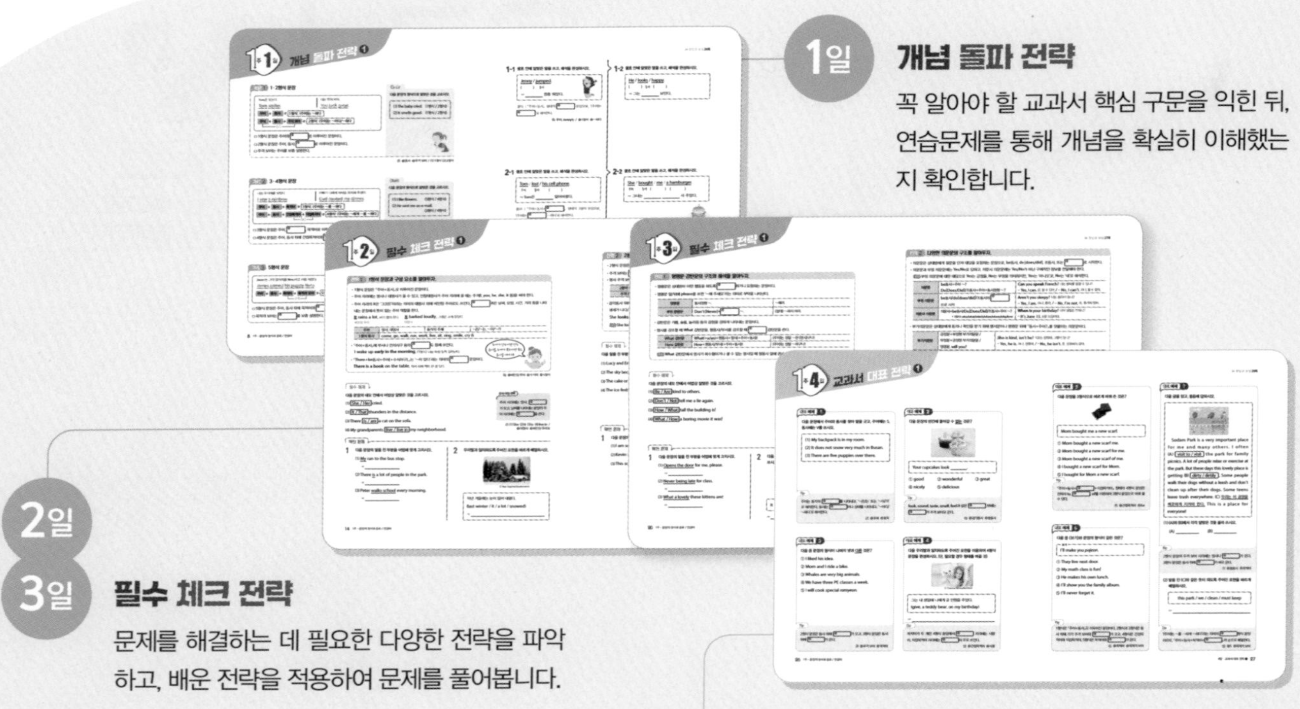

1일 개념 돌파 전략

꼭 알아야 할 교과서 핵심 구문을 익힌 뒤, 연습문제를 통해 개념을 확실히 이해했는지 확인합니다.

2일 3일 필수 체크 전략

문제를 해결하는 데 필요한 다양한 전략을 파악하고, 배운 전략을 적용하여 문제를 풀어봅니다.

4일 교과서 대표 전략

내신 기출 문제의 대표 유형을 풀어 보며 실제 학교 시험 유형을 익힙니다.

부록 **시험에 잘 나오는 개념 BOOK**

부록은 뜯어서 미니북으로 활용하세요!
시험 전에 개념을 확실하게 짚어 주세요.

주 마무리와 권 마무리의 특별 코너들로
영어 실력이 더 탄탄해질 거야!

주 마무리 코너

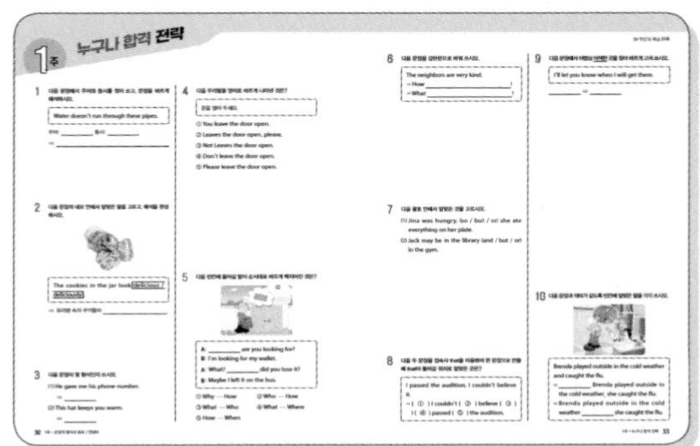

누구나 합격 전략

난이도가 낮은 문제들을 통해 앞서 학습한 내용에 대한 기초 이해력을 점검합니다.

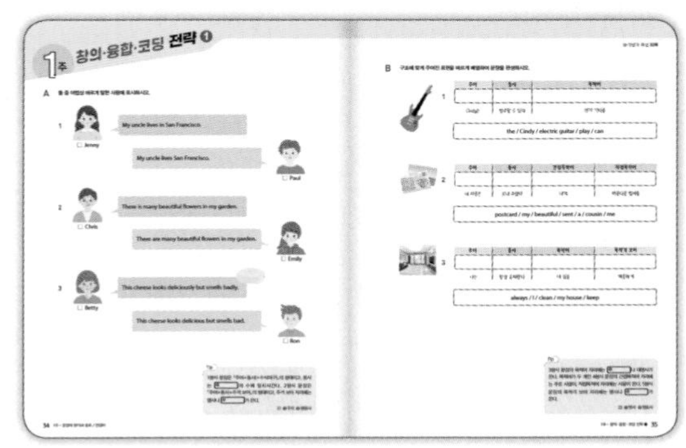

창의·융합·코딩 전략

융복합적 사고력과 문제 해결력을 키울 수 있는 재미있는 문제들을 풀어 봅니다.

권 마무리 코너

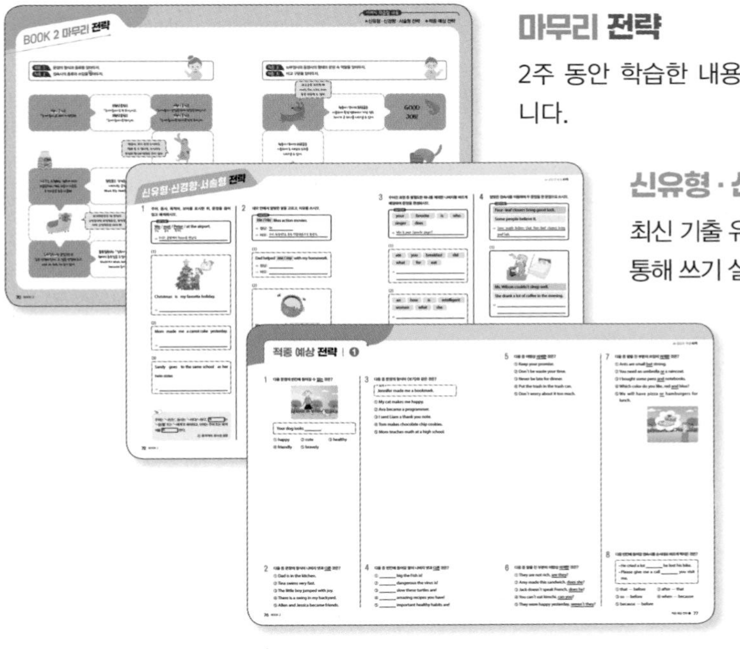

마무리 전략

2주 동안 학습한 내용을 이미지나 만화를 통해 총정리합니다.

신유형·신경향·서술형 전략

최신 기출 유형을 반영한 다양한 서술형 문제들을 통해 쓰기 실력을 키웁니다.

적중 예상 전략

실제 학교 시험 유형의 예상 문제를 풀며 실전에 대비합니다.

이 책의 차례

BOOK 1

BOOK ❷

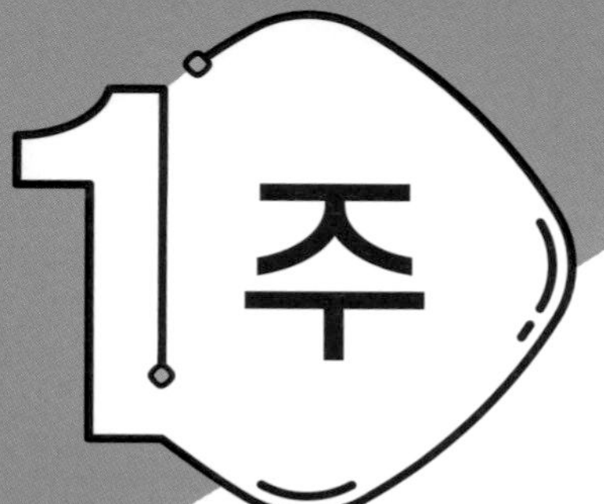

문장의 형식과 종류 / 연결어

1 1·2형식 문장

여학생이 의도하는 바는?
a. 새들이 아름답다.
b. 새들의 노래가 아름답다.

2 3·4·5형식 문장

대화에서 알 수 있는 것은?
a. Sam's friend gave Sam Baro.
b. Sam gave his friend Baro.

학습할 내용

❶ 1·2형식 문장 ❷ 3·4·5형식 문장 ❸ 명령문, 감탄문, 의문문 ❹ 접속사

3 명령문, 감탄문, 의문문

남학생의 대답으로 알맞은 것은?

a. I made a cake.

b. It's Mom's birthday.

4 접속사

엄마의 생각을 잘 나타낸 것은?

a. 치아가 좋지 않을 때 단것을 많이 먹으면 안 된다.

b. 치아에 좋지 않으므로 단것을 많이 먹으면 안 된다.

답 1b 2a 3b 4b

1주 1일 개념 돌파 전략 ❶

개념 1 1·2형식 문장

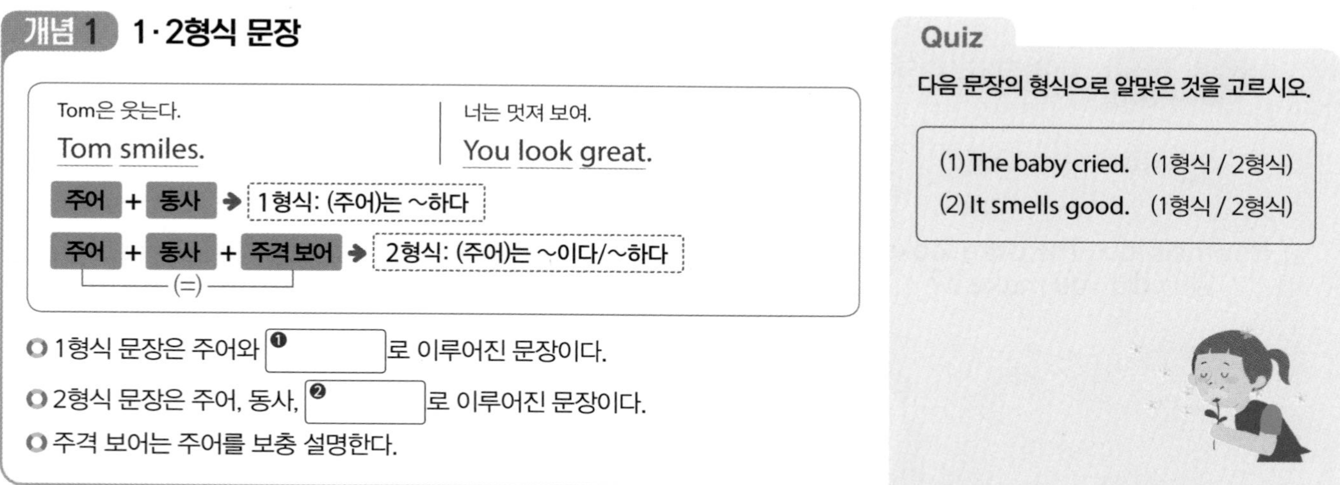

Tom은 웃는다.
Tom smiles.

너는 멋져 보여.
You look great.

주어 + 동사 → 1형식: (주어)는 ~하다

주어 + 동사 + 주격 보어 → 2형식: (주어)는 ~이다/~하다
(주어 = 주격 보어)

- 1형식 문장은 주어와 ❶ [ ] 로 이루어진 문장이다.
- 2형식 문장은 주어, 동사, ❷ [ ] 로 이루어진 문장이다.
- 주격 보어는 주어를 보충 설명한다.

Quiz

다음 문장의 형식으로 알맞은 것을 고르시오.

(1) The baby cried. (1형식 / 2형식)
(2) It smells good. (1형식 / 2형식)

답 ❶동사 ❷주격 보어 / (1) 1형식 (2) 2형식

개념 2 3·4형식 문장

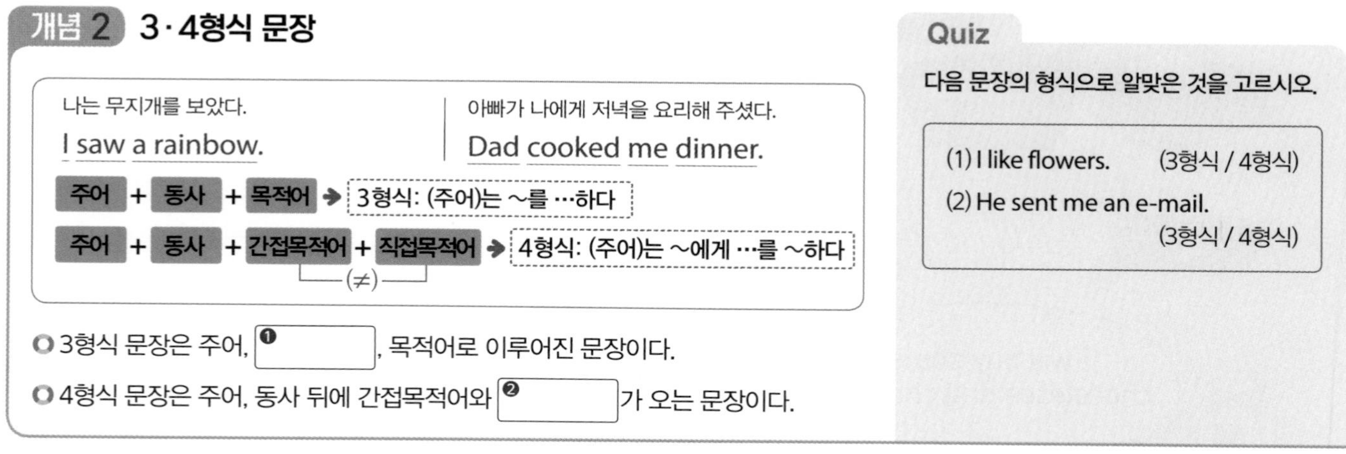

나는 무지개를 보았다.
I saw a rainbow.

아빠가 나에게 저녁을 요리해 주셨다.
Dad cooked me dinner.

주어 + 동사 + 목적어 → 3형식: (주어)는 ~를 …하다

주어 + 동사 + 간접목적어 + 직접목적어 → 4형식: (주어)는 ~에게 …를 ~하다
(간접목적어 ≠ 직접목적어)

- 3형식 문장은 주어, ❶ [ ], 목적어로 이루어진 문장이다.
- 4형식 문장은 주어, 동사 뒤에 간접목적어와 ❷ [ ] 가 오는 문장이다.

Quiz

다음 문장의 형식으로 알맞은 것을 고르시오.

(1) I like flowers. (3형식 / 4형식)
(2) He sent me an e-mail. (3형식 / 4형식)

답 ❶동사 ❷직접목적어 / (1) 3형식 (2) 4형식

개념 3 5형식 문장

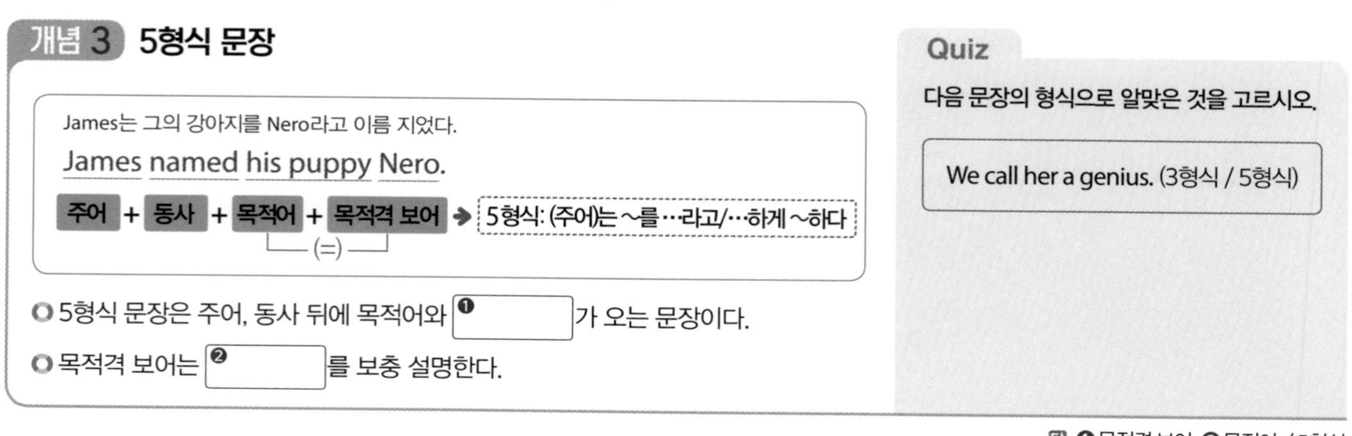

James는 그의 강아지를 Nero라고 이름 지었다.
James named his puppy Nero.

주어 + 동사 + 목적어 + 목적격 보어 → 5형식: (주어)는 ~를 …라고/…하게 ~하다
(목적어 = 목적격 보어)

- 5형식 문장은 주어, 동사 뒤에 목적어와 ❶ [ ] 가 오는 문장이다.
- 목적격 보어는 ❷ [ ] 를 보충 설명한다.

Quiz

다음 문장의 형식으로 알맞은 것을 고르시오.

We call her a genius. (3형식 / 5형식)

답 ❶목적격 보어 ❷목적어 / 5형식

1-1 괄호 안에 알맞은 말을 쓰고, 해석을 완성하시오.

Jenny / jumped.
( ) 동사
➡ ______ 깡충 뛰었다.

풀이 | 「주어+동사」 형태의 ❶ ______ 문장으로, '(주어)는 ❷ ______'로 해석한다.

답 주어, Jenny는 / ❶ 1형식 ❷ ~하다

1-2 괄호 안에 알맞은 말을 쓰고, 해석을 완성하시오.

He / looks / happy.
( ) 동사 ( )
➡ 그는 ______ 보인다.

2-1 괄호 안에 알맞은 말을 쓰고, 해석을 완성하시오.

Tom / lost / his cell phone.
주어 동사 ( )
➡ Tom은 ______ 잃어버렸다.

풀이 | 「주어+동사+❶ ______」 형태의 3형식 문장으로, '(주어)는 ❷ ______ …하다'로 해석한다.

답 목적어, 그의 휴대 전화를 / ❶ 목적어 ❷ ~를

2-2 괄호 안에 알맞은 말을 쓰고, 해석을 완성하시오.

She / bought / me / a hamburger.
주어 동사 ( ) ( )
➡ 그녀는 ______ ______ 사 주었다.

3-1 괄호 안에 알맞은 말을 쓰고, 해석을 완성하시오.

My dad / calls / me / a princess.
주어 동사 목적어 ( )
➡ 우리 아빠는 나를 ______ 부른다.

풀이 | 「주어+동사+목적어+❶ ______」 형태의 5형식 문장으로, '(주어)는 ~를 ❷ ______ ~하다'로 해석한다.

답 목적격 보어, 공주라고 / ❶ 목적격 보어 ❷ …라고/…하게

3-2 괄호 안에 알맞은 말을 쓰고, 해석을 완성하시오.

I / found / the book / difficult.
주어 동사 ( ) ( )
➡ 나는 ______ ______ 것을 알게 되었다.

개념 4 명령문, 감탄문, 의문문

조용히 해.	그녀는 정말 착하구나!	너는 피곤하니?
Be quiet.	How kind she is!	Are you tired?

동사원형 ~. → 명령문: ~해라.

How + 형용사/부사 (+ 주어 + 동사)! → 감탄문: 정말 ~하구나!

Be동사 + 주어 ~? / Do + 주어 + 동사원형 ~? → ~이니/~하니?

- 명령문은 주어 You를 생략하고 ❶ ______ 으로 시작하는 문장이다.
- 감탄문은 기쁨, 슬픔, 놀라움 등의 감정을 표현하는 문장이다.
- 의문문은 상대방에게 질문을 던져 ❷ ______ 을 유도하는 문장이다.

Quiz

다음 문장의 종류로 알맞은 것의 기호를 쓰시오.

(1) Is she a teacher? (　　)
(2) How tall he is! (　　)
(3) Turn on the TV. (　　)

ⓐ 명령문　ⓑ 감탄문　ⓒ 의문문

답 ❶ 동사원형 ❷ 대답 / (1) ⓒ (2) ⓑ (3) ⓐ

개념 5 등위접속사

학생들은 뛰어다니며 큰 소리로 외쳤다.
The students ran around and shouted loudly.

A + 등위접속사 + B → A, B는 문법적으로 대등함

- 등위접속사는 문법적으로 같은 성격의 문장 성분을 ❶ ______ 하는 접속사이다.
- 등위접속사 and(그리고), or(또는), but(그러나)은 단어와 단어, 구와 구, 절과 절을 연결한다.
- 등위접속사 so(그래서)는 절과 절을 '원인과 ❷ ______ '의 의미로 연결한다.

Quiz

다음 문장에서 등위접속사 but이 연결하는 것을 고르면?

This fruit ①smells ②bad but ③tastes good.

답 ❶ 연결 ❷ 결과 / ②, ③

개념 6 종속접속사

나는 네가 나에게 거짓말을 했다고 생각하지 않아.
I don't think that you lied to me.

주어 + 동사 (주절) + 종속접속사 + 주어 + 동사 (종속절) → 주절+종속절=문장

- 종속접속사는 「접속사+주어+동사 ~」의 절을 주절에 연결해 주는 접속사이다.
- 접속사 that은 '~라는 것/~라고'의 의미로 주어, 목적어, 보어 역할을 하는 ❶ ______ 을 이끈다.
- 접속사 when(~할 때), because(~이기 때문에)는 ❷ ______ 을 이끌며, 시간, 이유를 나타낸다.

Quiz

우리말과 일치하도록 알맞은 것을 고르시오.

(1) I heard (that / when) he was sick.
(나는 그가 아팠다고 들었다.)

(2) Angelina was angry (when / because) he didn't keep his promise.
(그가 약속을 지키지 않았기 때문에 Angelina는 화가 났다.)

답 ❶ 명사절 ❷ 부사절 / (1) that (2) because

4-1 다음 우리말과 일치하도록 빈칸에 알맞은 말을 쓰시오.

(1) 차 조심해.
➡ ______ careful of the car.

(2) 그 개는 정말 똑똑하구나!
➡ ______ smart the dog is!

(3) 너는 피자를 좋아하니?
➡ ______ ______ like pizza?

풀이 | (1) '~해라.'는 명령문이므로, ❶ ______ 으로 시작한다.
(2) '정말 ~하구나!'라는 의미의 감탄문이므로, ❷ ______ 로 시작해야 한다.
(3) '~하니?'라는 의문문이고, 일반동사가 쓰인 문장이므로 Do와 주어가 각각 들어가야 한다.

답 (1) Be (2) How (3) Do you / ❶ 동사원형 ❷ How

5-1 다음 문장의 밑줄 친 접속사가 연결하는 말에 밑줄을 긋고, 해석을 완성하시오.

Amy has two sisters <u>and</u> a brother.
➡ Amy에게는 ______________ 가 있다.

풀이 | 등위접속사 and(그리고)는 「A+and+B」의 형태로 ❶ ______ 와 단어, 구와 구, 절과 절을 ❷ ______ 한다.

답 two sisters, a brother / 여자 형제 둘과 남자 형제 하나 / ❶ 단어 ❷ 연결

6-1 다음 문장의 괄호 안에서 알맞은 접속사를 고르고, 해석을 완성하시오.

(When / Because) I was a little girl, I was very playful.
➡ ______________, 나는 매우 장난기가 많았다.

풀이 | 주절과 ❶ ______ 을 연결하는 종속접속사 when은 시간의 의미를 나타내며 '❷ ______ '로 해석한다.

답 When, 내가 어렸을 때 / ❶ 종속절 ❷ ~할 때

4-2 주어진 표현을 바르게 배열하여 문장을 완성하시오.

(1) quiet / be / in the classroom / .
➡ ______________________________

(2) you / how / are / brave / !
➡ ______________________________

(3) in this town / live / they / do / ?
➡ ______________________________

5-2 다음 문장의 괄호 안에서 알맞은 등위접속사를 고르고, 해석을 완성하시오.

I was very tired, (but / so) I went to bed early.
➡ ______________ 일찍 잠자리에 들었다.

6-2 다음 문장의 괄호 안에서 알맞은 접속사를 고르고, 해석을 완성하시오.

(When / Because) it rained hard all day, I couldn't go on a picnic.
➡ ______________, 나는 소풍을 갈 수 없었다.

1주 1일 개념 돌파 전략 ❷

CHECK UP

(1) A butterfly is flying. (1형식 / 2형식)

(2) Honey bees are busy. (1형식 / 2형식)

• 구문 1형식 문장은 「주어+동사」의 형태이고, 2형식 문장은 「주어+동사+❶ 」의 형태이다.

• 해석 (1) 나비가 날고 있다.
(2) 꿀벌들은 ❷ 다.

답 (1) 1형식 (2) 2형식 / ❶ 주격 보어 ❷ 바쁜

1 주어에 밑줄, 주격 보어에 네모 표시하고, 문장을 해석하시오.

(1) Oliver and Lucy smiled.

➡ ______________________________

(2) They are my neighbors.

➡ ______________________________

neighbor 이웃

CHECK UP

(1) My family loves camping. (3형식 / 4형식)

(2) Ron made his friend cookies. (3형식 / 4형식)

• 구문 3형식 문장은 「주어+동사+❶ 」의 형태이고, 4형식 문장은 「주어+동사+간접목적어+직접목적어」의 형태로 목적어가 두 개이다.

• 해석 (1) 우리 가족은 캠핑을 좋아한다.
(2) Ron은 ❷ 쿠키를 만들어 주었다.

답 (1) 3형식 (2) 4형식 / ❶ 목적어 ❷ 그의 친구에게

2 목적어에 모두 밑줄을 긋고, 문장을 해석하시오.

(1) Brian can play the piano.

➡ ______________________________

(2) My mother bought me new shoes.

➡ ______________________________

CHECK UP

Vacuum bottles keep drinks warm. (4형식 / 5형식)

• 구문 5형식 문장은 「주어+동사+목적어+목적격 보어」의 형태이다. ❶ 는 목적어를 보충 설명한다.

• 해석 보온병은 음료를 ❷ 유지해 준다.

답 5형식 / ❶ 목적격 보어 ❷ 따뜻하게

3 목적어에 밑줄, 목적격 보어에 네모 표시하고, 문장을 해석하시오.

(1) I found the movie interesting.

➡ ______________________________

(2) Maria named her son Noah.

➡ ______________________________

find 알게 되다 name 이름 짓다

>> 정답과 해설 25쪽

CHECK UP

(1) How fast Jake runs! (명령문 / 감탄문)

(2) Is your younger brother tall? (감탄문 / 의문문)

• 구문 감탄문은 「How+형용사/부사(+주어+동사)!」의 형태이고, 의문문은 「❶ [ ] +주어 ~?」 또는 「Do+주어+동사원형 ~?」의 형태이다.
• 해석 (1) Jake는 ❷ [ ] 달리는구나!
(2) 당신의 남동생은 키가 큰가요?

답 (1) 감탄문 (2) 의문문 / ❶ Be동사 ❷ 정말 빨리

4 문장 구조에 유의하여, 바르게 해석하시오.

(1) How comfortable this chair is!

➡ ______________________________

(2) Do you know my phone number?

➡ ______________________________

comfortable 편안한

CHECK UP

(1) I invited her, (and / but) she didn't come.

(2) He was late, (or / so) he took a taxi.

• 구문 등위접속사 and/or/but은 단어와 단어, 구와 구, 절과 ❶ [ ] 을 연결하고, so는 절과 절을 '원인과 결과'의 관계로 연결한다.
• 해석 (1) 나는 그녀를 초대했지만, 그녀는 오지 않았다.
(2) 그는 ❷ [ ] 택시를 탔다.

답 (1) but (2) so / ❶ 절 ❷ 늦어서

5 밑줄 친 부분에 유의하여, 문장을 바르게 해석하시오.

(1) I will buy <u>these blue jeans or that skirt</u>.

➡ ______________________________

(2) I was hungry, <u>so I ate everything on my plate</u>.

➡ ______________________________

blue jeans 청바지 plate 접시

CHECK UP

(1) I think (that / when) you are smart.

(2) (Before / Because) I lost my wallet, I had to walk home.

• 구문 종속접속사 that은 주어, 목적어, 보어 역할을 하는 ❶ [ ] 을, when과 because는 각각 시간, 이유를 나타내는 부사절을 이끄는 역할을 한다.
• 해석 (1) 나는 네가 ❷ [ ] 생각해.
(2) 나는 지갑을 잃어버렸기 때문에 걸어서 집에 와야 했다.

답 (1) that (2) Because / ❶ 명사절 ❷ 똑똑하다고

6 밑줄 친 부분에 유의하여, 문장을 바르게 해석하시오.

(1) She believes <u>that Kevin will succeed</u>.

➡ ______________________________

(2) The man ran away <u>when he saw the police officer</u>.

➡ ______________________________

believe 믿다 succeed 성공하다 run away 도망치다

1주 2일 필수 체크 전략 1

전략 1 1형식 문장과 구성 요소를 알아두자.

• 1형식 문장은 「주어+동사」로 이루어진 문장이다.
• 주어 자리에는 명사나 대명사가 올 수 있고, 인칭대명사가 주어 자리에 올 때는 주격(I, you, he, she, it 등)을 써야 한다.
• 주어 자리의 it은 '그것은'이라는 의미의 대명사 외에 비인칭 주어로도 쓰인다. ❶ [ ] it은 날씨, 요일, 시간, 거리 등을 나타내는 문장에서 뜻이 없는 주어 역할을 한다.

It rains a lot. 비가 많이 온다. (It: 비인칭 주어)　It barked loudly. 그것은 크게 짖었다. (It: 대명사)

주어	명사, 대명사	동작의 주체	~은/~는, ~이/~가
1형식 동사	come, go, walk, run, work, live, sit, sing, smile, cry 등		

• 「주어+동사」에 부사나 전치사구 등의 ❷ [ ] 도 함께 쓰인다.
I wake up ***early* in the morning.** 〈1형식〉 나는 아침 일찍 일어난다.
• 「There+be동사+주어(+수식어구)」는 '~이 있다'라는 의미의 ❸ [ ] 문장이다.
There is a book on the table. 탁자 위에 책이 한 권 있다.

주어가 단수이면 단수 동사를, 주어가 복수이면 복수 동사를 써야 해.

답 ❶ 비인칭 주어 ❷ 수식어 ❸ 1형식

필수 예제

다음 문장의 네모 안에서 어법상 알맞은 것을 고르시오.

(1) [She / Her] cried.

(2) [It / That] thunders in the distance.

(3) There [is / are] a cat on the sofa.

(4) My grandparents [live / live in] my neighborhood.

문제 해결 전략
주어 자리에는 명사, ❶ [ ] 가 오고, 날씨를 나타내는 문장의 주어 자리에는 ❷ [ ] 을 쓴다.

답 (1) She (2) It (3) is (4) live in / ❶ 대명사 ❷ 비인칭 주어 It

확인 문제

1 다음 문장의 밑줄 친 부분을 어법에 맞게 고치시오.

(1) My ran to the bus stop.
➡ ________________

(2) There is a lot of people in the park.
➡ ________________

(3) Peter walks school every morning.
➡ ________________

2 우리말과 일치하도록 주어진 표현을 바르게 배열하시오.

© Max Topchii/shutterstock

작년 겨울에는 눈이 많이 내렸다.
(last winter / it / a lot / snowed)
➡ ________________

>> 정답과 해설 25쪽

전략 2 2형식 문장과 구성 요소를 알아두자.

• 2형식 문장은 「주어+동사+주격 보어」로 이루어진 문장이다.

• 주격 보어는 ❶ ______를 보충 설명하고, 주격 보어 자리에는 명사나 형용사가 올 수 있다.

• 명사 주격 보어는 주어의 지위, 자격 등을 나타내고, 형용사 주격 보어는 주어의 성질, 상태 등을 나타낸다.

2형식 동사	be동사, become, get, 감각동사(look, sound, taste, smell, feel 등)	
주격 보어	명사, 형용사	주어를 보충 설명

• 감각동사 뒤에는 ❷ ______가 주격 보어로 오고, '~하게 보이다/들리다/맛이 나다/냄새가 나다/느껴지다'의 의미로 부사처럼 해석된다.

She **looks happy**. 그녀는 행복해 보인다.

주의 She looks happily. (×)

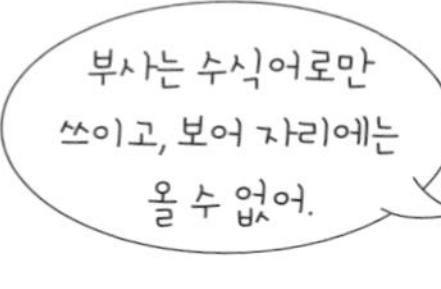

답 ❶ 주어 ❷ 형용사

필수 예제

다음 밑줄 친 부분이 어법상 옳으면 O, 어색하면 X에 표시하시오.

(1) Lucy and Emma are my best friends. ○ / X

(2) The sky became clear and bright. ○ / X

(3) The cake on the table looks deliciously. ○ / X

(4) The ice feels coldly. ○ / X

문제 해결 전략

주어를 보충 설명하는 ❶ ______ 자리에는 명사와 형용사가 온다. 감각동사 뒤의 주격 보어 자리에는 ❷ ______가 온다.

답 (1) ○ (2) ○ (3) × (4) × / ❶ 주격 보어 ❷ 형용사

확인 문제

1 다음 문장의 네모 안에서 알맞은 것을 고르시오.

(1) I am so [hunger / hungry].

(2) Kevin became a famous [actor / active].

(3) This soup tastes [salty / saltly].

2 다음 문장에서 어법상 어색한 곳을 찾아 바르게 고쳐 쓰시오.

The flowers in your garden smell really sweetly.

______ ➡ ______

1주 2일 필수 체크 전략 ❶

전략 3 3형식·4형식 문장과 구성 요소를 알아두자.

• 3형식 문장은 「주어+동사+❶ ______」의 형태이고, 4형식 문장은 「주어+동사+간접목적어+직접목적어」의 형태이다.

• 4형식 문장은 목적어의 위치를 바꿔 「주어+동사+직접목적어+to/for/of+❷ ______」 형태의 3형식 문장으로 쓸 수 있다.
She gave ***me* a letter**. → She gave **a letter *to me***. 그녀는 나에게 편지를 주었다.

• 목적어 자리에는 명사와 대명사가 올 수 있고, 인칭대명사가 목적어 자리에 올 때는 목적격(me, you, him, her, it 등)을 써야 한다.

3형식 동사	do, have, like, take, plan 등			
4형식 동사	give, send, tell, show, teach 등		4형식 → 3형식	to 이용
	make, cook, buy 등			for 이용
	ask 등			of 이용
목적어	❸ ______, 대명사	동작의 대상	~을/~를, ~에게	

답 ❶ 목적어 ❷ 간접목적어 ❸ 명사

필수 예제

다음 문장의 네모 안에서 어법상 알맞은 것을 고르시오.

(1) I saw [he / him] in the library.

(2) Olivia ate [spaghetti / for spaghetti] for lunch.

(3) Steve teaches [her English / English her] after school.

(4) My grandmother made a sweater [for / of] me.

문제 해결 전략

목적어 자리에는 ❶ ______나 대명사가 올 수 있다. 4형식 문장은 ❷ ______를 이용하여 3형식 문장으로 바꿔 쓸 수 있다.

답 (1) him (2) spaghetti (3) her English (4) for / ❶ 명사 ❷ 전치사

확인 문제

1 다음 문장의 밑줄 친 부분을 어법에 맞게 고치시오.

(1) Terry called <u>I</u> last night.

➡ ______________

(2) She wrote <u>to a new book</u>.

➡ ______________

(3) His mother bought <u>a cell phone him</u>.

➡ ______________

2 다음 두 문장이 의미가 통하도록 빈칸에 알맞은 말을 쓰시오.

David showed me his puppy.
= David showed his puppy ______________ ______________.

>> 정답과 해설 26쪽

전략 4 5형식 문장과 구성 요소를 알아두자.

• 5형식 문장은 「주어+동사+목적어+❶ ________」로 이루어진 문장이다.

• 목적격 보어는 ❷ ________를 보충 설명하고, 목적격 보어 자리에는 명사나 형용사가 올 수 있다.

• 명사 목적격 보어는 목적어의 지위, 자격 등을 나타내고, 형용사 목적격 보어는 목적어의 성질, 상태 등을 나타낸다.

5형식 동사	name, call, make 등	명사 목적격 보어 (…라고/…로 ~하다)
	make, turn, keep, find, consider 등	형용사 목적격 보어 (…하게 ~하다)
목적격 보어	명사, 형용사	목적어를 보충 설명

• 목적어 뒤에 명사가 올 때 목적어와 명사가 같은 대상을 나타내면 '목적어-목적격 보어'의 5형식이고, 다른 대상이면 '간접목적어-직접목적어'의 ❸ ________이다.

I named ***the cat*** **Milk**. 〈5형식〉 나는 그 고양이를 Milk라고 이름 지었다.
(=)

I gave ***Tom*** **a present**. 〈4형식〉 나는 Tom에게 선물을 주었다.
(≠)

답 ❶ 목적격 보어 ❷ 목적어 ❸ 4형식

필수 예제

다음 밑줄 친 부분이 어법상 옳으면 O, 어색하면 X에 표시하시오.

(1) My uncle named his son William. ○ / X

(2) We found the musical interest. ○ / X

(3) His songs make me happily. ○ / X

(4) You must keep your hands clean. ○ / X

문제 해결 전략

목적어를 ❶ ________하는 목적격 보어 자리에는 ❷ ________나 형용사가 온다.

답 (1) ○ (2) × (3) × (4) ○ / ❶ 보충 설명 ❷ 명사

확인 문제

1 우리말과 일치하도록 주어진 표현을 바르게 배열하시오.

(1) 나의 조부모님은 나를 아기라고 부른다.
(call / my / me / grandparents / baby)
➡ ________________

(2) 운동은 당신의 몸을 건강하게 유지해 준다.
(your / keeps / exercise / healthy / body)
➡ ________________

2 다음 문장에서 어법상 어색한 곳을 찾아 바르게 고쳐 쓰시오.

Kelly found the exam very difficultly.

________ ➡ ________

1주 2일 필수 체크 전략 ❷

1 (A), (B)의 각 네모 안에서 어법에 맞는 표현을 골라 쓰시오.

> There (A) [is / are] two rabbits on the grass. They look very (B) [cute / cutely].

(A) ____________ (B) ____________

문제 해결 전략

「There+be동사+주어(+수식어구)」 형태의 1형식 문장에서 be동사는 ❶ ______의 수에 일치시킨다. 또한 2형식 문장에서 감각동사(look) 뒤에는 주격 보어로 ❷ ______가 온다.

답 ❶ 주어 ❷ 형용사

2 다음 문장을 3형식으로 바르게 바꿔 쓴 것은?

> Linda lent Cindy her tablet PC.

① Linda lent her tablet PC Cindy.
② Linda lent her tablet PC for Cindy.
③ Linda lent her tablet PC to Cindy.
④ Cindy lent her tablet PC for Linda.
⑤ Cindy lent to Linda her tablet PC.

문제 해결 전략

「주어+동사+❶ ______+직접목적어」 형태의 4형식 문장은 전치사를 이용하여 「주어+동사+❷ ______+to/for/of+간접목적어」 형태의 3형식 문장으로 쓸 수 있다.

답 ❶ 간접목적어 ❷ 직접목적어

3 다음 중 밑줄 친 부분의 쓰임이 나머지 넷과 다른 것은?

① They named their baby Cathy.
② My grandmother calls me an angel.
③ She made her daughter a basketball player.
④ Jacob showed me a picture of his family.
⑤ They elected Tom their class president.

문제 해결 전략

목적어 뒤에 명사가 올 때, 목적어와 명사가 ❶ ______ 대상이면 '간접목적어-직접목적어'의 4형식 문장이고, 같은 대상이면 '목적어-❷ ______'의 5형식 문장이다.

답 ❶ 다른 ❷ 목적격 보어

>> 정답과 해설 26쪽

[4~5] 다음 글을 읽고, 물음에 답하시오.

One day, Billy's dog brought his neighbor's rabbit in his mouth. The rabbit was (A) [death / dead]. Billy was sure that his neighbors would be very angry. So he took the rabbit into the house, gave it a bath and dried its fur. Then he put it back into the cage at the neighbor's house. Billy hoped they would think their rabbit had died naturally. (B) 다음 날 아침 Billy는 이웃을 만났다. The guy said, "It may sound (C) [strange / strangely], but somebody dug up our dead rabbit, gave him a bath, and put him back into the cage yesterday."

Words

bring 가져오다, 데려오다
be sure that ~라고 확신하다
give a bath 목욕시키다
dry 말리다
fur 털
cage 우리, 새장
naturally 자연적으로
dig up 땅을 파다

4 윗글의 (A)와 (C)에서 각각 알맞은 말을 골라 쓰시오.

(A) ____________ (C) ____________

문제 해결 전략

2형식 문장의 be동사 뒤에는 주격 보어로 ❶ [   ]나 형용사가 오고, 감각동사 뒤에는 주격 보어로 ❷ [   ]가 온다.

답 ❶ 명사 ❷ 형용사

5 밑줄 친 (B)와 같은 뜻이 되도록 주어진 표현을 바르게 배열하시오.

his neighbor / met / Billy

➡ The next morning ____________________.

문제 해결 전략

'(주어)는 ~를 …하다'라는 의미이므로, 「주어 + 동사 + ❶ [   ]」 형태의 ❷ [   ]형식 문장으로 쓴다.

답 ❶ 목적어 ❷ 3

1주 3일 필수 체크 전략 ❶

전략 1 명령문·감탄문의 구조와 해석을 알아두자.

- 명령문은 상대방이 어떤 행동을 하도록 ❶ ______ 하거나 요청하는 문장이다.
- 명령문 앞/뒤에 please를 쓰면 '~해 주세요'라는 의미로 부탁을 나타낸다.

명령문	동사원형 ~.	~해라.
부정 명령문	Don't [Never]+❷ ______ ~.	(절대) ~하지 마라.

- 감탄문은 기쁨, 슬픔, 놀라움 등의 감정을 강하게 나타내는 문장이다.
- 명사를 강조할 때 What 감탄문을, 형용사/부사를 강조할 때 ❸ ______ 감탄문을 쓴다.

What 감탄문	What(+a/an)+형용사+명사(+주어+동사)!	(주어)는 정말 ~한 (명사)구나!
How 감탄문	How+형용사/부사(+주어+동사)!	(주어)는 정말 ~하구나!

주의 What 감탄문에서 명사가 복수형이거나 셀 수 없는 명사일 때 형용사 앞에 관사 a/an을 쓰지 않도록 주의한다.

답 ❶ 명령 ❷ 동사원형 ❸ How

필수 예제

다음 문장의 네모 안에서 어법상 알맞은 것을 고르시오.

(1) [Be / Are] kind to others.

(2) [Don't / Not] tell me a lie again.

(3) [How / What] tall the building is!

(4) [What / How] a boring movie it was!

문제 해결 전략

명령문은 동사원형으로 시작하고, 부정 명령문은 앞에 ❶ ______ 또는 Never를 쓴다. 명사를 강조할 때 What 감탄문을 쓰고, ❷ ______/부사를 강조할 때 How 감탄문을 쓴다.

답 (1) Be (2) Don't (3) How (4) What / ❶ Don't ❷ 형용사

확인 문제

1 다음 문장의 밑줄 친 부분을 어법에 맞게 고치시오.

(1) Opens the door for me, please.

➡ ______________________

(2) Never being late for class.

➡ ______________________

(3) What a lovely these kittens are!

➡ ______________________

2 다음 문장을 밑줄 친 부분을 강조하는 감탄문으로 바꿔 쓰시오.

It was a very wonderful concert.

➡ ______________________

>> 정답과 해설 27쪽

전략 2 다양한 의문문의 구조를 알아두자.

- 의문문은 상대방에게 질문을 던져 대답을 요청하는 문장으로, be동사, do [does/did], 조동사, 또는 ❶ ______ 로 시작한다.
- 의문문과 부정 의문문에는 Yes/No로 답하고, 의문사 의문문에는 Yes/No가 아닌 구체적인 정보를 전달해야 한다.

주의 부정 의문문에 대한 대답으로 Yes는 긍정을, No는 부정을 의미하지만, Yes는 '아니오'로, No는 '네'로 해석한다.

의문문	be동사+주어 ~? Do[Does/Did]/조동사+주어+동사원형 ~?	**Can you speak** French? 너는 불어를 말할 수 있니? – **Yes, I can.** 응, 할 수 있어. / – **No, I can't.** 아니, 할 수 없어.
부정 의문문	be동사/do[does/did]/조동사의 ❷ ______ 으로 시작	**Aren't** you sleepy? 너는 졸리지 않니? – **Yes, I am.** 아니, 졸려. / – **No, I'm not.** 응, 졸리지 않아.
의문사 의문문	의문사+be동사/Do[Does/Did]/조동사+주어 ~? * 의문사: who/what/which/when/where/why/how	**When is** your birthday? 너의 생일은 언제니? – It's June 15. 6월 15일이야.

- 부가의문문은 상대방에게 동의나 확인을 받기 위해 평서문이나 명령문 뒤에 「동사+주어?」를 덧붙이는 의문문이다.

부가의문문	긍정문+부정형 부가의문문 / 부정문+긍정형 부가의문문 / 명령문, will you?	Jiho is kind, **isn't he?** 지호는 친절해, 그렇지 않니? – **Yes, he is.** 아니, 친절해. / – **No, he isn't.** 응, 친절하지 않아.

* 부가의문문 만드는 방법: be동사·조동사 → 그대로, 일반동사 → do[does/did], 주어 → 대명사

답 ❶ 의문사 ❷ 부정형

필수 예제

다음 문장의 네모 안에서 알맞은 것을 고르시오.

(1) [Is / Does] this book sad?

(2) [Don't / Aren't] you like pizza?

(3) Where [you were / were you] last night?

(4) Tina speaks Korean well, [isn't / doesn't] she?

문제 해결 전략

의문문은 be동사, do[does/did], 조동사 또는 ❶ ______ 로 시작한다. 부가의문문은 앞 문장이 긍정문이면 ❷ ______ 으로, 부정문이면 긍정형으로 문장 끝에 덧붙인다.

답 (1) Is (2) Don't (3) were you (4) doesn't / ❶ 의문사 ❷ 부정형

확인 문제

1 우리말과 일치하도록 주어진 표현을 바르게 배열하시오.

(1) 너와 네 형제는 쌍둥이니?
(twins / you / are / and / your brother)
➡ ____________________

(2) 너는 점심으로 무엇을 먹었니?
(you / did / for lunch / eat / what)
➡ ____________________

(3) Lily는 화가 난 것 같았어, 그렇지 않니?
(she / angry / looked / Lily / didn't)
➡ ____________________

2 우리말과 일치하도록 빈칸에 알맞은 말을 쓰시오.

Brown 씨는 매운 음식을 좋아하지 않아, 그렇지?
➡ Mr. Brown doesn't like spicy food, ______ ______?

필수 체크 전략 ❶

전략 3 등위접속사의 의미와 연결된 어구를 파악하자.

• 등위접속사는 문법적으로 ❶ ______ 성격의 문장 성분을 연결한다.

and	그리고 〈유사〉	or	또는 〈선택〉	but	그러나 〈대조〉	so	그래서 〈결과〉

• 등위접속사 and, or, but은 단어와 단어, 구와 구, 절과 절을 대등한 관계로 연결한다.

We ate pasta **and** salad for dinner. 우리는 저녁으로 파스타와 샐러드를 먹었다.
(pasta: 목적어(명사)$_1$, salad: 목적어(명사)$_2$)

Science is difficult **but** interesting. 과학은 어렵지만 재미있다.
(difficult: 보어(형용사)$_1$, interesting: 보어(형용사)$_2$)

주의 Science is difficult but interest. (×)

• 셋 이상의 어구를 연결할 때 콤마를 이용하고, 마지막 어구 앞에 접속사를 넣는다.

I will buy strawberries, mangoes, **or** avocados. 나는 딸기, 망고, 또는 아보카도를 살 것이다.
(strawberries: 목적어(명사)$_1$, mangoes: 목적어(명사)$_2$, avocados: 목적어(명사)$_3$)

• 등위접속사 so는 '원인'을 나타내는 절 뒤에 '❷ ______'를 나타내는 절을 연결한다.

She is kind, **so** everyone likes her. 그녀는 친절해서 모두가 그녀를 좋아한다.
(She is kind: 절$_1$(원인), everyone likes her: 절$_2$(결과))

등위접속사는 '형용사-명사'처럼 서로 다른 성격의 어구는 연결할 수 없어.

답 ❶ 같은 ❷ 결과

필수 예제

다음 중 빈칸에 들어갈 접속사가 나머지 넷과 다른 것은?

① Art ______ PE are my favorite subjects.
② The elephant is big ______ strong.
③ Jenny took a bath ______ went to bed.
④ It was a fine day, ______ I went on a picnic.
⑤ Henry can speak English, Korean, ______ Chinese.

문제 해결 전략

등위접속사 and, or, but은 문법적으로 ❶ ______ 성격의 단어, 구, 절을 연결하고, so는 '원인-❷ ______'의 절을 연결한다.

답 ④ / ❶ 같은 ❷ 결과

확인 문제

1 다음 빈칸에 알맞은 접속사를 〈보기〉에서 골라 쓰시오.

보기: and　or　but　so

(1) Dylan didn't sleep well, ______ he felt tired.

(2) You can choose tea, coffee, ______ soda.

(3) Wash your hands ______ have dinner.

2 다음 문장의 밑줄 친 부분을 어법상 바르게 고쳐 쓰시오.

The man is tall and strongly.

➡ ______

>> 정답과 해설 28쪽

전략 4 종속접속사로 연결된 절의 쓰임과 의미를 파악하자.

• 접속사 that이 이끄는 절은 명사절이고, '~라는 것/~라고'의 의미로 문장에서 주어, ❶ ______, 보어 역할을 한다.

주의 주어로 쓰인 that절은 단수 취급하여 뒤에 단수 동사가 온다.

That he broke the windows ***is*** not true. 그가 창문들을 깼다는 것은 사실이 아니다.

• 접속사 when, because 등이 이끄는 절은 ❷ ______이고, 시간, 이유를 나타낸다.

시간	when	~할 때
	before	~하기 전에
	after	~한 후에
이유	because	~이기 때문에/~해서

주의 시간을 나타내는 부사절에서는 미래를 나타낼 때 현재시제를 사용한다.

I will call you **when** I ***finish*** my homework. 내 숙제를 끝마칠 때 너에게 전화할게.

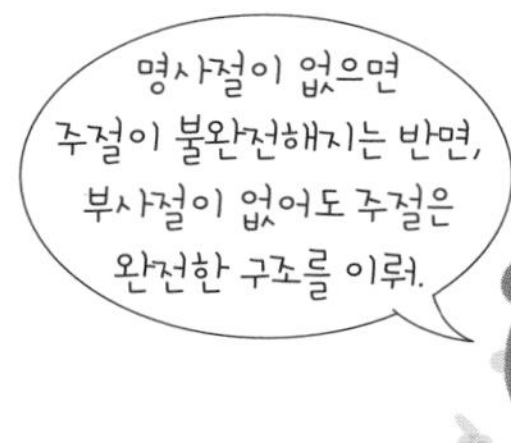

답 ❶ 목적어 ❷ 부사절

필수 예제

다음 우리말을 참고하여 빈칸에 알맞은 접속사를 〈보기〉에서 골라 쓰시오.

보기
that before after because

(1) Amy said ______ she came from England.
(Amy는 자신이 영국에서 왔다고 말했다.)

(2) ______ it rained, we couldn't play outside.
(비가 내려서 우리는 밖에서 놀 수 없었다.)

(3) You should brush your teeth ______ you eat something.
(너는 무언가를 먹은 후에 이를 닦아야 한다.)

문제 해결 전략

접속사 that은 주어, 목적어, 보어 역할을 하는 ❶ ______을 이끌고, 접속사 when, before, after, because는 시간, 이유를 나타내는 ❷ ______을 이끈다.

답 (1) that (2) Because (3) after / ❶ 명사절 ❷ 부사절

확인 문제

1 다음 문장의 네모 안에서 알맞은 접속사를 고르시오.

(1) The truth was [that / when] I didn't do my best.

(2) I was shocked [when / before] I heard the news.

(3) The cars were moving slowly [because / after] the road was slippery.

2 다음 문장에서 어법상 어색한 곳을 찾아 바르게 고쳐 쓰시오.

That the sun rises in the east are true.

______ ➡ ______

1주 3일 필수 체크 전략 ❷

1 다음 빈칸에 알맞은 말을 〈보기〉에서 골라 문장을 완성하시오.

보기			
Do	Don't	What	How

(1) ________ walk or run on the escalator.

(2) ________ the dishes, please.

(3) ________ clever you are!

(4) ________ a wonderful day it is!

문제 해결 전략

명령문은 「(Don't+)❶ ~.」 형태이고, 감탄문은 「How+형용사/부사(+주어+동사)!」 또는 「What(+a/an)+형용사+❷ (+주어+동사)!」의 형태이다.

답 ❶ 동사원형 ❷ 명사

2 다음 빈칸에 들어갈 말이 순서대로 바르게 짝지어진 것은?

- That is your cell phone, ________?
- He was not late for the meeting, ________?
- What ________ usually do in your free time?

① is it … is he … do you

② is it … was he … are you

③ isn't it … was he … do you

④ isn't it … wasn't he … are you

⑤ was it … wasn't he … are you

문제 해결 전략

부가의문문은 앞 문장이 긍정문이면 부정형으로, ❶ 이면 긍정형으로 쓴다. 의문사 의문문은 「의문사+❷ +주어 ~?」 순으로 쓴다.

답 ❶ 부정문 ❷ (조)동사

3 다음 문장의 빈칸에 가장 알맞은 것은?

I think ________ it is a great idea.

① and ② but ③ so

④ that ⑤ because

문제 해결 전략

등위접속사는 문법적으로 ❶ 성격의 단어, 구, 절을 연결하고, 종속접속사는 주어, 목적어, 보어 또는 수식어 역할을 하는 종속절을 ❷ 에 연결한다.

답 ❶ 같은 ❷ 주절

>> 정답과 해설 28쪽

[4~5] 다음 글을 읽고, 물음에 답하시오.

We use a barbecue to cook food outdoors. (A) 그러면 '바비큐'라는 단어는 어디에서 유래했을까? It seems to have come from the Haitian word barbacoa. (B) [Before / After] Columbus found North America in 1492, some Spanish people went there. In Haiti, they saw people cook animal meat over a metal framework. People cooked the meat with the fire and smoke under it. They also used it when they slept (C) [when / because] it protected them from animals. The Haitian people called it a barbacoa. The Spanish people named it *barbecue* later and people still use that word today.

* metal framework 철제 구조물

Words

barbecue 바비큐용 그릴
outdoors 야외에서
come from ~에서 유래하다
Haitian 아이티의
Spanish 스페인의
Haiti 아이티
meat 고기
smoke 연기
protect 보호하다

4 밑줄 친 (A)와 같은 뜻이 되도록 주어진 표현을 바르게 배열하시오.

the word *barbecue* / did / come from / where

➡ Then ________________________________?

문제 해결 전략

일반동사가 있는 ❶[ ] 의문문은 「의문사+do[does/did]+주어+❷[ ] ~?」의 형태이다.

답 ❶ 의문사 ❷ 동사원형

5 (B)와 (C)에서 각각 알맞은 접속사를 골라 쓰시오.

(B) ________________ (C) ________________

문제 해결 전략

접속사 before, after, when은 ❶[ ]을 나타내는 부사절을 이끌고, because는 ❷[ ]를 나타내는 부사절을 이끈다.

답 ❶ 시간 ❷ 이유

1주 4일 교과서 대표 전략 1

대표 예제 1

다음 문장에서 주어와 동사를 찾아 밑줄 긋고, 주어에는 S, 동사에는 V를 쓰시오.

(1) My backpack is in my room.
(2) It does not snow very much in Busan.
(3) There are five puppies over there.

Tip

주어는 동작의 ❶ ______ 를 나타내고, '~은/는' 또는 '~이/가'로 해석한다. 동사는 ❷ ______ 이나 상태를 나타내고, '~이다/~하다'로 해석한다.

답 ❶ 주체 ❷ 동작

대표 예제 2

다음 문장의 빈칸에 들어갈 수 없는 것은?

Your cupcakes look ______.

① good ② wonderful ③ great
④ nicely ⑤ delicious

Tip

look, sound, taste, smell, feel과 같은 ❶ ______ 뒤에는 ❷ ______ 가 주격 보어로 온다.

답 ❶ 감각동사 ❷ 형용사

대표 예제 3

다음 중 문장의 형식이 나머지 넷과 다른 것은?

① I liked his idea.
② Mom and I ride a bike.
③ Whales are very big animals.
④ We have three PE classes a week.
⑤ I will cook special *ramyeon*.

Tip

2형식 문장은 동사 뒤에 ❶ ______ 가 오고, 3형식 문장은 동사 뒤에 ❷ ______ 가 온다.

답 ❶ 주격 보어 ❷ 목적어

대표 예제 4

다음 우리말과 일치하도록 주어진 표현을 이용하여 4형식 문장을 완성하시오. (단, 필요할 경우 형태를 바꿀 것)

© Cheese78/shutterstock

그는 내 생일에 나에게 곰 인형을 주었다.
(give, a teddy bear, on my birthday)

➡ ______________________________

Tip

목적어가 두 개인 4형식 문장에서 ❶ ______ 자리에는 사람이, 직접목적어 자리에는 ❷ ______ 이 주로 쓰인다.

답 ❶ 간접목적어 ❷ 사물

대표 예제 5

다음 문장을 3형식으로 바르게 바꿔 쓴 것은?

Mom bought me a new scarf.

① Mom bought a new scarf me.
② Mom bought a new scarf for me.
③ Mom bought a new scarf of me.
④ I bought a new scarf for Mom.
⑤ I bought for Mom a new scarf.

Tip
「주어+동사+ ❶ +직접목적어」 형태의 4형식 문장은 전치사 to, ❷ , of를 이용하여 3형식 문장으로 바꿔 쓸 수 있다.

답 ❶ 간접목적어 ❷ for

대표 예제 6

다음 중 〈보기〉와 문장의 형식이 같은 것은?

보기
I'll make you *pajeon*.

① They live next door.
② My math class is fun!
③ He makes his own lunch.
④ I'll show you the family album.
⑤ I'll never forget it.

Tip
1형식은 「주어+동사」로 이루어진 문장이다. 2형식과 3형식은 동사 뒤에 각각 주격 보어와 ❶ 가 오고, 4형식은 간접목적어와 직접목적어, 5형식은 목적어와 ❷ 가 온다.

답 ❶ 목적어 ❷ 목적격 보어

대표 예제 7

다음 글을 읽고, 물음에 답하시오.

Sodam Park is a very important place for me and many others. I often (A) [visit to / visit] the park for family picnics. A lot of people relax or exercise at the park. But these days this lovely place is getting (B) [dirty / dirtily]. Some people walk their dogs without a leash and don't clean up after their dogs. Some teens leave trash everywhere. (C) <u>우리는 이 공원을 깨끗하게 지켜야 한다.</u> This is a place for everyone!

(1) (A)와 (B)에서 각각 알맞은 것을 골라 쓰시오.

(A) ____________ (B) ____________

Tip
2형식 문장의 주격 보어 자리에는 명사나 ❶ 가 온다. 3형식 문장은 동사 뒤에 ❷ 가 바로 온다.

답 ❶ 형용사 ❷ 목적어

(2) 밑줄 친 (C)와 같은 뜻이 되도록 주어진 표현을 바르게 배열하시오.

this park / we / clean / must keep

➡ ______________________________

Tip
'(주어)는 ~를 …하게 ~하다'라는 의미의 ❶ 형식 문장이므로, 「주어+동사+목적어+ ❷ 」의 순으로 배열한다.

답 ❶ 5 ❷ 목적격 보어

교과서 대표 전략 ❶

대표 예제 8

다음 빈칸에 들어갈 말이 순서대로 바르게 짝지어진 것은?

- Enjoy and ________ healthy!
- ________ throw away your old clothes, shoes, or books.

① be ··· Not ② be ··· Don't
③ being ··· Don't ④ do ··· Doesn't
⑤ do ··· Don't

Tip

명령문은 주어 You 없이 ❶ ________ 으로 시작하고, 부정 명령문은 앞에 ❷ ________ [Never]를 붙인다.

답 ❶ 동사원형 ❷ Don't

대표 예제 9

다음 빈칸에 알맞은 부가의문문을 쓰시오.

Lily is your younger sister, ____________?

Tip

부가의문문은 앞 문장이 긍정문이면 ❶ ________ 으로 쓴다. 이때 be동사는 그대로, 주어는 ❷ ________ 로 바꿔 쓴다.

답 ❶ 부정형 ❷ 대명사

대표 예제 10

주어진 표현을 바르게 배열하여 질문을 완성하시오.

A: ______________________________
(say / what / the sign / did)
B: The sign said, "School Ahead, Go Slow!"

Tip

일반동사가 있는 의문사 의문문은 「❶ ________ +do [does/did]+주어+❷ ________ ~?」의 순으로 쓴다.

답 ❶ 의문사 ❷ 동사원형

대표 예제 11

다음 우리말과 일치하도록 빈칸에 알맞은 등위접속사를 쓰시오.

검은 띠 심사가 있어서, 나는 매일 연습해야 한다.
➡ I have a test for my black belt, ________ I should practice every day.

Tip

등위접속사는 ❶ ________ 성격의 단어와 단어, 구와 구, 절과 절을 ❷ ________ 하는 말로, and, but, or, so가 있다.

답 ❶ 같은 ❷ 연결

대표 예제 12

다음 문장의 빈칸에 들어갈 말로 알맞은 것은?

• I think ________ I can spread happiness.

① that ② so ③ and
④ or ⑤ but

Tip

종속접속사 that은 '❶ [ ]/~라고'의 의미로 문장에서 주어, 보어, 목적어 역할을 하는 ❷ [ ]을 이끌고, 등위접속사 and, or, but, so는 단어, 구, 절을 대등한 관계로 연결한다.

답 ❶ ~라는 것 ❷ 명사절

대표 예제 13

다음 빈칸에 공통으로 들어갈 말로 알맞은 것은?

• ________ whales come up to breathe, they sometimes poop.
• It is more fun ________ we work together.

① When[when] ② Before[before]
③ After[after] ④ Because[because]
⑤ That[that]

Tip

접속사 when, before, after는 시간을, because는 이유를 나타내는 ❶ [ ]을 이끌고, 접속사 ❷ [ ]은 명사절을 이끈다.

답 ❶ 부사절 ❷ that

대표 예제 14

(A), (B), (C)의 각 네모 안에서 어법에 맞는 표현으로 가장 적절한 것은?

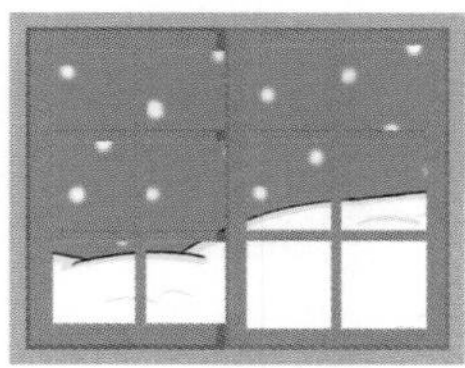

When Bill saw the snowflake, his face became bright.

"(A) [What / How] pretty! (B) [What / How] did you make it?" They began to make lots of snowflakes and put them on all the walls and windows.

Suddenly, Bill shouted, "Look! Real snowflakes are falling outside! (C) [How / What] a wonderful day!"

	(A)		(B)		(C)
①	What	…	What	…	What
②	How	…	What	…	What
③	What	…	How	…	What
④	How	…	How	…	What
⑤	What	…	How	…	How

Tip

의문문 앞에 쓰이는 What과 How는 '무엇'과 '어떻게'의 의미를 가진 ❶ [ ]이고, 감탄문에 쓰일 때에는 각각 ❷ [ ]와 형용사를 강조한다.

답 ❶ 의문사 ❷ 명사

1주 4일 교과서 대표 전략 ❷

1 다음 문장에서 어법상 어색한 곳을 찾아 바르게 고치시오.

There is plates and bottles on the shelves.

________ ➡ ________

Tip

「There+❶ ______ +주어(+수식어구)」 형태의 1형식 문장에서 be동사는 뒤에 나오는 ❷ ______ 의 수에 일치시킨다.

답 ❶ be동사 ❷ 주어

2 다음 중 〈보기〉와 문장의 형식이 같은 것은?

보기
Max is a great baseball player.

① They all laugh together.
② We are all special.
③ We play basketball in the gym.
④ This story teaches us an important lesson.
⑤ Their smiles made him happy.

Tip

1형식은 「주어+동사」로 이루어지고, 「주어+동사」 뒤에 2형식은 ❶ ______ 가, 3형식은 목적어가 온다. 4형식은 ❷ ______ 와 직접목적어가 오고, 5형식은 목적어와 목적격 보어가 온다.

답 ❶ 주격 보어 ❷ 간접목적어

3 주어진 표현을 바르게 배열하여 의문문을 완성하시오.

(1) lived / you / didn't / there, / you

➡ ________________

(2) backpack / is / where / your

➡ ________________

Tip

부가의문문은 ❶ ______ 뒤에 「동사+주어?」를 덧붙이며, 앞 문장이 긍정이면 부정형으로 쓴다. be동사가 있는 의문사 의문문은 「❷ ______ +be동사+주어 ~?」의 형태이다.

답 ❶ 평서문 ❷ 의문사

4 다음 문장을 감탄문으로 바르게 바꾼 것은?

It's a very simple recipe.

① How a simple recipe it is!
② How it is a simple recipe!
③ What it is a simple recipe!
④ What a simple recipe it is!
⑤ What a simple recipe is it!

Tip

명사를 강조할 때 「❶ ______ (+a/an)+형용사+명사(+주어+동사)!」 형태의 ❷ ______ 을 이용한다.

답 ❶ What ❷ 감탄문

>> 정답과 해설 30쪽

5 다음 문장의 빈칸에 들어갈 말로 알맞은 것은?

I'm not good at dancing, ________ I'm a good singer.

① and ② or ③ but
④ so ⑤ that

Tip
and, or, but, so와 같은 [❶] 는 단어, 구, 절을 대등하게 연결하고, 종속접속사 that은 [❷]을 주절에 연결한다.

답 ❶ 등위접속사 ❷ 명사절

6 다음 빈칸에 들어갈 말이 순서대로 바르게 짝지어진 것은?

• I hope ________ there are more fish out there.
• I can carry heavy things ________ I'm very strong.

① that … when ② that … because
③ when … that ④ because … that
⑤ because … when

Tip
접속사 that은 주어, [❶], 보어 역할을 하는 명사절을 이끌고, because는 [❷]를 나타내는 부사절을 이끈다.

답 ❶ 목적어 ❷ 이유

[7~8] 다음 글을 읽고, 물음에 답하시오.

(A) [Because / When] I walk around the corner, a sweet smell comes from Ms. Gray's bakery. She gets up really early to bake bread and cakes. Sometimes she makes a new kind of bread. Then we can taste it for free. (B) Her bread is always wonderfully. She is like a magician. She works wonders with flour, milk, and eggs. (C) [What / How] a great job!

7 (A)와 (C)에서 각각 알맞은 것을 골라 쓰시오.

(A) ________ (C) ________

Tip
[❶]은 시간을 나타내는 부사절을 이끄는 종속접속사이고, [❷]를 강조하는 감탄문은 「What(+a/an)+형용사+명사(+주어+동사)!」 순으로 나타낸다.

답 ❶ when ❷ 명사

8 밑줄 친 (B)에서 어법상 어색한 부분을 찾아 바르게 고쳐 문장을 다시 쓰시오.

➡ ________________

Tip
2형식 문장은 「주어+동사+[❶]」로 이루어진 문장이며 보어로는 명사나 [❷]가 온다.

답 ❶ 주격 보어 ❷ 형용사

1주 누구나 합격 전략

1 다음 문장에서 주어와 동사를 찾아 쓰고, 문장을 바르게 해석하시오.

> Water doesn't run through these pipes.

주어: ________ 동사: ________

➡ ______________________

2 다음 문장의 네모 안에서 알맞은 말을 고르고, 해석을 완성하시오.

> The cookies in the jar look [delicious / deliciously].

➡ 유리병 속의 쿠키들이 ______________.

3 다음 문장이 몇 형식인지 쓰시오.

(1) He gave me his phone number.

➡ ________

(2) This hat keeps you warm.

➡ ________

4 다음 우리말을 영어로 바르게 나타낸 것은?

> 문을 열어 두세요.

① You leave the door open.

② Leaves the door open, please.

③ Not Leaves the door open.

④ Don't leave the door open.

⑤ Please leave the door open.

5 다음 빈칸에 들어갈 말이 순서대로 바르게 짝지어진 것은?

> A: ________ are you looking for?
> B: I'm looking for my wallet.
> A: What? ________ did you lose it?
> B: Maybe I left it on the bus.

① Why … How　② Who … How

③ What … Who　④ What … Where

⑤ How … When

≫ 정답과 해설 31쪽

6 다음 문장을 감탄문으로 바꿔 쓰시오.

The neighbors are very kind.
➡ How ______________________________!
➡ What ______________________________!

7 다음 괄호 안에서 알맞은 것을 고르시오.

(1) Jina was hungry, (so / but / or) she ate everything on her plate.

(2) Jack may be in the library (and / but / or) in the gym.

8 다음 두 문장을 접속사 that을 이용하여 한 문장으로 만들 때 that이 들어갈 위치로 알맞은 곳은?

I passed the audition. I couldn't believe it.
➡ (①) I couldn't (②) believe (③) I (④) passed (⑤) the audition.

9 다음 문장에서 어법상 어색한 곳을 찾아 바르게 고쳐 쓰시오.

I'll let you know when I will get there.

__________ ➡ __________

10 다음 문장과 의미가 같도록 빈칸에 알맞은 말을 각각 쓰시오.

Brenda played outside in the cold weather and caught the flu.
= __________ Brenda played outside in the cold weather, she caught the flu.
= Brenda played outside in the cold weather __________ she caught the flu.

1주 창의·융합·코딩 전략 ❶

A 둘 중 어법상 바르게 말한 사람에 표시하시오.

1 

□ Jenny

My uncle lives in San Francisco.

My uncle lives San Francisco.

□ Paul

2 

□ Chris

There is many beautiful flowers in my garden.

There are many beautiful flowers in my garden.

□ Emily

3 

□ Betty

This cheese looks deliciously but smells badly.

This cheese looks delicious but smells bad.

□ Ron

Tip

1형식 문장은 「주어+동사(+수식어구)」의 형태이고, 동사는 ❶ ______의 수에 일치시킨다. 2형식 문장은 「주어+동사+주격 보어」의 형태이고, 주격 보어 자리에는 명사나 ❷ ______가 온다.

답 ❶ 주어 ❷ 형용사

>> 정답과 해설 32쪽

B 구조에 맞게 주어진 표현을 바르게 배열하여 문장을 완성하시오.

1

주어	동사	목적어
Cindy는	연주할 수 있다	전기 기타를

the / Cindy / electric guitar / play / can

2

주어	동사	간접목적어	직접목적어
내 사촌은	보내 주었다	내게	아름다운 엽서를

postcard / my / beautiful / sent / a / cousin / me

3

주어	동사	목적어	목적격 보어
나는	항상 유지한다	내 집을	깨끗하게

always / I / clean / my house / keep

Tip

3형식 문장의 목적어 자리에는 ❶ ______나 대명사가 온다. 목적어가 두 개인 4형식 문장의 간접목적어 자리에는 주로 사람이, 직접목적어 자리에는 사물이 온다. 5형식 문장의 목적격 보어 자리에는 명사나 ❷ ______가 온다.

답 ❶ 명사 ❷ 형용사

창의·융합·코딩 전략 ❷

C 알맞은 단어 조각을 골라 문장을 완성하시오.

1 □ Don't / □ Not | make | noise in the library.

2 □ What / □ How | beautiful | the beach is!

3 Who did you | □ go / □ went | to the party with?

4 Nancy and Jane are best friends, | □ weren't / □ aren't | they?

Tip

부정 명령문은 동사원형 앞에 ❶ ______ 나 Never를 쓴다. How 감탄문은 형용사/부사를, What 감탄문은 명사를 강조할 때 쓴다. 일반동사의 의문사 의문문은 「의문사+do[does/did]+주어+❷ ______ ~?」이다. 부가 의문문은 앞 문장이 긍정문일 때 부정형으로 쓴다.

답 ❶ Don't ❷ 동사원형

>> 정답과 해설 32쪽

D 각 사람이 하는 말과 일치하도록 알맞은 카드를 A, B에서 각각 한 개씩 골라 문장을 완성하시오.

1 Josh는 몸이 좋지 않다고 말했어.

➡ ______________________

2 나는 그녀에게서 이메일을 받았을 때 너무 기뻤어.

➡ ______________________

3 그가 나를 도와주었기 때문에 나는 그 일을 일찍 끝낼 수 있었어.

➡ ______________________

A	B
I was able to finish the work early	when I got an e-mail from her
Josh said	because he helped me
I was so happy	that he didn't feel well

Tip

접속사 that은 주어, ❶ ______, 보어 역할을 하는 명사절을 이끌고, 접속사 when과 because는 각각 시간과 ❷ ______를 나타내는 부사절을 이끈다.

답 ❶ 목적어 ❷ 이유

to부정사와 동명사 / 비교 구문

1 동명사의 쓰임

가장 적은 수의 학생들이 좋아하는 취미는?
a. 컴퓨터 게임
b. 운동

2 to부정사의 쓰임

Emily가 하고 싶은 일은?
a. 롤러코스터 타기
b. 음료수 마시기

학습할 내용

❶ 동명사의 쓰임 ❷ to부정사의 쓰임 ❸ 원급 비교 ❹ 비교급·최상급 비교

3 원급 비교

사진 속 여학생 중 Evelyn의 여동생 이름은?
a. Jennifer b. Sally c. Eva

4 비교급·최상급 비교

세 형제 중 나이가 제일 어린 사람은?
a. Miles b. Ian c. Simon

답 1b 2a 3b 4c

2주 1일 개념 돌파 전략 ❶

개념 1 동명사의 쓰임

반려동물을 키우는 것은 여러분에게 좋다.

Keeping a pet is good for you.

동사원형 + -ing ➔ 명사(주어, 보어, 목적어)

- 동명사는 「동사원형+-ing」 형태이고, 부정형은 「not+동사원형+-ing」이다.
- 동명사는 ❶ [   ] 처럼 쓰이며 '~하기/~하는 것'의 의미로 문장의 주어, 보어, 목적어 역할을 한다.
- 동명사는 「전치사+❷ [   ]」의 형태로 전치사의 목적어 역할을 한다.

Quiz

다음 괄호 안에서 알맞은 것을 고르시오.

© GraphicsRF.com/shutterstock

People enjoy (ride / riding) several rides in the amusement park.

답 ❶ 명사 ❷ 동명사 / riding

개념 2 명사 또는 형용사처럼 쓰이는 to부정사

나는 내 고양이와 노는 것을 무척 좋아한다.

I love to play with my cat.

나는 마실 물이 필요하다.

I need water to drink.

to + 동사원형 ➔ 명사(주어, 보어, 목적어) / 형용사(명사 수식)

- to부정사는 「to+동사원형」 형태이고, 부정형은 「not+to+동사원형」이다.
- to부정사는 명사처럼 쓰일 때 '~하기/~하는 것'의 의미로 문장에서 주어, 보어, ❶ [   ] 역할을 한다.
- to부정사는 형용사처럼 쓰일 때 '~하는/~할'의 의미로 명사나 대명사를 뒤에서 꾸미는 ❷ [   ] 역할을 한다.

Quiz

다음 문장에서 밑줄 친 to부정사의 쓰임은?

To get a better grade next semester is my goal.

① 명사 ② 형용사 ③ 부사

to부정사구인
To get ~ semester가
주어 역할을 해.

답 ❶ 목적어 ❷ 수식어 / ①

개념 3 부사처럼 쓰이는 to부정사

그는 그 경기를 보게 되어 매우 흥분했다.

He was very excited to see that match.

to + 동사원형 ➔ 부사(동사, 형용사, 다른 부사 수식)

- to부정사는 ❶ [   ] 처럼 동사, 형용사, 다른 부사를 수식할 수 있다.
- 부사처럼 쓰이는 to부정사는 주로 '~하기 위해(목적)', '~해서(감정의 원인)', '~해서 …하다(결과)' 등의 의미를 나타낸다.

Quiz

다음 괄호 안에서 알맞은 것을 고르시오.

I am so glad (to seeing / to see) you again.

답 ❶ 부사 / to see

1-1 다음 문장에서 동명사구를 찾아 밑줄을 긋고, 문장을 해석하시오.

Drawing cartoons is my hobby.

➡ ______________________

풀이 | 동명사는 「동사원형+❶ ______」의 형태이고, '~하기/~하는 것'의 의미로 문장에서 ❷ ______, 보어, 목적어 역할을 한다.

답 Drawing cartoons, 만화를 그리는 것이 내 취미이다. / ❶ -ing ❷ 주어

1-2 다음 문장에서 동명사구를 찾아 밑줄을 긋고, 문장을 해석하시오.

Dana enjoys playing table tennis.

➡ ______________________

2-1 다음 여학생의 말에서 to부정사구를 찾아 밑줄을 그으시오.

풀이 | to부정사는 「to+❶ ______」 형태이고, 명사처럼 문장에서 주어, 보어, ❷ ______ 역할을 할 수 있다.

답 to have a bath / ❶ 동사원형 ❷ 목적어

2-2 다음 남학생의 말에서 to부정사구를 찾아 밑줄을 그으시오.

3-1 다음 문장의 밑줄 친 부분을 바르게 해석하시오.

I opened the bag <u>to find my purse</u>.

➡ ______________________

풀이 | to부정사는 문장에서 ❶ ______처럼 동사, 형용사, 다른 부사를 ❷ ______할 수 있다.

답 지갑을 찾기 위해 / ❶ 부사 ❷ 수식

3-2 다음 문장의 밑줄 친 부분을 바르게 해석하시오.

He got home early <u>to prepare dinner</u>.

➡ ______________________

개념 4 원급 비교

그 말은 자동차만큼 빠르게 달릴 수 있다.
The horse can run as fast as a car (can).

as + 원급 + as / 원급 → 형용사/부사의 원래 형태

- 「as+❶ +as」는 두 대상을 비교하여 어떤 성질이나 상태의 정도가 같음을 나타낼 때 쓰고, '~만큼 …한/…하게'로 해석한다.
- 원급 비교 표현을 사용할 때, 비교하는 대상은 ❷ 형태여야 한다.
- 형용사나 부사를 원래 형태로 쓰는 것을 원급이라고 하며, 비교급과 최상급에서는 형용사나 부사의 형태가 바뀐다.

Quiz

다음 괄호 안에서 알맞은 것을 고르시오.

The watermelon is as big (as / to) a basketball.

답 ❶ 원급 ❷ 같은 / as

개념 5 비교급 비교

그 나무는 그 탑보다 높다.
The tree is taller than the tower (is).

비교급 + than / 비교급 → 형용사/부사+-(e)r, more+형용사/부사

- 「비교급+❶ 」은 두 대상을 비교하여 성질이나 상태의 정도 차이를 나타내기 위해 쓰고, '~보다 더 …한/…하게'로 해석한다.
- 비교급은 형용사나 부사의 뒤에 -(e)r을 붙이거나, 앞에 ❷ 를 써서 만든다.

Quiz

다음 괄호 안에서 알맞은 것을 고르시오.

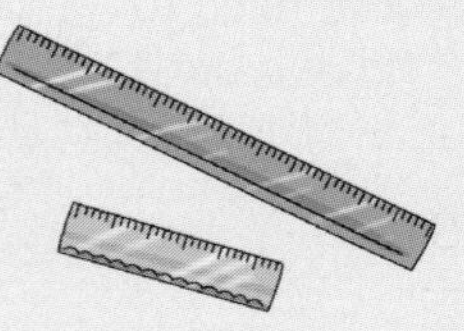

The pink ruler is (shorter / longer) than the green ruler.

답 ❶ than ❷ more / shorter

개념 6 최상급 비교

그는 리그에서 가장 키가 큰 농구선수이다.
He is the tallest basketball player in the league.

the + 최상급 ~+ 범위 / 최상급 → 형용사/부사+-(e)st, most+형용사/부사

- 「the+최상급」은 여러 대상을 비교하여 성질이나 상태의 정도가 ❶ 높은 것을 나타내기 위해 쓰고, '(~에서) 가장 …한/…하게'로 해석한다.
- 최상급 뒤에 비교 대상의 범위를 나타내는 말(in/of+명사(구))을 쓴다.
- 최상급은 형용사나 부사의 뒤에 -(e)st를 붙이거나, 앞에 ❷ 를 써서 만든다.

Quiz

우리말과 일치하도록 밑줄 친 부분을 바르게 고쳐 쓰시오.

The Nile is the long river in the world.
(나일강은 세계에서 가장 긴 강이다.)

➡ ______________

답 ❶ 가장 ❷ most / longest

4-1 다음 문장의 빈칸에 괄호 안의 단어를 알맞은 형태로 쓰시오.

My elder brother is as ________ as my father. (tall)

풀이 | 원급 비교는 「as+❶ ________+as」의 형태로 쓴다. 형용사나 ❷ ________의 원래 형태를 그대로 쓰는 것을 원급이라고 한다.

답 tall / ❶ 원급 ❷ 부사

4-2 다음 문장의 빈칸에 괄호 안의 단어를 알맞은 형태로 쓰시오.

My dog runs as ________ as your dog. (fast)

5-1 다음 그림을 보고, 빈칸에 알맞은 말을 고르면?

The blue T-shirt is ________ than the green one.

① large ② larger ③ smaller

풀이 | 두 대상을 비교하여 성질이나 상태의 정도 차이를 나타낼 때 ❶ ________을 쓴다. 비교급은 형용사나 부사의 뒤에 ❷ ________을 붙이거나, 앞에 more를 써서 만든다.

답 ② / ❶ 비교급 ❷ -(e)r

5-2 다음 그림을 보고, 빈칸에 알맞은 말을 고르면?

The brown wallet is ________ than the black one.

① cheap ② cheaper ③ more expensive

6-1 우리말과 일치하도록 밑줄 친 부분을 바르게 고쳐 쓰시오.

They sell the <u>fresh</u> vegetables in the town.
(그들은 마을에서 가장 신선한 채소를 판다.)

➡ ________

풀이 | 여러 대상을 비교하여 성질이나 상태의 정도가 가장 높음을 나타낼 때 ❶ ________을 쓴다. 최상급은 형용사나 부사의 끝에 ❷ ________를 붙이거나, 앞에 most를 써서 만든다.

답 freshest / ❶ 최상급 ❷ -(e)st

6-2 한 주 간의 기온을 나타낸 표를 보고, 빈칸에 알맞은 말을 쓰시오.

Mon.	Tue.	Wed.	Thur.	Fri.	Sat.	Sun.
-1°	3°	0°	-5°	0°	2°	4°
-9°	-7°	-9°	-13°	-8°	-5°	0°

Thursday will be ________ day of the week.

2주 1일 개념 돌파 전략 ②

CHECK UP

(Bake / Baking) cookies and cakes is my favorite hobby.

- 구문 「동사원형+-ing」 형태의 ❶ ____ 가 주어로 쓰였다. 동명사는 명사처럼 문장에서 주어, 보어, 목적어 역할을 한다.
- 해석 쿠키와 케이크를 ❷ ____ 은 내가 가장 좋아하는 취미이다.

답 Baking / ❶ 동명사 ❷ 굽는 것

1 밑줄 친 동명사구의 역할을 고르고, 문장을 해석하시오.

(1) Traveling around the world is a really wonderful experience. (주어 / 목적어)

➡ ______________________________

(2) The reporter kept asking questions. (목적어 / 보어)

➡ ______________________________

reporter 기자 keep ~을 계속하다 (-kept-kept)

CHECK UP

The gatekeeper refused (to open / open) the door for us.

- 구문 「to+동사원형」 형태의 to부정사구가 목적어로 쓰였다. to부정사는 ❶ ____ 처럼 문장에서 주어, 보어, 목적어 역할을 하거나, 형용사처럼 명사를 수식하는 역할을 한다.
- 해석 문지기는 우리에게 문을 ❷ ____ 을 거절했다.

답 to open / ❶ 명사 ❷ 열어 주는 것

2 밑줄 친 to부정사의 쓰임을 고르고, 문장을 해석하시오.

(1) Do you like to watch TV dramas? (명사 / 형용사)

➡ ______________________________

(2) What is the best time to visit Paris? (명사 / 형용사)

➡ ______________________________

CHECK UP

I got pieces of wood (building / to build) a fire.

- 구문 to부정사는 동사, ❶ ____ , 다른 부사를 수식하는 부사로 쓰여 '목적'이나 '감정의 원인' 등을 나타낸다. 이 문장에서는 '목적'을 나타내는 의미로 쓰였다.
- 해석 나는 불을 ❷ ____ 나무토막들을 주웠다.

답 to build / ❶ 형용사 ❷ 피우기 위해

3 밑줄 친 to부정사에 유의하여 문장을 해석하시오.

(1) He went to the library to look for some books.

➡ ______________________________

(2) I'm very sorry to hear the news.

➡ ______________________________

CHECK UP

Today will be as (cold / colder) as yesterday.

- 구문 '~만큼 …한/…하게'라는 의미를 나타낼 때 「as+원급+❶ ______」를 쓴다. 이때 비교 대상(today, yesterday)은 같은 형태여야 한다.
- 해석 오늘은 ❷ ______ 추울 것이다.

답 cold / ❶ as ❷ 어제만큼

4 그림을 보고, 빈칸에 알맞은 말을 쓰시오.

(1) Josh looks ________ tall ________ Randy.

(2) Randy is ________ old ________ Josh.

look ~하게 보이다

CHECK UP

To me, this chair feels (comfortable / more comfortable) than that one.

- 구문 '~보다 더 …한/…하게'라는 의미를 나타낼 때 「❶ ______+than」을 쓴다. 비교급은 형용사나 부사 뒤에 -(e)r을 붙이거나, 앞에 more를 써서 나타낸다.
- 해석 내게는 이 의자가 저 의자보다 ❷ ______ 느껴진다.

답 more comfortable / ❶ 비교급 ❷ 더 편안하게

5 우리말을 참고하여 주어진 단어의 알맞은 형태를 빈칸에 쓰시오.

(1) The moon is ________ ________ Earth. (small)
(달은 지구보다 작다.)

(2) Tom is ________ ________ than Ron. (diligent)
(Tom은 Ron보다 더 근면하다.)

CHECK UP

Mr. Hampton's house has the (large / largest) garden in his town.

- 구문 '가장 ~한/~하게'라는 의미를 나타낼 때 최상급(「형용사/부사+-(e)st」 또는 「❶ ______+형용사/부사」)을 쓴다. 최상급 앞에는 대개 the를 쓰며, 뒤에는 비교 범위를 나타내는 말(in/of+명사구)이 올 때가 많다.
- 해석 Hampton 씨의 집에는 그의 마을에서 ❷ ______ 정원이 있다.

답 largest / ❶ most ❷ 가장 넓은[큰]

6 다음 문장의 밑줄 친 부분에 유의하여 우리말 해석을 완성하시오.

(1) This bike is <u>the most expensive</u> in the store.
➡ 이 자전거가 ________________.

(2) I finished <u>the most difficult part</u> of this job.
➡ 나는 ________________ 부분을 끝냈다.

2주 2일 필수 체크 전략 ❶

전략 1 동명사의 쓰임을 알아두자.

• 동명사는 명사처럼 문장에서 주어, ❶ [　　　], 목적어 또는 전치사의 목적어 역할을 한다.

주어	~하기는/~하는 것은	**Taking** care of those dogs is not easy. 그 개들을 돌보는 것은 쉽지 않다.
보어	~하기(이다)/~하는 것(이다)	My hobby is **riding** a skateboard. 내 취미는 스케이트보드를 타는 것이다.
목적어	~하기를/~하는 것을	I like **shopping** online. 나는 온라인으로 쇼핑하는 것을 좋아한다.
전치사의 목적어	~하기/~하는 것	Jane is good at **dancing**. Jane은 춤추는 것을 잘한다.

주의 주어 자리의 동명사는 단수 취급해서 뒤에 ❷ [　　　] 동사가 온다.

Eating breakfast ***is*** good for your health. 아침을 먹는 것은 당신의 건강에 좋다.

주의 보어 역할을 하는 동명사와 「be동사+동사원형-ing」 형태의 ❸ [　　　]을 구별해야 한다.

My hobby is **reading** books. 나의 취미는 책을 읽는 것이다.　I **am reading** the book. 나는 그 책을 읽고 있다.

동명사(보어): ~하는 것　　진행형: ~하고 있다

답 ❶ 보어 ❷ 단수 ❸ 진행형

필수 예제

다음 문장의 밑줄 친 부분이 하는 역할을 고르시오.

(1) Drinking plenty of water is good for your skin. (주어 / 보어 / 목적어)

(2) She finished writing an English essay. (주어 / 보어 / 목적어)

(3) One of his good habits is making his own bed in the morning.
(주어 / 보어 / 목적어)

문제 해결 전략

동명사는 ❶ [　　　]처럼 쓰여 문장에서 주어, 보어, 목적어 또는 전치사의 ❷ [　　　] 역할을 할 수 있다.

답 (1) 주어 (2) 목적어 (3) 보어 / ❶ 명사 ❷ 목적어

확인 문제

1 다음 문장의 빈칸에 알맞은 말은?

Lucy is interested in ________ clothes.

① design　② designs
③ designing　④ to design
⑤ to designing

2 다음 문장에서 어법상 어색한 곳을 찾아 바르게 고치시오.

Exercising regularly make you healthy.

________ ➡ ________

>> 정답과 해설 34쪽

전략 2 to부정사의 쓰임을 알아두자 ①

• to부정사는 명사처럼 쓰일 때 문장에서 주어, 보어, ❶ ______ 역할을 한다.

주어	~하기는/~하는 것은	**To go** out now is dangerous. 지금 밖에 나가는 것은 위험하다. (= **It** is dangerous **to go** out now.) * to부정사가 주어로 쓰일 때 가주어 It을 쓰고 to부정사를 뒤로 보낼 수 있다.
보어	~하기(이다)/~하는 것(이다)	My hobby is **to watch** movies. 내 취미는 영화를 보는 것이다.
목적어	~하기를/~하는 것을	I want **to see** the sunrise on New Year's Day. 나는 새해 첫날에 일출을 보기를 원한다.

주의 주어 자리의 to부정사는 단수 취급해서 뒤에 단수 동사가 온다.

• to부정사가 형용사처럼 쓰일 때 명사나 대명사를 ❷ ______ 에서 수식한다.

명사, 대명사 수식	~하는/~할	I have lots of things **to do** today. 나는 오늘 할 일이 많다.

주의 to부정사의 수식을 받는 명사가 전치사의 목적어일 때, to부정사 뒤에 ❸ ______ 를 쓴다.
I'm looking for a house **to live in**. 나는 살 집을 찾고 있다. (→ live in a house, a house가 전치사 in의 목적어)

답 ❶ 목적어 ❷ 뒤 ❸ 전치사

필수 예제

다음 중 밑줄 친 to부정사의 쓰임이 나머지 넷과 다른 것은?

① It is impossible to cure the disease.
② We don't have any chair to sit on.
③ I need to know about the accident.
④ The kids wanted to eat something sweet.
⑤ My new hobby is to make clothes for my hamster.

문제 해결 전략

to부정사가 ❶ ______ 처럼 쓰일 때에는 문장에서 주어, 보어, 목적어 역할을 하고, 형용사처럼 쓰일 때에는 주로 ❷ ______ 를 수식한다.

답 ② / ❶ 명사 ❷ 명사

확인 문제

1 우리말과 일치하도록 주어진 표현을 바르게 배열하여 문장을 완성하시오.

(1) 말할 것이 아무것도 없다. (tell / to / nothing)
⇒ There is ______________.

(2) 나는 당신의 새 학교를 방문하기를 희망한다.
(your / new / visit / to / school)
⇒ I hope ______________.

2 주어진 표현을 바르게 배열하여 문장을 완성하시오.

is / to solve / hard / a Rubik's Cube / it

⇒ ______________

전략 3 to부정사의 쓰임을 알아두자 ②

• to부정사는 부사처럼 쓰일 때 동사나 형용사를 ❶ ______ 하는 역할을 한다.

목적	~하기 위해	Dr. Hunt went into the jungle **to find** some rare animals. Hunt 박사는 희귀한 동물들을 찾기 위해 정글로 들어갔다.
감정의 원인	~해서	I was so excited **to meet** my old friends again. 나는 내 오랜 친구들을 다시 만나서 매우 기뻤다.
결과	~해서 …하다	They reached there **to find** a cave. 그들은 그곳에 이르러서 동굴을 발견했다.
형용사 수식	~하기에	This puzzle is difficult **to solve.** 이 퍼즐은 풀기 어렵다.

• 목적을 나타내는 to부정사는 「in order to+❷ ______」으로 바꿔 쓸 수 있다.
Dr. Hunt went into the jungle **in order to find** some rare animals.

답 ❶ 수식 ❷ 동사원형

필수 예제

to부정사의 쓰임에 유의하여 다음 문장의 해석을 완성하시오.

(1) Doyun changed his clothes to go out.
➡ 도윤이는 ______________ 옷을 갈아입었다.

(2) I was happy to meet my family again.
➡ 나는 내 가족을 다시 ______________ 기뻤다.

(3) His class is easy to understand.
➡ 그의 수업은 ______________ 쉽다.

(4) We all grew up to be thirteen.
➡ 우리는 모두 ______________ 열세 살이 되었다.

문제 해결 전략

부사처럼 쓰이는 to부정사는 주로 '❶ ______(~하기 위해)', '감정의 ❷ ______(~해서)', '결과(~해서 …하다)' 등의 의미를 나타낸다.

답 (1) 외출하기 위해 (2) 만나서 (3) 이해하기 (4) 자라서 / ❶ 목적 ❷ 원인

확인 문제

1 우리말을 참고하여 주어진 동사의 알맞은 형태를 빈칸에 쓰시오.

(1) He called Jamie __________(ask) about the math homework.
(그는 수학 숙제에 관해 물어보려고 Jamie에게 전화했다.)

(2) I was surprised __________(read) the e-mail.
(나는 그 이메일을 읽고서 놀랐다.)

2 다음 두 문장의 의미가 같도록 빈칸에 알맞은 말을 쓰시오.

Eddie turned on the laptop to work.
= Eddie turned on the laptop ________ ________ ________ ________.

>> 정답과 해설 34쪽

전략 4 to부정사와 동명사의 차이를 알아두자.

- to부정사는 명사, 형용사, 부사 역할을 모두 할 수 있지만 동명사는 ❶ ______ 역할만 할 수 있다.
- to부정사와 동명사는 둘 다 목적어로 쓰이지만, to부정사와 동명사 둘 중 하나만 목적어로 쓰거나 ❷ ______ 가 달라지는 동사들이 있다.

to부정사를 목적어로 쓰는 동사		agree, decide, expect, hope, learn, plan, refuse, want, wish 등		
동명사를 목적어로 쓰는 동사		admit, avoid, deny, enjoy, finish, keep, mind, practice, quit, stop 등		
동명사와 to부정사를 모두 목적어로 쓰는 동사	의미 차이 없음	start, begin, like, love, hate, prefer, continue 등		
	의미 차이 있음	forget	+to부정사	(앞으로) ~ 할 것을 잊다
			+동명사	(과거에) ~ 했던 것을 잊다
		remember	+to부정사	(앞으로) ~ 할 것을 기억하다
			+동명사	(과거에) ~ 했던 것을 기억하다
		try	+to부정사	~하려고 노력하다
			+동명사	(시험 삼아) 한번 ~해 보다

- 동명사와 달리 to부정사는 ❸ ______ 의 목적어로 쓰이지 않는다.

답 ❶ 명사 ❷ 의미 ❸ 전치사

필수 예제

다음 남자의 말에서 어법상 어색한 부분을 두 군데 찾아 순서대로 바르게 고치시오.

(1) ______ ➡ ______ (2) ______ ➡ ______

문제 해결 전략

to부정사와 동명사 중 전치사의 목적어 자리에 올 수 있는 것은 ❶ ______ 이다. 또한 to부정사와 동명사 중 하나만 ❷ ______ 로 쓰거나 의미가 달라지는 동사들이 있다.

답 (1) to move → moving
(2) starting → to start / ❶ 동명사 ❷ 목적어

확인 문제

1 우리말을 참고하여 주어진 동사의 알맞은 형태를 빈칸에 쓰시오.

(1) Try ______(use) a different shampoo.
(시험 삼아 다른 샴푸를 사용해 봐.)

(2) Don't forget ______(lock) the door.
(문을 잠그는 것을 잊지 마.)

2 다음 문장에서 어법상 어색한 부분은?

Junho and Minsu ① enjoy ② to play video games ③ on Sunday.

2주 2일 필수 체크 전략 ❷

1 다음 빈칸에 들어갈 수 없는 것은?

> William __________ to buy a new cell phone.

① wanted ② wished
③ refused ④ avoided
⑤ decided

© Getty Images Bank

문제 해결 전략

빈칸 뒤에 to부정사가 있으므로 빈칸에는 ❶ [   ]를 목적어로 하는 동사가 와야 한다. 주어진 동사를 to부정사를 목적어로 쓰는 동사와 ❷ [   ]를 목적어로 쓰는 동사로 분류해 본다.

답 ❶ to부정사 ❷ 동명사

2 다음 중 밑줄 친 부분의 성격이 나머지 넷과 다른 것은?

① The most important thing is <u>saving</u> their lives.
② His favorite thing was <u>playing</u> the piano.
③ Ann's job is <u>teaching</u> students.
④ They were <u>running</u> after the rabbit.
⑤ My dream is <u>becoming</u> a pilot.

문제 해결 전략

「동사원형+-ing」가 be동사 뒤에서 '~하는 것'의 의미로 보어 역할을 하면 ❶ [   ]이고 '~하고 있다'의 의미를 나타내면 ❷ [   ]이다.

답 ❶ 동명사 ❷ 진행형

3 우리말과 같도록 주어진 표현을 이용하여 문장을 완성하시오. (단, 동명사나 to부정사를 포함할 것)

(1) 그는 자연 사진을 찍는 것을 잘 한다.
➡ ______________________________ of nature.
(be good at, take pictures)

(2) 방학 동안 읽을 책을 좀 추천해 주시겠어요?
➡ ______________________________ during the holidays?
(can, recommend, some books, read)

문제 해결 전략

동명사는 ❶ [   ]처럼 쓰여 문장에서 주어, 보어, 목적어 또는 전치사의 목적어 역할을 한다. to부정사는 형용사처럼 쓰여 ❷ [   ]를 수식할 수 있다.

답 ❶ 명사 ❷ 명사

>> 정답과 해설 35쪽

[4~5] 다음 글을 읽고, 물음에 답하시오.

Mr. Austin lives next door. He is a scriptwriter for TV dramas. His mystery series are always very popular. He travels a lot (A) ________(get) ideas for his work. (B) <u>그가 새로운 시리즈를 쓰기 시작할 때</u>, he usually stays up late for days.

Last Saturday I asked him about the last episode of his drama, but he said, "You'll see it on TV, Emma." Oh, I can't wait!

Words

next door 옆집에
scriptwriter 대본 작가
stay up late 늦게까지 깨어 있다

4 다음 우리말을 참고하여 (A)에 주어진 동사를 알맞은 형태로 쓰시오.

그는 일에 대한 아이디어를 얻기 위해 여행을 많이 한다.

➡ ____________

문제 해결 전략

to부정사가 ❶ ______처럼 쓰일 때, '목적'이나 '감정의 ❷ ______' 등을 나타낸다.

답 ❶ 부사 ❷ 원인

5 밑줄 친 (B)와 같이 뜻이 되도록 주어진 표현을 바르게 배열하시오. (단, 필요할 경우 형태를 바꿀 것)

he / a new series / when / write / start

➡ ____________________________

문제 해결 전략

접속사 when이 이끄는 부사절의 동사 자리에 start를 쓰고, ❶ ______ 자리에 write를 써야 한다. start는 목적어로 to부정사와 ❷ ______를 모두 쓸 수 있다.

답 ❶ 목적어 ❷ 동명사

2주 3일 필수 체크 전략 ❶

전략 1 원급 비교 표현을 알아두자.

• 형용사/부사의 ❶ [ ] 을 이용하여 두 대상의 정도가 같거나 다름을 나타낼 수 있다.

as+원급+as	~만큼 …한/…하게	She is **as famous as** her mother (is). 그녀는 그녀의 어머니만큼 유명하다.
not as[so]+원급+as	~만큼 …하지 않은/…하지 않게	She is **not as famous as** her mother. 그녀는 그녀의 어머니만큼 유명하지 않다.
as+원급+as possible = as+원급+as+주어+can	❷ [ ] 한 ~한/~하게	Speak **as slowly as possible.** 가능한 한 천천히 말해라. (= Speak **as slowly as you can.**)
배수 표현+as+원급+as	~의 몇 배만큼 …한/…하게	The hall is **three times as large as** my room. 그 강당은 내 방의 세 배만큼 크다.

주의 비교 대상이 잘못되면 엉뚱한 의미가 전달될 수 있으므로 유의해야 한다.

My backpack is as big as **you** (are). 〈→ '내 배낭'과 '너'를 비교〉
내 배낭이 너만큼 크다.

My backpack is as big as **yours** (is). 〈→ '내 배낭'과 '네 배낭'을 비교〉
내 배낭이 너의 것만큼 크다.

답 ❶ 원급 ❷ 가능한

필수 예제

다음 문장의 네모 안에서 알맞은 것을 고르시오.

(1) Can you walk [so / as] fast as Mr. Harris?

(2) I get up as [early / earlier] as my sister.

(3) This jacket is [two / twice] as expensive as that one.

문제 해결 전략

원급 비교는 「as+❶ [ ] + as」로 쓰고, ❷ [ ] 을 추가하여 '~의 몇 배만큼 …한/…하게'라는 의미를 나타낼 수 있다.

답 (1) as (2) early (3) twice / ❶ 원급 ❷ 배수 표현

확인 문제

1 다음 문장을 우리말로 바르게 해석한 것을 고르시오.

(1) I was not so brave as you.

ⓐ 나는 너만큼 용감하지 못했어.

ⓑ 나는 네가 용감하지 않았다고 생각해.

(2) Save as much water as possible.

ⓐ 많은 물을 저장하는 것이 가능하다.

ⓑ 가능한 한 많은 물을 저장해라.

2 다음 우리말을 영어로 바르게 옮긴 것을 모두 고르면?

> 너에게 가능한 한 빨리 다시 전화할게.

① I'll call you back soon I can.

② I'll call you back as I can possible.

③ I'll call you back as soon as possible.

④ I'll call you back as possible as soon.

⑤ I'll call you back as soon as I can.

≫ 정답과 해설 36쪽

전략 2 비교급과 최상급을 만드는 방법을 알아두자.

- 형용사/부사의 비교급과 최상급은 보통 원급 ❶ ______ 에 -(e)r/-(e)st를 붙이거나, 앞에 more/most를 써서 나타낸다.
- 비교급은 '더 ~한/~하게'의 의미이고, 최상급은 '❷ ______ ~한/~하게'의 의미이다.

대부분의 형용사/부사	+-(e)r	+-(e)st	bright – **brighter** – **brightest** 밝은 – 더 밝은 – 가장 밝은
「단모음+단자음」으로 끝날 때	마지막 자음을 한 번 더 쓰고 +-er	마지막 자음을 한 번 더 쓰고+-est	big – **bigger** – **biggest** 큰 – 더 큰 – 가장 큰
「자음+-y」로 끝날 때	y를 i로 바꾸고 +-er	y를 i로 바꾸고 +-est	easy – **easier** – **easiest** 쉬운 – 더 쉬운 – 가장 쉬운
3음절 이상 또는 -ful, -ous, -ive, -able, -ing 등으로 끝날 때	단어 앞에 more	단어 앞에 most	famous – **more** famous – **most** famous 유명한 – 더 유명한 – 가장 유명한
불규칙 변화	good/well – **better** – **best** 좋은/잘 – 더 좋은[잘] – 가장 좋은[잘] many/much – **more** – **most** 많은 – 더 많은 – 가장 많은		bad/ill – **worse** – **worst** 나쁜/아픈 – 더 나쁜/더 아픈 – 가장 나쁜/가장 아픈 little – **less** – **least** 작은[적은] – 더 작은[적은] – 가장 작은[적은]

답 ❶ 뒤 ❷ 가장

필수 예제

다음 중 밑줄 친 부분이 어색한 것은?

① You can sing louder than him.
② Is this question easier than that one?
③ This is the most highest tower in the world.
④ To me, your story is more interesting than a movie.
⑤ The new lamp doesn't look brighter than the old one.

문제 해결 전략
형용사나 부사가 ❶ ______ 음절 이상이거나 -ful, -ous, -ive, -able, -ing 등으로 끝날 때 단어 앞에 각각 more와 ❷ ______ 를 써서 비교급과 최상급을 만든다.

답 ③ / ❶ 3 ❷ most

확인 문제

1 다음 표의 내용과 일치하도록 할 때 빈칸에 들어갈 말이 순서대로 바르게 짝지어진 것은?

	기린	코뿔소	코끼리
먹이양	20 kg	30 kg	100 kg

- The giraffe eats ______ than the rhino.
- The elephant eats ______ of the three.

① more … less ② more … the most
③ less … the most ④ less … more
⑤ less … the least

2 두 사람의 대화를 읽고, 밑줄 친 부분을 바르게 고치시오.

fast ➡ ______ hard ➡ ______

2주 3일 필수 체크 전략 ❶

전략 3 비교급 비교 표현을 알아두자.

• 형용사/부사의 ❶ [   ] 을 이용하여 두 대상의 우위를 나타낼 수 있다.

비교급+than	~보다 더 …한/…하게	David is **younger than** you. David은 너보다 더 어리다.

주의 than 뒤에 「주어+동사」가 올 때 '주어'가 인칭대명사면 주격 대신 ❷ [   ] 으로 쓸 수 있고, '동사'는 than 앞의 동사와 같으면 생략할 수 있다. 원급 비교 표현에서도 마찬가지이다.

Janet studied harder **than him**. Janet은 그보다 더 열심히 공부했다.
= he (studied)

• 비교급을 강조해서 '~보다 ❸ [   ] 더 …한/…하게'라는 의미를 나타낼 때 비교급 앞에 much, a lot, even, far 등을 쓴다.

My brother found **much more** information than I (did).
오빠는 나보다 훨씬 더 많은 정보를 찾았다.

very나 too는 원급을 강조하는 부사이므로, 비교급을 강조할 때 쓰지 않아.

답 ❶ 비교급 ❷ 목적격 ❸ 훨씬

필수 예제

다음 표를 보고, 네모 안에서 알맞은 것을 고르시오.

이름	Olivia	Liam
키	164 cm	170 cm
나이	13	15
취침 시각	11:00 p.m.	10:00 p.m.

(1) Olivia is [taller / shorter] than Liam.

(2) Liam is [younger / older] than Olivia is.

(3) Liam goes to bed [earlier / later] than Olivia does.

문제 해결 전략

두 대상의 우위를 비교할 때 「비교급+❶ [   ]」을 이용하여 '~보다 더 …한/…하게'라는 의미를 나타낸다. 이때 비교급 ❷ [   ] 에 오는 대상이 than 뒤에 오는 대상보다 정도가 높다.

답 (1) shorter (2) older (3) earlier / ❶ than ❷ 앞

확인 문제

1 다음 그림을 보고, 빈칸에 알맞은 말을 쓰시오.

(1) The ______ ball is smaller than the yellow one.

(2) The yellow ball is bigger than the ______ one but smaller than the ______ one.

2 다음 우리말을 영어로 바르게 옮긴 것은?

> 나는 Oscar보다 더 빠르게 피아노를 친다.

① I play the piano as fast as Oscar.
② I play the piano as faster as Oscar.
③ I play the piano fast than Oscar.
④ I play the piano faster than Oscar.
⑤ I play the piano more faster than Oscar.

>> 정답과 해설 36쪽

전략 4 최상급 비교 표현에서 주의할 점을 알아두자.

- 형용사/부사의 최상급을 이용하여 셋 이상에서 정도 차이가 가장 ❶ [　　] 하나를 나타낼 수 있다.

the+최상급(+명사)+in/of+명사(구)	~에서 가장 …한/…하게	Alice is **the tallest** girl in my class. Alice는 우리 반에서 가장 키가 큰 소녀이다.

주의 최상급 비교 표현에서 범위를 나타낼 때 주로 in 뒤에는 장소를 나타내는 말이나 ❷ [　　] 명사가 오고, of 뒤에는 기간을 나타내는 말이나 복수 명사가 온다.

My school has **the most** students *in the neighborhood*. 우리 학교는 동네에서 학생 수가 가장 많다.

Harry is **the fastest** runner *of all the members*. Harry는 모든 멤버들 중 가장 빠른 달리기 주자이다.

- 부사의 최상급 앞에는 the를 생략하기도 한다.

I get up **(the) earliest** in my family. 나는 우리 가족 중 가장 빨리 일어난다.

- 최상급을 강조해서 '단연코 가장 …한/…하게'라는 의미를 나타낼 때 최상급 ❸ [　　]에 by far, the very 등을 쓴다.

Brian is **by far the best** player in my soccer club.

Brian은 우리 축구 동아리에서 단연코 가장 뛰어난 선수이다.

답 ❶ 큰 ❷ 단수 ❸ 앞

필수 예제

다음 표를 보고, 네모 안에서 알맞은 것을 고르시오.

이름	Bill	Julia	Emma
키	160 cm	165 cm	173 cm
나이	15	14	17
100 m 달리기 기록	17 sec.	19 sec.	15 sec.

(1) [Bill / Emma] is the shortest of the three.

(2) [Julia / Emma] runs the fastest of the three.

(3) [Bill / Julia] is the youngest of the three.

문제 해결 전략

셋 이상의 성질이나 상태를 비교할 때 「the+❶ [　　]」을 이용하여 '가장 …한/…하게'라는 의미를 나타낸다. 최상급 비교 표현 뒤에는 주로 비교 ❷ [　　]를 나타내는 「in/of+명사(구)」가 함께 온다.

답 (1) Bill (2) Emma (3) Julia / ❶ 최상급 ❷ 범위

확인 문제

1 다음 그림을 보고, 주어진 단어의 알맞은 형태를 빈칸에 쓰시오.

(1) The white cap is ____________ in the store. (cheap)

(2) The black cap is ____________ in the store. (expensive)

2 다음 우리말을 영어로 바르게 옮긴 것은?

Sam이 그들 중 가장 나이가 많다.

① Sam is oldest one in them.
② Sam is the oldest of them.
③ Sam is the oldest than them.
④ Sam is the most oldest of them.
⑤ Sam is very oldest of them.

2주 3일 필수 체크 전략 ❷

1 다음 그림을 보고, 주어진 단어와 비교 표현을 이용하여 문장을 완성하시오.

since 2014

since 2014

since 2022

(1) The church is ______________________ of the three. (tall)

(2) The school is ______________________ the church. (old)

(3) The hospital is ______________________ the church. (short)

문제 해결 전략

원급 비교는 「as+❶ ______ +as」로 쓰고, 비교급 비교는 「비교급+than」으로 쓴다. 최상급 비교는 「❷ ______ +최상급(+in/of+명사(구))」로 쓴다.

답 ❶ 원급 ❷ the

2 다음 중 우리말 해석이 잘못된 것은?

① The waves are sometimes as big as mountains.
→ 파도는 가끔 산만큼 크다.

② You are the most important person to me.
→ 너는 내게 가장 중요한 사람이다.

③ This flower is much more beautiful than a rose.
→ 이 꽃은 장미보다 훨씬 더 아름답다.

④ I want to buy the biggest balloon in the store.
→ 나는 이 가게에서 가장 큰 풍선을 사고 싶다.

⑤ Your bag is twice as expensive as mine.
→ 너의 가방 두 개는 내 것만큼 비싸다.

문제 해결 전략

「as+원급+as」는 '~❶ ______ …한/…하게'의 의미이고, 「배수 표현+as+원급+as」는 '~의 ❷ ______ 만큼 …한/…하게'라는 의미이다.

답 ❶ 만큼 ❷ 몇 배

3 우리말과 일치하도록 주어진 표현을 바르게 배열하여 문장을 완성하시오.

(1) Sunday Diner는 이 마을에서 가장 인기 있는 식당 이다.
Sunday Diner ______________________________________.
(in this village / is / the most popular / restaurant)

(2) 너는 가능한 한 빨리 일을 끝내야 한다.
You have to ______________________________________.
(finish / as / as / possible / the work / soon)

문제 해결 전략

'~에서 가장 …한'이라는 의미는 「the + ❶ ______ (+명사)+in/of+명사(구)」로 나타내며, '가능한 한 ~한/~하게'라는 의미는 「as + ❷ ______ +as possible」로 나타낸다.

답 ❶ 최상급 ❷ 원급

>> 정답과 해설 37쪽

[4~5] 다음 글을 읽고, 물음에 답하시오.

I want to talk about my special item. I moved here from Ulsan last year. (A) At first, I didn't have so many friends as now. I often played with this ball alone. A few weeks later, there was a soccer game in PE class. I scored two goals, and my team won. After that, I made a lot of friends. So, to me, (B) 이 축구공은 월드컵 공인구보다 더 특별합니다. I would like to sell this item to buy some gifts for people in a nursing home.

Words

move 이사하다
alone 홀로, 혼자
PE 체육
score 득점하다
nursing home 요양원

4

밑줄 친 (A)의 의미로 알맞은 것은?

① 지금은 친구가 많지 않다.
② 처음에는 지금만큼 친구가 많지 않았다.
③ 처음에는 친구가 많았지만, 지금은 아니다.
④ 처음에는 친구가 많았고 지금도 그렇다.
⑤ 지금만큼 친구가 많았던 적이 없었다.

문제 해결 전략

원급 비교의 부정 표현 「not as[so]+원급+❶ ____」가 쓰인 문장으로 현재와 과거를 비교하고 있다. 원급 비교의 부정 표현의 의미는 '~만큼 … ❷ ____/…하지 않게'이다.

답 ❶ as ❷ 하지 않은

5

밑줄 친 (B)와 같은 뜻이 되도록 주어진 표현을 이용하여 영작하시오.

this soccer ball, special, a World Cup match ball

➡ ________________________________

문제 해결 전략

「비교급+❶ ____」 구문을 이용하여 쓰되, 주어와 비교 대상을 잘 정해야 한다. 형용사 special은 비교급, 최상급을 만들 때 각각 ❷ ____와 most를 붙인다는 점에도 유의한다.

답 ❶ than ❷ more

2주 4일 교과서 대표 전략 ❶

대표 예제 1

다음 빈칸에 들어갈 말로 알맞은 것을 모두 고르면?

> ________ funny videos is my favorite pastime.

① Watch ② Watching ③ Watched
④ Watches ⑤ To watch

Tip

문장의 주어 자리에는 명사 또는 ❶ [ ] 처럼 쓰이는 어구가 온다. 동사의 형태를 바꿔 to부정사(to + 동사원형)나 ❷ [ ] (동사원형+-ing)로 만들면 명사처럼 쓸 수 있다.

답 ❶ 명사 ❷ 동명사

대표 예제 2

다음 중 밑줄 친 부분의 성격이 나머지 넷과 다른 것은?

① I'm planting carrot seeds.
② What are you doing in the kitchen?
③ We were preparing a party for her.
④ He is writing something on the paper.
⑤ Her job is fixing everything in the school.

Tip

be동사 뒤의 「동사원형+-ing」는 '~하는 것(이다)'라는 의미로 보어 역할을 하는 ❶ [ ] 이거나, be동사와 함께 '~하고 있다'라는 의미를 나타내는 ❷ [ ] 이다.

답 ❶ 동명사 ❷ 진행형

대표 예제 3

다음 대화의 빈칸에 들어갈 말로 알맞은 것은?

> A: What are you interested in?
> B: I'm interested in ________ cartoons.

① draw ② drawing ③ drew
④ draws ⑤ to draw

Tip

「동사원형+-ing」 형태의 ❶ [ ] 는 문장 안에서 명사처럼 쓰여 주어, 보어, 목적어 또는 전치사의 ❷ [ ] 역할을 할 수 있다.

답 ❶ 동명사 ❷ 목적어

대표 예제 4

다음 두 문장의 의미가 같도록 빈칸에 알맞은 말을 쓰시오.

© Sergey Novikov/shutterstock

> To learn foreign languages is not easy.
> = ______ ______ ______ ______ to learn foreign languages.

Tip

to부정사구가 주어일 때, 대개 ❶ [ ] 을 주어 자리에 쓰고 진주어인 to부정사구는 ❷ [ ] 로 보낸다.

답 ❶ 가주어 it ❷ 뒤

>> 정답과 해설 37쪽

대표 예제 5

다음 중 밑줄 친 to부정사의 쓰임이 나머지 넷과 다른 것은?

① He bought some flour to bake bread.

② I remember to hand in my report.

③ She visited the school to meet Jade.

④ They practiced hard to pass the audition.

⑤ I went to the bathroom to wash my hands.

Tip

to부정사는 명사, 형용사, ❶ ______ 처럼 쓰여 문장에서 주어, 보어, ❷ ______ 또는 수식어 역할을 한다.

답 ❶부사 ❷목적어

대표 예제 6

우리말을 영어로 옮길 때 빈칸에 들어갈 말로 알맞은 것은?

너는 나와 눈사람을 만들었던 것을 잊었니?
➡ Did you forget ______ a snowman with me?

① make ② made ③ to make ④ making ⑤ for making

Tip

forget은 to부정사와 동명사를 모두 목적어로 쓸 수 있지만, 「forget+to부정사」는 '(앞으로) ❶ ______ 을 잊다'의 의미이고 「forget+동명사」는 '(과거에) ❷ ______ 을 잊다'의 의미이다.

답 ❶~할 것 ❷~한 것

대표 예제 7

주어진 표현을 이용하여 우리말을 영어로 옮기시오.

© Tuzemka/shutterstock

나는 기타 연주하는 것을 자주 연습한다.
(often, practice, play the guitar)

➡ ______________________

Tip

동명사는 ❶ ______ 처럼 문장에서 주어, 보어, 목적어, 전치사의 ❷ ______ 역할을 할 수 있다.

답 ❶명사 ❷목적어

대표 예제 8

다음 중 밑줄 친 부분의 쓰임이 어법상 어색한 것은?

① She denied to lie about her friends.

② I like to jog in the evening.

③ Joe began to play his favorite song.

④ They expected to watch shooting stars.

⑤ He refused to tell the police the truth.

Tip

to부정사를 목적어로 쓰는 동사와 ❶ ______ 를 목적어로 쓰는 동사를 구분해야 한다.

답 ❶동명사

교과서 대표 전략 ❶

대표 예제 9

그림을 보고, 주어진 단어를 이용하여 원급 비교 문장을 완성하시오.

(1) The pink cup is ______________ the gray one. (large)

(2) The gray cup is ______________ the pink one. (expensive)

Tip

원급 비교는 형용사나 부사의 ❶ ______ 을 이용하여 「as+원급+as」로 쓰고, 부정 표현은 앞에 ❷ ______ 을 붙인다.

답 ❶ 원급 ❷ not

대표 예제 10

다음 〈조건〉에 맞게 우리말을 영어로 옮기시오.

조건
1. 원급 비교 표현을 포함할 것
2. drink water, often, can을 이용할 것
3. 명령문으로 쓸 것

가능한 한 자주 물을 마셔라.

➡ ______________________________

Tip

원급 비교는 「as+❶ ______ +as」로 쓴다. '가능한 한 ~한/~하게'라는 의미를 나타낼 때에는 원급 비교 표현 뒤에 possible을 쓰며, 「❷ ______ +can」으로 바꿔 쓸 수도 있다.

답 ❶ 원급 ❷ 주어

대표 예제 11

두 문장의 의미가 통하도록 주어진 단어를 이용하여 빈칸에 알맞은 말을 쓰시오.

My room is not as large as my sister's.
= My room is ________ ________ my sister's. (small)

Tip

「not as[so]+원급+as」는 원급 비교의 ❶ ______ 표현으로 '~❷ ______ …하지 않은/…하지 않게'라는 의미이고 「비교급+than」 형태로 바꿔 쓸 수 있다.

답 ❶ 부정 ❷ 만큼

대표 예제 12

우리말과 일치하도록 괄호 안의 단어를 이용하여 문장을 완성하시오.

오늘은 내 인생 최악의 날이었어. 내일은 오늘보다 나을 거야. (bad, good)

Today was ________ day of my life.
Tomorrow will be ________ than today.

Tip

비교급과 최상급의 불규칙 변화형을 알아두어야 한다. good/well은 각각 ❶ ______ 와 best로, bad/ill은 worse와 ❷ ______ 로 변화한다.

답 ❶ better ❷ worst

대표 예제 13

그림을 보고, 주어진 표현을 바르게 배열하여 문장을 완성하시오.

____
(Jake / Chris / much / than / is / taller)

Tip

비교급 비교는 「비교급+❶ ______」으로 쓰고 비교급을 강조할 때에는 앞에 ❷ ______, a lot, even, far 등을 쓴다.

답 ❶ than ❷ much

대표 예제 14

다음 두 문장을 한 문장으로 쓸 때 빈칸에 알맞은 말을 넣어 문장을 완성하시오.

- Mia is 16 years old.
- Lucas is 13 years old.

➡ Mia is ______________ Lucas. (old)

Tip

비교급 비교는 「비교급+❶ ______」의 형태이고 '~보다 더 … 한/…하게'의 의미이다. 비교급은 형용사나 부사의 끝에 -(e)r을 붙이거나, 앞에 ❷ ______를 써서 만든다.

답 ❶ than ❷ more

대표 예제 15

다음 표의 내용과 일치하도록 할 때 밑줄 친 ①~⑤ 중, 어법상 어색한 것은?

	chimpanzee	elephant	dolphin
IQ	60	150	190

① A dolphin ② is ③ smarter ④ animal ⑤ of the three.

Tip

두 대상의 우위를 비교할 때 「비교급+❶ ______」을 이용한다. 또한 셋 이상을 비교할 때 「the+❷ ______」을 이용하고 뒤에 비교 범위를 쓴다.

답 ❶ than ❷ 최상급

대표 예제 16

우리말과 일치하도록 주어진 표현을 바르게 배열하여 문장을 완성하시오. (단, 필요 없는 것 하나를 제외할 것)

We only sell ______________________.
(freshest / seafood / most / the / in this area)

Tip

'~에서 ❶ ______ …한/…하게'라는 의미를 나타낼 때 「the+❷ ______(+명사)+in/of+명사(구)」 형태의 최상급 비교 표현을 이용한다.

답 ❶ 가장 ❷ 최상급

교과서 대표 전략 ❷

1 다음 중 밑줄 친 to부정사의 쓰임이 〈보기〉와 같은 것은?

보기
Would you like something to drink?

① He needs to get a haircut.
② They found a place to stay.
③ It is important to tell your story.
④ My dream is to build my own house.
⑤ I hope to see my parents as soon as possible.

Tip
〈보기〉의 to부정사는 앞의 대명사 ❶ ______ 을 뒤에서 수식하는 ❷ ______ 로 쓰였다.

답 ❶ something ❷ 형용사

2 우리말과 일치하도록 주어진 표현을 바르게 배열하여 문장을 완성하시오. (단, 필요할 경우 형태를 바꿀 것)

(1) 밖에서 일하는 것은 이곳 누구에게나 매우 힘들다.
➡ ______________________________
here. (work outside / anyone / very hard / is / for)

(2) 그들은 춤추는 것을 연습하기를 원했다.
➡ ______________________________
(they / dance / wanted / practice)

Tip
「to+동사원형」 형태인 to부정사와 「동사원형+-ing」 형태인 동명사는 ❶ ______ 처럼 쓰여 문장의 주어, 보어, ❷ ______ 역할을 할 수 있다.

답 ❶ 명사 ❷ 목적어

3 다음 글의 밑줄 친 부분의 형태로 알맞은 것이 순서대로 바르게 짝지어진 것은?

© Alan L Meakin/shutterstock

I remember travel in Sydney with my family. It was a wonderful place visit. I hope go there again.

① travel … visit … go
② to travel … visiting … to go
③ to travel … to visit … going
④ traveling … to visit … to go
⑤ traveling … visiting … going

Tip
remember는 목적어가 ❶ ______ 일 때와 to부정사일 때 의미에 차이가 있다. 또한 to부정사는 명사처럼 문장의 목적어 역할을 하거나 명사를 수식하는 ❷ ______ 처럼 쓰일 수 있다.

답 ❶ 동명사 ❷ 형용사

4 다음 우리말과 일치하도록 할 때 not이 들어갈 위치로 알맞은 곳은?

우리는 그 영화를 보지 않기로 결정했다.
➡ (①) We (②) decided (③) to see (④) the movie (⑤).

Tip
to부정사의 부정은 to부정사 ❶ ______ 에 not이나 ❷ ______ 를 써서 나타낸다.

답 ❶ 앞 ❷ never

5 다음 우리말을 영어로 옮긴 문장에서 어법상 어색한 부분을 고쳐 문장을 다시 쓰시오.

우리에게 앉을 의자 몇 개를 가져다주세요.
➡ Please bring us some chairs to sit.

➡ ______________________________

Tip
형용사로 쓰인 to부정사의 수식을 받는 명사가 전치사의 ❶ ______일 때, to부정사 ❷ ______에 전치사를 쓴다.

답 ❶ 목적어 ❷ 뒤

6 그림을 보고, 주어진 단어를 이용하여 문장을 완성하시오.

(1) An apple is ______________ fruit in the store. (cheap)

(2) A melon is ______________ fruit in the store. (expensive)

(3) A mango is ______________ than a peach. (expensive)

(4) Three apples are ______________ than two peaches. (cheap)

Tip
'가장 ~한/~하게'라는 의미를 나타낼 때 형용사나 부사의 ❶ ______을 쓰고, '~보다 더 …한/…하게'라는 의미를 나타낼 때 ❷ ______을 쓴다.

답 ❶ 최상급 ❷ 비교급

[7~8] 다음 영수증을 보고, 물음에 답하시오.

J's Stationery

Item name		
pencil	5	3.00
ruler	2	4.00
eraser	4	2.00
notebook	1	1.00
glue	1	1.00
total		$11.00

▲ Noah's receipt

J's Stationery

Item name		
pencil	2	1.20
ruler	1	2.00
eraser	3	1.50
notebook	6	6.00
candy	1	0.30
total		$11.00

▲ Victoria's receipt

7 〈보기〉에서 알맞은 말을 골라 두 사람의 말을 완성하시오.

Noah: I bought ________ pencils than Victoria, and she bought more ________ than I did.

Victoria: I bought ________ erasers than Noah, and he bought more ________ than I did.

보기
more rulers fewer notebooks

Tip
두 사람의 영수증을 비교하여 어떤 항목을 누가 더 많이 샀는지 파악한 뒤 '~보다 더 …한/…하게'라는 의미의 「비교급+❶ ______」으로 나타낸다.

답 ❶ than

8 영수증 내용과 같도록 주어진 표현을 바르게 배열하여 문장을 완성하시오.

as / Noah / spent / much money / as

➡ Victoria ______________________________.

Tip
두 대상의 성질이나 상태의 정도가 ❶ ______을 나타낼 때 「as+❷ ______+as」 형태의 원급 비교 표현을 쓴다. 이때 형용사의 원급 뒤에 명사가 올 수도 있다.

답 ❶ 같음 ❷ 원급

2주 누구나 합격 전략

1 다음 빈칸에 공통으로 들어갈 말로 알맞은 것은?

- My job is ________ care of them.
- I don't want ________ a picture.

① take ② takes ③ taking
④ to take ⑤ to taking

2 다음 우리말과 일치하도록 네모 안에서 알맞은 것을 고르시오.

Evans 씨는 부서진 문을 수리하려고 애썼다.
➡ Mr. Evans tried [to fix / fixing] the broken door.

3 다음 우리말과 일치하도록 주어진 표현을 바르게 배열하여 문장을 완성하시오.

이 영화는 저것보다 훨씬 더 재미있다.
(interesting / much / than / more)

➡ This movie is ________________ that one.

4 다음 중 밑줄 친 부분이 어법상 어색한 것은?

① The sun is brighter than the moon.
② The dog walked faster than her owner.
③ My bicycle is newer than my brother's.
④ Today won't be worse than yesterday.
⑤ This question looks more easier than that one.

5 〈보기〉와 같이 주어진 표현을 이용하여 그림 속 물건을 사용하는 목적을 나타내는 문장을 완성하시오.

보기

I use my smartphone to manage my time.
(manage my time)

(1)

I use my laptop ________________.
(surf the Internet)

(2)

I use my bike ________________.
(get around)

>> 정답과 해설 39쪽

6 다음 중 밑줄 친 부분의 쓰임이 나머지 넷과 다른 것은?

① We have a mission to complete.

② She has a lot of homework to do.

③ Daniel has many friends to help him.

④ We talked with him about items to sell.

⑤ I hope to visit Jeju-do.

7 두 문장이 같은 뜻이 되도록 빈칸에 알맞은 말을 쓰시오.

(1) To build a house in a day is impossible.
= ________ is impossible ________ ________ a house in a day.

(2) Jake ran fast to catch the bus.
= Jake ran fast ________ ________ ________ ________ the bus.

8 다음 그림을 보고, 괄호 안의 단어를 이용하여 비교하는 문장을 완성하시오.

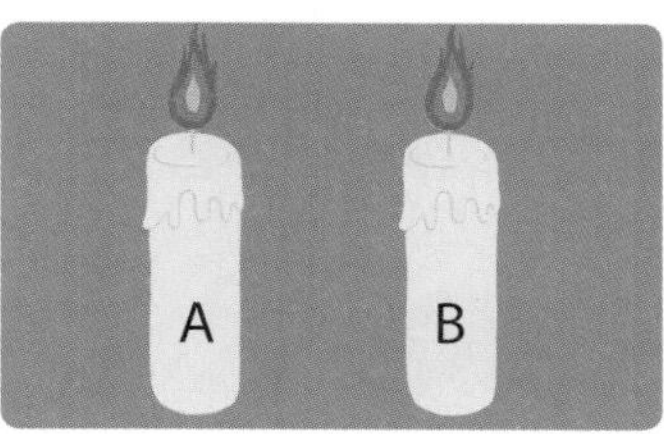

Candle A is ____________ Candle B. (short)

9 다음 우리말과 일치하도록 동사 see를 이용하여 두 사람의 대화를 완성하시오.

A: I was happy ______________.
B: I hope ______________ again soon.

10 다음 대화의 밑줄 친 우리말과 일치하도록 주어진 표현을 이용하여 문장을 완성하시오.

A: What are you interested in?
B: (1) 나는 사진을 찍는 것에 관심이 있어. I like to take pictures outside. What about you?
A: Oh, I love dancing. (2) 나는 종종 팝 음악에 맞춰 춤을 추는 것을 즐겨.

(1) I'm interested in ______________________.
(take pictures)

(2) I often enjoy ______________________.
(dance to pop music)

2주 창의·융합·코딩 전략 ❶

A 지시에 따라 그림에서 알맞은 것을 고르시오.

1 

Will you lend me the longest pencil of the five?

© adempercem/shutterstock

2 

Cut the tallest tree in the forest.

© Nosyrevy/shutterstock

3 

You have to scout the fastest runner in that group.

© Jemastock/shutterstock

4 

Why don't you buy the biggest toy on the shelf?

© BlueRingMedia/shutterstock

Tip

「the+최상급(+명사)」는 '❶ ______ ~한 (명사)'의 의미로 셋 이상을 비교해서 성질이나 상태의 정도가 가장 ❷ ______ 것을 나타낼 때 쓴다.

답 ❶ 가장 ❷ 높은

>> 정답과 해설 40쪽

B 다음 그림을 보고, 〈보기〉에서 알맞은 표현을 골라 공원에 있는 사람들의 행동을 묘사하는 문장을 완성하시오. (단, to부정사나 동명사를 이용할 것)

보기

play soccer　　ride a bike　　jog　　fly his kite　　inline skate

1 The boy on his father's shoulders wants ______________________.

2 The boys enjoy ______________________ in the park.

3 The father and the daughter come to the park ______________________.

4 The woman comes to the park ______________________.

5 The woman practices ______________________ by herself.

Tip

동명사와 to부정사는 명사처럼 ❶ ________ 역할을 할 수 있지만, 둘 중 하나만 목적어로 쓰거나 의미가 달라지는 동사도 있다. ❷ ________ 는 부사처럼 쓰여 '~하기 위해(목적)'의 의미를 나타낼 수 있다.

답 ❶ 목적어 ❷ to부정사

2주 창의·융합·코딩 전략 ❷

C 그림에 관한 두 사람의 대화를 완성하시오.

1

Which line is longer than the other?

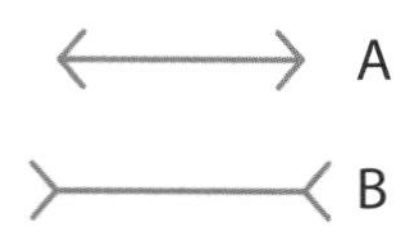

Umm... I think B is ________ than A.

I'm afraid you're wrong. B is ________ ________ ________ A.

Really? Are they the same? That's interesting!

2

Mountain B looks much ________ ________ Mountain A.

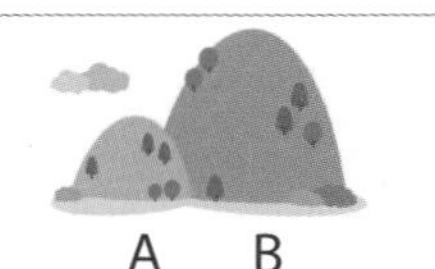

Right. Mountain B is twice as ________ as Mountain A.

How high are they?

Mountain ________ is 800 m high, and Mountain ________ is 1,600 m high.

Tip

두 대상을 비교하여 둘 중 하나의 정도가 높을 때는 「❶ ________ +than」을 쓰고, 두 대상의 정도가 같을 때는 「as+❷ ________ +as」를 쓴다.

답 ❶ 비교급 ❷ 원급

>> 정답과 해설 40쪽

D Betty가 챙긴 캠핑용 물품을 보고, 알맞은 표현이 쓰인 카드를 골라 Betty의 말을 완성하시오. (단, 필요할 경우 형태를 바꿀 것)

© Getty Images Bank

First, I packed some towels and a first-aid kit. I also packed a ball (1) ____________ and a cap (2) ____________ from the sunlight. I packed a map and a compass. I need them (3) ____________ in the forest. I will also bring a camera (4) ____________. I will wear a T-shirt, shorts, and sneakers.

play with	take photos
find directions	protect my skin

Tip

동사를 이용해 형용사처럼 명사를 ❶ ____ 하거나, 부사처럼 목적 등을 나타내는 의미를 더할 때에는 동사원형 앞에 ❷ ____ 를 써서 to부정사를 만든다.

답 ❶ 수식 ❷ to

BOOK 2 마무리 전략

적중 1 문장의 형식과 종류를 알아두자.

적중 2 접속사의 종류와 쓰임을 알아두자.

1형식 문장은 「주어+동사」로 의미가 성립해.

2형식 문장은 「주어+동사+주격 보어」이고, 3형식 문장은 「주어+동사+목적어」야.

4형식 문장은 「주어+동사+간접목적어+직접목적어」이고, 5형식 문장은 「주어+동사+목적어+목적격 보어」야.

형용사, 부사 등의 수식어도 함께 올 수 있지만, 수식어는 문장의 형식에 영향을 주지 않아.

명령문은 명령하거나 요청하는 문장이고, 동사원형으로 시작해.

감탄문은 감정을 강하게 나타내는 문장이고, What 또는 How로 시작해.

의문문은 요청하는 정보에 따라 의문문(Yes/No), 의문사 의문문, 부가의문문 등을 사용해.

부가의문문은 앞 문장이 긍정문이면 부정형으로, 부정문이면 긍정형으로 써야 해.

등위접속사는 문법적으로 같은 성격의 단어, 구, 절을 연결해 주고, and, or, but, so 등이 있어.

종속접속사는 「접속사+주어+동사 ~」 형태의 종속절을 주절에 연결해 주고, that이나 when, before, after, because 등이 있어.

종속접속사 that은 명사절을 이끌고, when, before, after, because 등은 시간, 이유 등을 나타내는 부사절을 이끌어.

명사절은 주어, 목적어, 보어 역할을 하기 때문에 명사절이 없으면 문장이 불완전해.

적중 3 to부정사와 동명사의 형태와 문장 속 역할을 알아두자.

적중 4 비교 구문을 알아두자.

비교급을 강조할 때 much, far, a lot, even 등을 이용할 수 있어.

형용사/부사의 최상급을 이용하여 특정 범위에서 가장 정도 차이가 큰 하나를 나타낼 수 있어.

GOOD JOB!

형용사/부사의 비교급을 이용하여 두 대상의 우위를 나타낼 수 있어.

형용사/부사의 원급을 이용하여 두 대상의 정도가 같거나 같지 않음을 나타낼 수 있어.

to부정사는 동명사와 달리 형용사나 부사처럼 수식어 역할도 할 수 있어.

목적어로 동명사와 to부정사를 구별해서 쓰는 동사들에 주의해야 해.

동사는 형태를 바꿔 문장 속에서 다양한 역할을 할 수 있어.

동사원형에 -ing를 붙인 동명사는 명사처럼 문장에서 주어, 보어, 목적어, 전치사의 목적어 역할을 할 수 있어.

「to+동사원형」 형태의 to부정사는 명사처럼 문장에서 주어, 목적어, 보어 역할을 할 수 있어.

신유형·신경향·서술형 전략

1 주어, 동사, 목적어, 보어를 표시한 뒤, 문장을 끊어 읽고 해석하시오.

sample

We / met / Peter / at the airport.
주어 동사 목적어

➡ 우리는 공항에서 Peter를 만났다.

(1)

Christmas is my favorite holiday.

➡ ______

(2)

Mom made me a carrot cake yesterday.

➡ ______

(3)

Sandy goes to the same school as her twin sister.

➡ ______

Tip

주어는 '~은/는', 동사는 '~이다/~하다', ❶ ______ 는 '~을/를' 또는 '~에게'로 해석하고, 보어는 주어 또는 목적어를 ❷ ______ 한다.

답 ❶ 목적어 ❷ 보충 설명

2 네모 안에서 알맞은 말을 고르고, 이유를 쓰시오.

sample

He / His likes action movies.

➡ 정답: He

➡ 이유: 주어 자리이므로 주격 인칭대명사가 알맞다.

(1)

Dad helped me / my with my homework.

➡ 정답: ______

➡ 이유: ______

(2)

Honey tastes really sweetly / sweet .

➡ 정답: ______

➡ 이유: ______

(3)

We found the new TV show interesting / interest .

➡ 정답: ______

➡ 이유: ______

Tip

주어와 목적어 자리에는 명사나 ❶ ______ 가 오고, 보어 자리에는 명사 또는 ❷ ______ 가 온다.

답 ❶ 대명사 ❷ 형용사

>> 정답과 해설 41쪽

3 주어진 표현 중 불필요한 하나를 제외한 나머지를 바르게 배열하여 문장을 완성하시오.

sample

your / favorite / is / who / singer / does

➡ Who is your favorite singer?

(1)

ate / you / breakfast / did / what / for / eat

➡ ______________________

(2)

an / how / is / intelligent / woman / what / she

➡ ______________________

(3)

what / this / difficult / is / puzzle / how

➡ ______________________

Tip

의문사가 있는 일반동사의 의문문은 「의문사+do[does/did]+주어+❶ ______ ~?」 형태이고, 감탄문은 「What(+a/an)+형용사+❷ ______ (+주어+동사)!」 또는 「How+형용사/부사(+주어+동사)!」 형태이다.

답 ❶ 동사원형 ❷ 명사

4 알맞은 접속사를 이용하여 두 문장을 한 문장으로 쓰시오.

sample

Four-leaf clovers bring good luck.

Some people believe it.

➡ Some people believe that four-leaf clovers bring good luck.

(1)

Ms. Wilson couldn't sleep well.

She drank a lot of coffee in the evening.

➡ ______________________

(2)

I called Tom last night.

He was taking a shower then.

➡ ______________________

Tip

주어, 목적어, 보어 역할을 하는 명사절을 만들 때 접속사 ❶ ______ 을 이용하고, 시간, ❷ ______ 를 나타내는 부사절을 만들 때 when, because 등을 이용한다.

답 ❶ that ❷ 이유

5 주어진 문장을 지시대로 바꿔 쓸 때, ★ 표시된 부분에 들어갈 단어가 무엇인지 쓰시오.

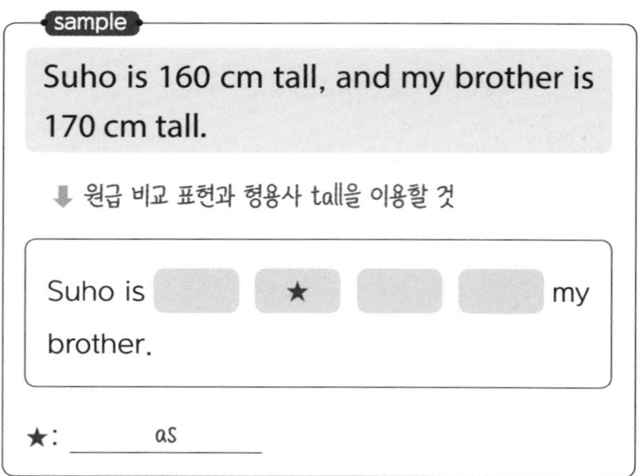
sample

Suho is 160 cm tall, and my brother is 170 cm tall.

⬇ 원급 비교 표현과 형용사 tall을 이용할 것

Suho is ___ ★ ___ ___ my brother.

★: as

(1)

Suji scored five goals, Kelly scored two, and Amy scored three.

⬇ 최상급 비교 표현과 형용사 many를 이용할 것

Suji ___ ___ ★ ___ ___ the three.

★: ______

(2)

I come home at 4 p.m., and my sister comes home at 6 p.m.

⬇ 비교급 비교 표현과 부사 early를 이용할 것

I ___ ___ ★ ___ my sister.

★: ______

Tip

원급 비교는 「as+원급+as」로 쓰고, 부정 표현은 앞에 not을 쓴다. 비교급 비교는 「비교급+❶ ______」으로 쓰고, 최상급 비교는 보통 「the+최상급」으로 쓰며 뒤에 비교 ❷ ______를 나타내는 어구가 온다.

답 ❶ than ❷ 범위

6 주어진 표현 중 필요한 것만 골라 바르게 배열하여 우리말과 같은 문장을 완성하시오.

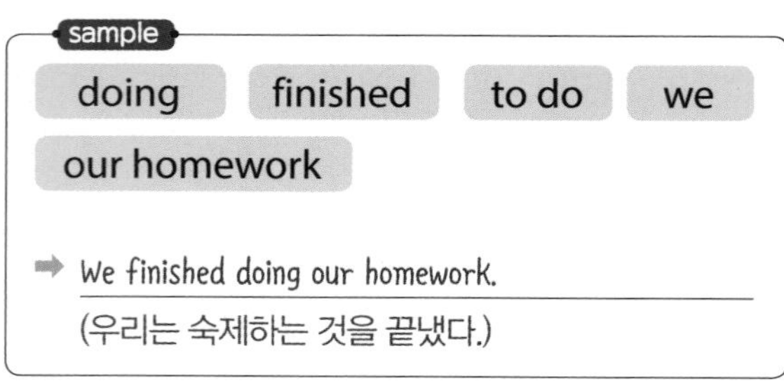
sample

doing | finished | to do | we | our homework

➡ We finished doing our homework.

(우리는 숙제하는 것을 끝냈다.)

(1)

on the sea | a soccer field | making | they | to make | decided

➡ ______

(그들은 바다 위에 축구장을 만들기로 결정했다.)

© Naypong Studio/shutterstock

(2)

recommend | to try | on a cold day | ice cream | trying | I

➡ ______

(나는 추운 날 아이스크림을 먹어 보기를 권한다.)

Tip

decide는 ❶ ______를 목적어로 쓰는 동사이고, recommend는 ❷ ______를 목적어로 쓰는 동사이다.

답 ❶ to부정사 ❷ 동명사

>> 정답과 해설 41쪽

7 그림을 보고 괄호 안의 표현을 알맞은 형태로 빈칸에 넣어 문장을 완성하시오. (단, 현재시제 문장으로 완성할 것)

sample

She goes to the library to borrow books.
(go to the library, borrow books)

(1)

The boy ________________.
(be excited, win the race)

(2)

He decides ________________.
(stop, eat unhealthy food)

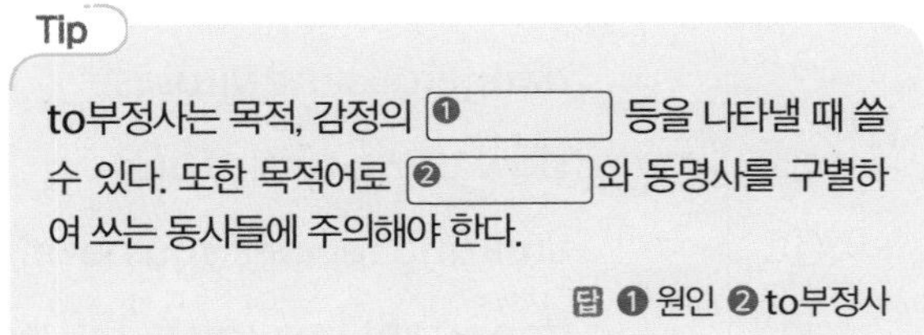

Tip

to부정사는 목적, 감정의 ❶______ 등을 나타낼 때 쓸 수 있다. 또한 목적어로 ❷______와 동명사를 구별하여 쓰는 동사들에 주의해야 한다.

답 ❶ 원인 ❷ to부정사

8 주어진 표현을 바르게 배열하여 우리말과 같은 문장을 완성하시오. (단, 필요할 경우 형태를 바꿀 것)

sample

thank / welcome / us / for / we / you

➡ We thank you for welcoming us.
(우리를 환영해 주어서 당신께 감사합니다.)

(1)

the air conditioner / you / turn off / mind / do

➡ ________________
(에어컨을 꺼도 될까요?)

(2)

safe / it / wild mushrooms / is / eat / not

➡ ________________
(야생 버섯을 먹는 것은 안전하지 않다.)

Tip

동사가 주어, 목적어, 보어 자리에 오려면 ❶______처럼 쓰일 수 있도록 동명사 또는 ❷______로 형태를 바꿔야 한다.

답 ❶ 명사 ❷ to부정사

적중 예상 전략 | ❶

1 다음 문장의 빈칸에 들어갈 수 없는 것은?

Your dog looks ________.

① happy ② cute ③ healthy
④ friendly ⑤ bravely

2 다음 중 문장의 형식이 나머지 넷과 다른 것은?

① Dad is in the kitchen.
② Tina swims very fast.
③ The little boy jumped with joy.
④ There is a swing in my backyard.
⑤ Allen and Jessica became friends.

3 다음 중 문장의 형식이 〈보기〉와 같은 것은?

보기
Jennifer made me a bookmark.

① My cat makes me happy.
② Ava became a programmer.
③ I sent Liam a thank you note.
④ Tom makes chocolate chip cookies.
⑤ Mom teaches math at a high school.

4 다음 중 빈칸에 들어갈 말이 나머지 넷과 다른 것은?

① ________ big the fish is!
② ________ dangerous the virus is!
③ ________ slow these turtles are!
④ ________ amazing recipes you have!
⑤ ________ important healthy habits are!

>> 정답과 해설 42쪽

5 다음 중 어법상 어색한 것은?

① Keep your promise.

② Don't be waste your time.

③ Never be late for dinner.

④ Put the trash in the trash can.

⑤ Don't worry about it too much.

6 다음 중 밑줄 친 부분이 어법상 어색한 것은?

① They are not rich, are they?

② Amy made this sandwich, does she?

③ Jack doesn't speak French, does he?

④ You can't eat kimchi, can you?

⑤ They were happy yesterday, weren't they?

7 다음 중 밑줄 친 부분의 쓰임이 어색한 것은?

① Ants are small but strong.

② You need an umbrella or a raincoat.

③ I bought some pens and notebooks.

④ Which color do you like, red and blue?

⑤ We will have pizza or hamburgers for lunch.

8 다음 빈칸에 들어갈 접속사를 순서대로 바르게 짝지은 것은?

• He cried a lot ________ he lost his bike.
• Please give me a call ________ you visit me.

① that … before
② after … that
③ so … before
④ when … because
⑤ because … before

적중 예상 전략 | ①

9 다음 우리말과 일치하도록 「There+be동사 ~.」를 이용하여 문장을 완성하시오.

바구니에 사과 2개와 바나나 4개가 있다.

➡ ______________________ in the basket.

10 다음 문장을 3형식으로 바꿔 쓰시오.

His parents bought him a drone.

➡ ______________________

11 다음 주어진 표현을 바르게 배열하여 질문을 완성하시오.

A: (take / the train station / does / how long / to / it)?
B: About twenty minutes by bus.

➡ ______________________

12 다음 문장을 지시대로 바꿔 쓰시오.

This is a very beautiful painting.
(What으로 시작하는 감탄문으로)

➡ ______________________

13 알맞은 접속사를 이용하여 다음 두 문장을 한 문장으로 쓰시오.

- You will win the contest.
- I believe it.

➡ ______________________

14 다음 우리말과 일치하도록 주어진 표현을 바르게 배열하시오.

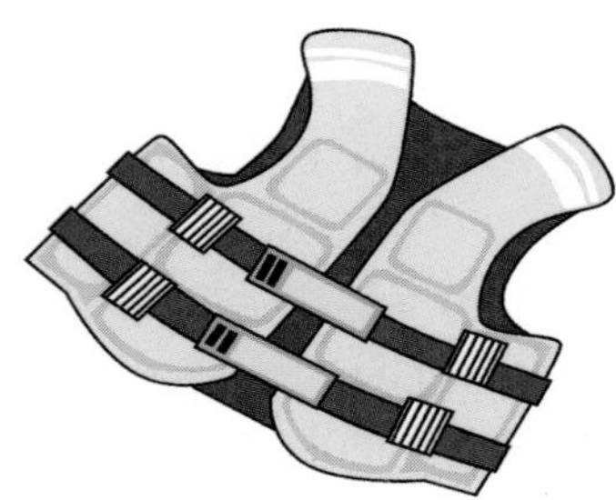

너는 보트를 탈 때 구명조끼를 입어야 한다.
(must / you / a life jacket / get on / when / the boat, / wear / you)

➡ ______________________

[15~16] 다음 글을 읽고, 물음에 답하시오.

When your friend wasn't nice to you, what did you do? Maybe you just walked away. (A) [When / Because] we watched a wild red fox, the fox did the same thing. While the two foxes were playing, the larger one pushed the little one too hard. The little one didn't like it. So she walked away. But soon we found (B) [that / so] the larger fox wanted to play with her. He ran to her, bowed down, and rolled over. We thought that he was so cute. Finally, (C) 작은 녀석은 그에게 또 한번의 기회를 주었다, and the larger one played with her gently this time.

15 (A)와 (B)에서 각각 알맞을 골라 쓰시오.

(A) ________ (B) ________

16 밑줄 친 (C)와 같은 뜻이 되도록 주어진 표현을 바르게 배열하시오.

chance / gave / the little one / another / him

➡ ________

[17~18] 다음 글을 읽고, 물음에 답하시오.

In a supermarket a man took dog food to the counter. The cashier asked, "ⓐ Is your dog here?" "No," the man said. "Sorry," she said, "You can't buy the dog food if you don't bring your dog. That's the rule." The next day, he returned to buy cat food. Again he couldn't buy it (A) 그가 자신의 고양이를 그 계산대 직원에게 데려오지 않았기 때문에. The next day, he walked into the store with a brown paper bag. He walked to the cashier and said, "ⓑ You put your hand in here." She said, "It's soft and warm. ⓒ What is it?" The man said, "Toilet paper, please."

* cashier 계산대 직원

17 밑줄 친 ⓐ~ⓒ 중, 어법상 어색한 문장을 찾아 바르게 고치시오.

________, ________

18 밑줄 친 (A)와 같은 뜻이 되도록 <조건>에 맞게 쓰시오.

조건
1. 알맞은 접속사를 추가할 것
2. bring, his cat, to를 포함하여 9단어로 쓸 것

➡ ________

적중 예상 전략 ❷

1 다음 중 그림 속 여학생이 한 말에서 밑줄 친 부분과 성격이 같은 것은?

① Planting trees is important work.
② My father's hobby is planting flowers.
③ What are they planting in the backyard?
④ They finished planting wheat in the field.
⑤ I'm interested in planting several plants.

2 다음 중 우리말 해석이 잘못된 것은?

① He ran into the forest to hide himself.
→ 그는 숨으려고 숲으로 뛰어 들어갔다.

② She took out some books to read.
→ 그녀는 읽을 책 몇 권을 꺼냈다.

③ I didn't expect to pass the audition.
→ 나는 오디션을 통과할 것을 기대하지 않았다.

④ The girl tried not to fall asleep.
→ 소녀는 잠들지 않으려고 애썼다.

⑤ Ethan was disappointed to know the result.
→ Ethan은 실망한 채로 그 결과를 알게 되었다.

3 다음 중 밑줄 친 부분의 역할이 나머지 넷과 다른 것은?

① My plan is to travel in cars.
② I hope to see you tomorrow.
③ We learned to say hello in Spanish.
④ Do you need to complain about it?
⑤ Cats like to watch birds out the window.

4 다음 글에서 밑줄 친 부분의 쓰임이 어색한 것의 개수는?

Mr. Wells didn't like ⓐ cooking. But he wanted ⓑ to make his daughter happy by ⓒ to cook something delicious for her. So he decided ⓓ practicing making her favorite food. He kept ⓔ to practice, and now he enjoys cooking.

① 1개　② 2개　③ 3개
④ 4개　⑤ 5개

>> 정답과 해설 44쪽

5 다음 표의 내용과 일치하도록 빈칸에 들어갈 도시 이름이 순서대로 바르게 짝지어진 것은?

	서울	대전	전주	목포
기온	17 ℃	20 ℃	15 ℃	22 ℃

Today, Daejeon is warmer than Seoul, and Seoul is warmer than ______. ______ is the warmest of the four cities.

① Daejeon … Jeonju
② Mokpo … Jeonju
③ Jeonju … Mokpo
④ Jeonju … Daejeon
⑤ Daejeon … Seoul

6 다음 우리말과 일치하도록 주어진 표현을 배열할 때 네 번째로 오는 것은?

디즈니랜드는 세계에서 가장 유명한 테마공원이다.
➡ ____________________
____
(the most / in / Disneyland / theme park / is / the world / famous)

① the most ② theme park
③ is ④ the world
⑤ famous

7 다음 중 그림의 내용과 일치하지 않는 것은?

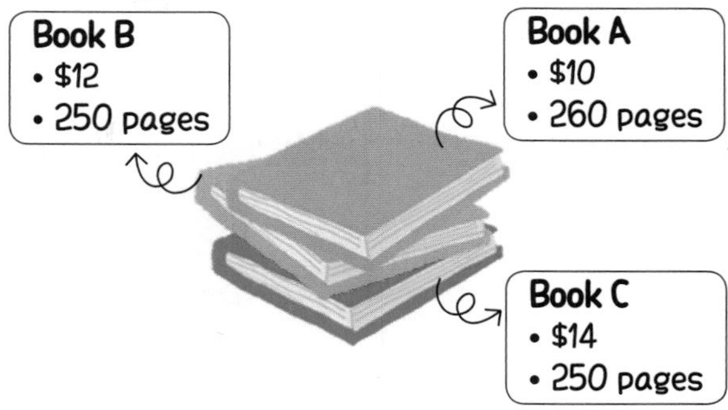

① Book A is the cheapest of the three books.
② Book C has more pages than Book A.
③ Book B has as many pages as Book C.
④ Book C is more expensive than Book B.
⑤ Book A has the most pages of the three books.

8 다음 중 어법상 어색한 것끼리 묶은 것은?

ⓐ This juice is more sweeter than honey.
ⓑ I walked as slowly as I could.
ⓒ It is the most boring movie of the year.
ⓓ I think pencils are as more useful as ball pens.
ⓔ Juwon built the highest building than those buildings.

① ⓐ, ⓑ, ⓓ ② ⓐ, ⓓ, ⓔ
③ ⓑ, ⓒ, ⓓ ④ ⓑ, ⓓ, ⓔ
⑤ ⓒ, ⓓ, ⓔ

9 다음 두 문장을 to부정사를 이용하여 한 문장으로 바꿔 쓰시오.

- Brian turned on the TV.
- He wanted to watch his favorite drama.

➡ Brian ______________________________.

10 다음 문장의 밑줄 친 단어를 알맞은 형태로 바꿔 쓰시오.

- I'm tired of ⓐ <u>listen</u> to loud music.
- The students were ⓑ <u>listen</u> to their teacher.

ⓐ ____________ ⓑ ____________

11 다음 남학생의 말과 의미가 통하도록 밑줄 친 동사의 알맞은 형태를 쓰시오.

In the Philippines, people eat noodles on their birthday ⓐ <u>live</u> a long life. They also hit piñatas ⓑ <u>break</u> bad luck.

ⓐ ____________ ⓑ ____________

12 다음 대화의 밑줄 친 우리말과 일치하도록 주어진 표현을 바르게 배열하시오.

A: Why don't you buy this backpack?
B: Well, <u>이 배낭이 저것보다 훨씬 더 비싸</u>.

that one / much / this backpack / than / more expensive / is

➡ ______________________________

13 다음 두 문장을 〈조건〉에 맞게 한 문장으로 바꿔 쓰시오.

- Henry texted his friend John.
- He forgot that he did it.

조건
1. 문장의 동사는 forget을 이용할 것
2. 과거시제로 쓸 것
3. 6단어의 완전한 문장으로 쓸 것

➡ ______________________________

14 다음 그림을 보고, 주어진 표현을 바르게 배열하여 문장을 완성하시오.

 ➡ 

a great musician / he / to be / grew up

➡ ______________________________

[15~16] 다음 글을 읽고, 물음에 답하시오.

© Getty Images Korea

Mr. Ottis: Hello, I live in the sea and along the coast. I eat, rest, and sleep in the water. I wrap myself in sea plants and hold hands with my friends. Can you guess why? I don't want (A) float away in the waves. (B) 파도는 때로 내게 산만큼 크다, but I'm not worried. I have friends!

15 밑줄 친 동사 (A)의 알맞은 형태를 쓰시오.

➡ ________

16 밑줄 친 (B)와 같은 뜻이 되도록 〈조건〉에 맞게 문장을 완성하시오.

조건
1. sometimes, big, mountains를 포함할 것
2. 원급 비교 표현을 이용할 것

➡ The waves are ________________ for me.

[17~18] 다음 대화를 읽고, 물음에 답하시오.

Ms. Song: This is an album by the Beatles. (A) 그것은 여러분보다 나이가 더 많아요. My dad gave me this album on my 13th birthday. I liked the songs on this album very much. My love for music started with this album. Now I'm a music teacher. So this album is special to me.

Jisu: I'll pay 5,000 won for it!

Hojun: You can't see my special item. Guess what? It's time. I'll give you two hours of my free time on Saturday. I can help you with your homework. I can take care of your pets. I can go shopping for you. I can also carry heavy things because I'm very strong.

Ms. Song: (B) 너는 나보다 힘이 세, right? I'll buy your time for 30,000 won.

17 밑줄 친 우리말 (A), (B)를 각각 다섯 단어로 영작하시오. (단, 주어진 형용사를 이용할 것)

(A) ________________
(old)

(B) ________________
(strong)

18 윗글의 내용과 일치하도록 주어진 표현을 이용하여 문장을 완성하시오.

The album by the Beatles is ________ ________ ________ ________ Hojun's time.
(expensive)

MEMO

book.chunjae.co.kr

교재 내용 문의 ······························ 교재 홈페이지 ▸ 중학 ▸ 교재상담
교재 내용 외 문의 ························ 교재 홈페이지 ▸ 고객센터 ▸ 1:1문의
발간 후 발견되는 오류 ················· 교재 홈페이지 ▸ 중학 ▸ 학습지원 ▸ 학습자료실

실력 향상 필수학습!
고득점을 예약하자!

구문

영어전략
중학 1

BOOK 3 정답과 해설

천재교육

영어전략

BOOK 1 정답과 해설

1주 동사와 조동사

해석 | 1 여: 김 선생님은 영어 선생님이야?
남: 아니, 그렇지 않아. 그녀는 과학 선생님이야.
2 여: 나는 작년 여름에 아름다운 해변에 방문했다. 해변 근처에는 놀이공원이 있었지만, 나는 그곳에 가지 않았다. 대신에, 나는 해변을 따라 걷고 석양을 보았다. 멋진 순간이었다. / a. 해변 b. 놀이공원
3 남: 지금 네 방을 청소해 줄래?
여: b. 아니요, 그럴 수 없어요. 저 면접에 늦었어요! / a. 네, 그럴게요.
4 〈수영장 규칙〉
• 안전 요원의 지시를 따라야 합니다.
• 수영모와 수경을 써야 합니다.
• 음식이나 마실 것을 수영장에 가져오면 안 됩니다.

1주 1일 개념 돌파 전략 ❶ pp. 8~11

개념 1 Quiz 해설 | (1) 주어가 She이므로 be동사의 현재형은 is가 알맞다.
(2) 주어 We가 복수이므로 be동사의 과거형은 were가 알맞다.
어휘 | classmate 급우, 반 친구

개념 2 Quiz 해설 | (1) 주어 My little brother가 3인칭 단수이므로 일반동사의 현재형은 「동사원형+-(e)s」 형태인 likes가 알맞다.
(2) 문장 뒤에 yesterday가 있으므로 일반동사의 과거형 studied가 알맞다.

1-2 (1) was (2) am 2-2 (1) drinks (2) played

1-2 해설 | (1) 주어 Yesterday가 3인칭 단수이고, 과거형이 필요하므로 was가 알맞다.
(2) 주어가 I이고 현재의 상황을 이야기하고 있으므로, am이 알맞다.
해석 | (1) 어제는 나의 생일이었다.
(2) 지금 나는 중학생이다.

2-1 해석 | A: 소미는 고양이를 아주 좋아해.
B: 나는 전에 그녀의 고양이들을 봤어.

2-2 해설 | (1) 주어 Mom이 3인칭 단수이므로 「동사원형+-(e)s」 형태인 drink 써야 한다.
(2) 과거의 일을 이야기하고 있으므로, 「동사원형+-(e)d」 형태인 played로 써야 한다.

개념 3 Quiz 해설 | (1) '~할 수 있다'라는 능력 · 가능의 의미를 나타내는 조동사는 can이다.
(2) '~할 것이다'라는 미래의 의미를 나타내는 조동사는 will이다.
(3) '~일지도 모른다'라는 약한 추측을 나타내는 조동사는 may이다.
어휘 | go on a trip 여행을 가다

개념 4 Quiz 해설 | (1) '~임에 틀림없다'라는 강한 추측의 의미를 나타내는 조동사는 must이다.
(2) '~해야 했다'는 과거이므로 must와 have to의 과거형 had to가 알맞다.
(3) '~하는 게 좋겠다'의 의미로 충고를 나타내는 조동사는 should이다.

3-2 (1) can (2) will 4-2 had to

3-2 해설 | 조동사 can이 능력 · 가능(~할 수 있다)의 의미로 쓰이면 be able to로, will이 미래(~일[할] 것이다)의 의미로 쓰이면 be going to로 바꿔 쓸 수 있다.
해석 | (1) 지나는 5개 국어를 할 수 있다.
(2) 우리는 바비큐 파티를 열 것이다.

4-2 해설 | '~해야 한다'라는 의미로 의무를 나타내는 조동사 must는 have to로 바꿔 쓸 수 있고, 과거형은 had to를 이용한다.

1주 1일 개념 돌파 전략 ❷ pp. 12~13

1 (1) is, 그 남자는 우체국에 있다. (2) were, Henry와 Noah는 그들의 새 집에 만족했다. (3) was, 새 한 마리가 내 머리 위에 있었다. 2 (1) like, 나는 수학과 과학을 좋아한다. (2) reads, 아빠는 신문을 읽으신다. (3) put, 아이는 한 시간 전에 양말을 세탁기에 넣었다. 3 (1) may be, 그 나

무는 건강하지 않을지도 모른다. (2) will move, 그녀는 토론토로 이사를 갈 것이다. (3) can communicate, 꿀벌은 서로 의사소통을 할 수 있다. 4 (1) should eat, 우리 아이들은 더 많은 채소를 먹어야 한다. (2) must come, Charles는 9시까지 돌아와야 한다. (3) had to leave, Jammy는 서둘러 떠나야 했다.

1 해설 | be동사의 현재형은 am/are/is이고, '~이다/~하다' 또는 '(~에) 있다'로 해석한다. 과거형은 was/were이고 '~이었다/~했다' 또는 '(~에) 있었다'로 해석한다.
(1) 주어가 3인칭 단수이므로, be동사의 현재형 is가 쓰였다.
(2) 주어가 복수이므로, be동사의 과거형 were가 쓰였다.
(3) 주어가 3인칭 단수이므로, be동사의 과거형 was가 쓰였다.

2 해설 | 일반동사의 현재형은 「동사원형(+-(e)s)」이고, 주로 '~한다'로 해석한다. 과거형은 「동사원형+-(e)d」 또는 불규칙 형태이고, 주로 '~했다'로 해석한다.
(1) 주어가 I이므로 일반동사의 현재형으로 동사원형 like가 쓰였다.
(2) 주어가 3인칭 단수이므로 일반동사의 현재형으로 「동사원형+-(e)s」 형태인 reads가 쓰였다.
(3) 일반동사의 과거형으로 put이 쓰였다. 동사 put은 현재형과 과거형이 같은 불규칙 동사이다.

3 해설 | 조동사 may가 추측의 의미로 쓰이면 '~일[할]지도 모른다'라고 해석하고, will이 미래의 의미로 쓰이면 '~일[할] 것이다'라고 해석한다. 조동사 can이 능력 · 가능의 의미로 쓰이면 '~할 수 있다'라고 해석한다.

4 해설 | 조동사 must와 should는 의무(~해야 한다), 충고(~하는 게 좋겠다) 등의 의미를 나타낸다. 의무를 나타내는 must의 과거형은 had to(~해야 했다)를 이용한다.

1주 2일 필수 체크 전략 ❶ pp. 14~17

전략 1 필수 예제

해설 | be동사의 부정문은 be동사 뒤에 not을 써서 만든다.
해석 | (1) 나는 선생님이 아니다.
(2) 어머, 너의 개는 상냥하지 않구나.
(3) 그는 유명한 뮤지컬 배우가 아니었다.
(4) 사과들은 테이블 위에 있지 않았다.

확인 문제

1 (1) is not[isn't] (2) am not (3) were not[weren't]
2 Junho and Mark are not on the same team.

1 해설 | (1) 주어 Chris가 3인칭 단수이므로 are not을 is not 또는 isn't로 고쳐야 한다.
(2) am not은 줄여 쓸 수 없다.
(3) 주어 Brian and Jack은 복수이므로 were not 또는 weren't로 고쳐야 한다.
해석 | (1) Chris는 화가 나지 않았다.
(2) 나는 외동아이가 아니다.
(3) Brian과 Jack은 반 친구가 아니었다.
어휘 | only child 외동(딸 · 아들)

2 해설 | be동사의 부정문이므로, 「주어(Junho and Mark)+be동사(are)+not」을 먼저 쓰고 뒤에 on the same team을 쓴다.

전략 2 필수 예제

해설 | be동사 과거형의 의문문은 「Was/Were+주어 ~?」이고, 주어 Sora and Mia가 복수이므로 의문문은 Were로 시작한다.
해석 | 소라와 미아는 지난 여름에 파리에 있었다.
⑤ 소라와 미아는 지난 여름에 파리에 있었니?

확인 문제

1 ① 2 Are you, No, I'm not

1 해설 | 주어가 3인칭 단수일 때 be동사 현재형의 의문문은 「Is+주어 ~?」이므로 주어진 문장을 의문문으로 쓰면 Is chicken pasta Lily's favorite food?가 된다. 따라서 두 번째로 오는 말은 주어인 chicken pasta이다.
해석 | 치킨 파스타는 Lily가 가장 좋아하는 음식이다. → 치킨 파스타는 Lily가 가장 좋아하는 음식인가요?

2 해설 | be동사의 의문문은 「be동사+주어 ~?」이고 부정의 대답은 「No, 주어+be동사+not.」이다. I am은 I'm으로 줄여 쓸 수 있다.

전략 3 필수 예제

해설 | 주어가 3인칭 단수일 때 일반동사 현재형의 부정문은 「주어+doesn't+동사원형 ~.」이고, 주어가 복수일 때는 「주어+don't+동사원형 ~.」이다.

해석 | •Sally는 지금 서울에 살지 않는다.
•Jaden과 나는 커피를 마시지 않는다.

확인 문제

1 ⓐ don't ⓑ didn't 2 did not [didn't] close

1 해설 | ⓐ 주어가 I인 일반동사 현재형의 부정문은 「I don't+동사원형 ~.」이다. ⓑ 일반동사 과거형의 부정문은 주어에 상관없이 「주어+didn't+동사원형 ~.」이다.
해석 | •나는 단 것을 좋아하지 않는다.
•Harry는 어제 학교에 걸어가지 않았다. 그는 버스를 탔다.

2 해설 | 동사 closed가 과거형이므로 일반동사 과거형의 부정문인 「주어+did not [didn't]+동사원형 ~.」으로 써야 한다.
해석 | 지호는 문을 닫았다. → 지호는 문을 닫지 않았다.

전략 4 필수 예제

해설 | B가 「Yes, 3인칭 단수 주어+does.」로 답했으므로, A는 주어가 3인칭 단수인 일반동사 현재형의 의문문 「Does+주어+동사원형 ~?」으로 질문했음을 알 수 있다.
해석 | A: Ben은 소셜 미디어를 이용하나요?
B: 네, 그래요.

확인 문제

1 Do, teach 2 Did Kathie eat pizza for lunch?

1 해설 | 주어가 복수(Roy and Troy)인 일반동사 현재형의 의문문은 「Do+주어+동사원형 ~?」으로 쓴다.
해석 | A: Roy와 Troy는 LA에서 태권도를 가르치나요?
B: 네, 그래요. 그들은 LA에서 태권도를 가르쳐요.

2 해설 | 일반동사 과거형의 의문문은 「Did+주어+동사원형 ~?」으로 쓴다.
해석 | Kathie는 점심에 피자를 먹었다. → Kathie는 점심에 피자를 먹었나요?

1주 2일 필수 체크 전략 ❷ pp. 18~19

1 ④ 2 ④ 3 ② 4 Are you ready 5 she didn't have any good ideas

1 해설 | be동사의 부정문은 「주어+be동사+not ~.」인데, ④의 빈칸은 be동사의 앞에 있으므로 not이 들어갈 수 없다.
해석 | ① 그는 중국 출신이 아니다.
② Noah와 Owen은 쌍둥이가 아니다.
③ 우리는 그때 꽃집에 없었다.
⑤ 그 소년들은 중학생이 아니었다.
어휘 | twins 쌍둥이 textbook 교과서 shelf 선반

2 해설 | 일반동사의 의문문은 「Do[Does]/Did+주어+동사원형 ~?」이다. 동사 take의 과거형인 took와 과거 표현 last semester가 쓰였으므로 의문문은 Did로 시작하고 주어 다음에는 동사원형을 쓴다.
해석 | Julie는 지난 학기에 이 교수님의 수업을 들었다.
④ Julie는 지난 학기에 이 교수님의 수업을 들었나요?
어휘 | take a class 수업을 듣다 professor 교수 semester 학기

3 해설 | 주어가 you인 일반동사 현재형의 의문문에 대한 대답은 Yes, I do. 또는 No, I don't.로 한다.
해석 | A: 당신은 규칙적으로 운동하나요?
B: 네, 그래요. 저는 매일 저녁에 체육관에 가요.
어휘 | work out 운동하다 regularly 규칙적으로

4 해설 | be동사 현재형의 의문문은 「Am/Are/Is+주어 ~?」이고, 대답은 「Yes, 주어+am/are/is.」 또는 「No, 주어+am/are/is+not.」으로 한다. 이어지는 대답이 No, I'm not.이므로, 질문은 Are you로 시작한다.
지문 해석 | 오늘은 중학교 첫날이다. 밖은 화창하다. 아빠는 문 앞에 계신다.
아빠: 지민아, 준비되었니?
지민: 아뇨, 안 되었어요.
아빠: 서둘러! 늦겠다!
나는 교복을 입는다. 머리를 빗는다. 나는 거의 준비가 되었다.

5 해설 | 일반동사 과거형의 부정문은 「주어+did not [didn't]+동사원형 ~.」으로 쓴다. 6단어로 써야 하므로 did not의 축약형 didn't를 이용한다.
지문 해석 | "여러분에게 세상에서 가장 아름다운 것을 그리세요. 미술 전시회가 다가오고 있어요."라고 미술 선생님께서 말씀하셨다. "나에게 가장 아름다운 것은 뭘까?" Nicole은 몇 시간 동안 생각했지만, 그녀는 좋은 생각이 떠오르지 않았다.

1주 3일 필수 체크 전략 ❶ pp. 20~23

전략 1 필수 예제

해설 | '~일 리가 없다'라는 부정 추측의 의미는 조동사 can의 부정형 cannot [can't]으로 나타낼 수 있다.

BOOK 1 정답과 해설

확인 문제

1 (1) cannot [can't] swim (2) may not be (3) will not [won't] take (4) are not [aren't] able to answer **2** It will not [won't] rain tomorrow.

1 해설 | (1) 조동사의 부정문은 조동사 뒤에 not을 써서 나타내므로, cannot [can't] swim으로 고쳐야 한다.
(2) may not은 줄여 쓰지 않으므로, may not be로 고쳐야 한다.
(3) 조동사의 부정문은 「주어+조동사+not+동사원형 ~.」이므로, takes를 take로 고쳐야 한다.
(4) 능력 · 가능을 나타내는 can의 부정형 cannot은 「be동사+not able to」로 바꿔 쓸 수 있으므로, are not [aren't] able to answer로 고쳐야 한다.
해석 | (1) Ella는 수영을 할 수 없다.
(2) 그것은 나쁜 생각이 아닐지도 모른다.
(3) 그는 택시를 타지 않을 것이다.
(4) 그들은 그 질문에 대답할 수 없다.

2 해설 | 조동사 will의 부정문은 「주어+will not [won't]+동사원형 ~.」이다.
해석 | 내일은 비가 올 것이다. → 내일은 비가 오지 않을 것이다.

전략 2 필수 예제

해설 | 조동사 will의 의문문은 「Will+주어+동사원형 ~?」이므로, 완성된 문장은 Will you go to the party tonight?이다. 따라서 세 번째로 오는 표현은 동사원형 go이다.

확인 문제

1 ⑤ **2** Can [Will] you open

1 해설 | 조동사 may의 의문문에 대한 대답은 「Yes, 주어+may.」 또는 「No, 주어+may not.」이고, 이어지는 대답에서 주차장이 꽉 찼다고 했으므로 부정의 대답이 알맞다.
해석 | A: 제가 여기에 주차해도 될까요?
B: 아니요, 안 됩니다. 주차장이 꽉 찼어요.

2 해설 | '~해 줄래?'라는 요청의 의미이므로 「Can you+동사원형 ~?」 또는 「Will you+동사원형 ~?」이 알맞다.

전략 3 필수 예제

해설 | (1) '~하면 안 된다'라는 금지의 의미이므로 must not이 알맞다.
(2) '~하지 않는 게 좋겠다'라는 의미이므로 should not이 알맞다.
(3) '~할 필요가 없다'라는 의미이므로 doesn't have to가 알맞다.

확인 문제

1 ⑤ **2** You must not make noise in the library.

1 해설 | '~할 필요가 없다'라는 불필요의 의미를 나타낼 때는 don't have to를 쓴다. 주어가 3인칭 단수인 she이므로 don't를 doesn't로 쓴다.
어휘 | charge 충전하다 laptop 노트북 (컴퓨터) full 가득한

2 해설 | 금지(~하면 안 된다)를 나타낼 때는 must의 부정문을 이용할 수 있으며 「주어(You)+must not+동사원형(make)」을 쓰고 뒤에 동사의 목적어인 noise와 부사구 in the library를 차례로 쓴다.
어휘 | make noise (시끄럽게) 떠들다

전략 4 필수 예제

해설 | 조동사 must의 의문문은 「Must+주어+동사원형 ~?」이고, 대답은 「Yes, 주어+must.」 또는 「No, 주어+must+not.」이다.
해석 | A: 제가 직접 지원서를 제출해야 하나요?
B: 네, 그래야 합니다.
어휘 | application 지원서 in person 직접 submit 제출하다

확인 문제

1 (1) Must we leave (2) Does Jane have to attend (3) Should I say sorry **2** No, you don't

1 해설 | (1) 조동사 must의 의문문은 「Must+주어+동사원형 ~?」이다.
(2) have to의 의문문은 「Do [Does]+주어+have to+동사원형 ~?」이다.
(3) 조동사 should의 의문문은 「Should+주어+동사원형 ~?」이다.
해석 | (1) 우리는 오늘 일찍 떠나야 하나요?
(2) Jane은 그 회의에 참석해야 하나요?
(3) 내가 그에게 먼저 미안하다고 말해야 할까?

2 해설 | have to의 의문문에 대한 대답은 do 또는 have to를 이용할 수 있다. 빈칸이 세 개이고, 이어지는 내용으로 보아 부정의 대답이 어울리므로, No, you don't가 들어가야 한다.
해석 | A: 제가 배달료를 지불해야 하나요?
B: 아니요, 그럴 필요 없습니다. 배달은 무료입니다.

1주 3일 필수 체크 전략 ❷ pp. 24~25

1 ③ 2 ③ 3 ④ 4 Viruses can't live here. / 바이러스는 여기에서 살 수 없다. 5 No, he [she] doesn't have to.

1 해설 | '할 수 있는 것'은 「can+동사원형」으로, '할 수 없는 것'은 「can't+동사원형」으로 나타내야 하므로, ③이 표의 내용과 일치한다.
해석 | ① Tyler는 춤을 못 춘다.
② Tyler는 수영을 할 수 있다.
③ 보미는 발레를 못 한다.
④ 보미는 수영을 못 한다.
⑤ Tyler와 보미는 발레를 할 수 있다.
어휘 | do ballet 발레를 하다

2 해설 | 먹이를 주면 안 된다는 의미의 표지판이므로 금지를 나타내는 must not을 써야 한다. don't have to는 불필요를 나타낸다.
해석 | ① 너는 동물들에게 먹이를 주지 않는다.
② 너는 동물들에게 먹이를 줘야 한다.
③ 너는 동물들에게 먹이를 주면 안 된다.
④ 너는 동물들에게 먹이를 줄 필요가 없다.
⑤ 너는 동물들에게 먹이를 주지 않을 것이다.
어휘 | feed 먹이를 주다

3 해설 | 조동사의 의문문에 대한 대답이 긍정이면 「Yes, 주어+조동사.」로, 부정이면 「No, 주어+조동사+not.」으로 한다. ④의 B는 No, you may not.으로 답해야 한다.
해석 | ① A: 전화 좀 받아주시겠어요?
B: 네, 그럴게요.
② A: 너의 카메라를 나에게 빌려줄 수 있니?
B: 물론, 빌려줄 수 있지.
③ A: 제가 티켓을 사야 합니까?
B: 아니요, 그럴 필요 없어요.
⑤ A: 아빠가 오늘 밤 우리와 함께 저녁을 먹을 수 있을까?
B: 응, 그는 함께 저녁을 먹을 수 있어.
어휘 | answer the phone 전화를 받다 lend 빌려주다

4 해설 | 능력 · 가능을 나타내는 조동사 can의 부정문은 「주어+cannot [can't]+동사원형 ~.」이다. 줄임말을 쓰라고 했으므로 can't를 이용하고, '(주어)가 ~할 수 없다'로 해석해야 한다.
지문 해석 | 남 씨는 남극에서 일 년을 보냈다. 그는 남극 장보고 과학기지에서 조리사로 일했다. 그는 그곳에서의 생활을 일기에 기록했다.

5월 30일
극야가 계속된다. 달과 별이 항상 하늘에 떠 있다. 나는 해가 그립다. 정말 춥지만, 난 감기에 걸리지 않는다. 바이러스는 여기에서 살 수 없다.

5 해설 | 의무 · 필요를 나타내는 have to의 의문문은 「Do [Does]+주어+have to+동사원형 ~?」이다. 교대로 리더 역할을 한다고 했으므로 부정의 대답인 No, he [she] doesn't have to.로 써야 한다.
지문 해석 | Gibson 부부: 늦가을에 날씨가 추워지면 우리는 더 따뜻한 나라로 이동해요. 우리는 리더를 따르고 V자 형태로 날아요. 리더는 우리를 이끌어야 하는데, 그것은 쉬운 일이 아니죠. 그래서 우리는 힘을 아끼기 위해 교대하며 앞장서요. 이런 식으로, 우리는 아주 멀리 이동할 수 있어요.
해석 | Q: 한 리더가 나머지를 끝까지 안내해야 하나요?
A: 아니요, 그럴 필요 없어요.

1주 4일 교과서 대표 전략 ❶ pp. 26~29

1 ④ 2 ④ 3 (1) was (2) wasn't 4 (1) build (2) grows 5 Mary does not [doesn't] buy things online. / Mary는 온라인으로 물건을 사지 않는다. 6 ②, ④ 7 (1) ⓒ, listens → listen (2) She doesn't shake her head. 8 ③ 9 ④, ⑤ 10 (1) must [should] not wait (2) doesn't have to wait 11 Do I have to explain it again? 12 (1) should not [shouldn't] sit (2) should not [shouldn't] take pictures (3) should not [shouldn't] cross the street 13 The club will perform at the school festival next month.

1 해설 | 빈칸 뒤에 be동사 are가 있으므로 빈칸에는 복수 주어가 와야 한다. He 뒤에는 is가 온다.
해석 | 우리는[그들은/너[너희]는/Jones 씨 부부는] 이 문제에 대해 궁금해한다.
어휘 | curious 궁금한 issue 주제, 문제

2 해설 | 이어지는 내용으로 보아 빈칸에는 부정형이 들어가야 한다. Kevin은 3인칭 단수이고, Whales는 복수이므로 각각 isn't와 aren't가 알맞다.
해석 | • Kevin은 키가 작지 않다. 그는 키가 크다.

•고래는 어류가 아니다. 그것들은 해양 포유동물이다.
어휘 | marine mammal 해양 포유동물

3 해설 | (1) 주어 your mother가 3인칭 단수이고, 10 years ago가 과거를 나타내므로, be동사의 과거형으로 was를 써야 한다.
(2) 빈칸 앞에 No가 있으므로 부정형 wasn't로 답해야 한다.
해석 | A: 미나야, 너의 어머니는 10년 전에 과학자셨니?
B: 아니, 그녀는 수의사셨어.
어휘 | vet 수의사 (= veterinarian)

4 해설 | (1) 주어가 We이므로 동사원형 그대로 build로 쓴다.
(2) 주어 Lucas가 3인칭 단수이므로 「동사원형+-(e)s」 형태인 grows로 쓴다.
어휘 | sandcastle 모래성 grow 기르다

5 해설 | 주어 Mary가 3인칭 단수이므로 부정문은 does not [doesn't]을 이용하고, '(주어)가 ~하지 않는다'로 해석해야 한다.
해석 | Mary는 온라인으로 물건을 산다.

6 해설 | 주어진 문장의 주어 Ian은 3인칭 단수이고, meet은 일반동사이다. ① meets not → doesn't meet ③ mets → met, 일반동사의 과거형에는 -(e)s를 붙이지 않는다. ⑤ Was → Did
해석 | Ian은 체육관에서 Rick을 만난다.
② Ian은 체육관에서 Rick을 만나니?
④ Ian은 체육관에서 Rick을 만나지 않았다.

7 해설 | (1) ⓒ 주어 people은 3인칭 복수이므로, 일반동사의 현재형으로 동사원형을 써야 한다. 따라서 listens를 listen으로 고쳐야 한다.
지문 해석 | 우리는 사촌의 학교에 와 있다. 그는 무대 위에서 바이올린을 연주하고, 사람들은 조용히 듣는다. 나는 내 자리에서 꼼지락거린다. 엄마의 손이 내 다리 위에 놓인다. 엄마는 고개를 저으신다. 나는 조용히 앉아 있다.

어휘 | stage 무대 seat 자리, 좌석 leg 다리 shake 흔들다
(2) 주어가 3인칭 단수일 때 일반동사의 부정문은 「주어+does not [doesn't]+동사원형 ~.」이고, 줄임말을 쓰라고 했으므로 shakes를 doesn't shake로 바꿔 쓴다.

8 해설 | ③의 조동사 can은 요청의 의미이고 나머지는 모두 능력 · 가능의 의미로 쓰였다.
해석 | ① 그녀는 체스를 할 수 있나요?
② 유나는 수화를 할 수 있다.
③ 뚜껑 좀 열어 줄래?
④ 그는 중국어를 잘 말할 수 있다.
⑤ 벌은 1초에 200번 날갯짓할 수 있다.
어휘 | play chess 체스를 하다 sign language 수화 cap 뚜껑 flap (날개를) 펄럭거리다

9 해설 | ① is → be ② plays → play ③ may park not → may not park
해석 | ① 그것은 사실일 리가 없다.
② Harley는 피아노를 칠 수 있나요?
③ 당신은 이곳에 주차를 하면 안 됩니다.
④ 내가 당신의 펜을 빌려도 될까요?
⑤ Jake는 내일 나를 방문하지 않을 것이다.
어휘 | park 주차하다

10 해설 | (1) '~하면 안 된다'라는 금지의 의미는 「must [should] not+동사원형」으로 나타낸다.
(2) '~할 필요가 없다'라는 불필요의 의미는 「don't [doesn't] have to+동사원형」으로 나타낸다.

11 해설 | have [has] to의 의문문은 「Do [Does]+주어+have to+동사원형 ~?」의 어순으로 쓴다.
해석 | 선생님: 다시 설명해야 하나요?
학생: 아니요, 그러실 필요 없어요.
어휘 | explain 설명하다

12 해설 | 그림 속 표지판이 금지를 나타내고 있으므로, should의 부정형 should not 또는 shouldn't를 이용하여 문장을 완성해야 한다.
해석 | (1) 당신은 벤치에 앉으면 안 된다.
(2) 당신은 미술관에서 사진을 찍으면 안 된다.
(3) 당신은 빨간 신호에 길을 건너면 안 된다.
어휘 | art museum 미술관 cross the street 길을 건너다

13 해설 | '~할 것이다'라는 의미로 미래를 나타내는 조동사 will을 이용하여 「주어(The club)+조동사(will)+동사원형(perform)」을 먼저 쓰고, 장소(at the school festival)와 시간(next month)을 차례로 쓴다.
지문 해석 | 예진이가 가장 좋아하는 취미는 춤이다. 그녀는 학교 춤 동아리의 새 회원이다. 회원들은 토요일마다 학교 체육관으로 와서 춤 동작을 연습한다. 요즘 예진이는 힙합 동작을 배우고 있다. 그 동아리는 다음 달에 학교 축제에서 공연할 것이다.
어휘 | perform 공연하다 festival 축제

교과서 대표 전략 ❷ pp. 30~31

1 ② 2 ④ 3 ⑤ 4 ① 5 May I pay 6 you don't have to 7 am, aren't, is 8 (1) Kate broke a dish last night. (2) Kate did not [didn't] break a dish last night. (3) Did Kate break a dish last night?

1 해설 | ② 의문문 Am I ~?에 대한 대답은 긍정일 때 Yes, you are.로, 부정일 때 No, you are not [aren't].으로 한다.
해석 | ① A: 당신은 피카소의 팬입니까?
B: 아니요. 저는 모네의 열렬한 팬이에요.
③ A: 저희 호텔에 처음 오셨나요?
B: 네, 맞아요.
④ A: 당신은 밴쿠버에서 태어났나요?
B: 아니요. 저는 시드니에서 태어났어요.
⑤ A: Betty가 10분 전에 여기 있었나요?
B: 네, 있었어요.

2 해설 | 일반동사 과거형의 부정문은 주어 뒤에 「did not [didn't]+동사원형」을 쓴다.
해석 | 민준이는 돌잔치에서 붓을 집었다. → ④ 민준이는 돌잔치에서 붓을 집지 않았다.

3 해설 | 조동사 will이 '~[일]할 것이다'라는 미래의 의미로 사용되면 be going to로 바꿔 쓸 수 있다. 주어에 따라 적절한 be동사를 쓰고, going to 뒤에 동사원형이 온다.
해석 | 나는 은행 계좌를 개설할 것이다.
어휘 | open a bank account 은행 계좌를 개설하다

4 해설 | 'TV에서 좀 떨어져 앉는게 좋겠다'라는 충고의 의미가 자연스러우므로 조동사 should가 알맞다.
해석 | A: Andy, 너는 TV 너무 가까이 앉아 있어. 좀 떨어져 앉는 게 좋겠다.
B: 알았어요.

5 해설 | Can I pay ~?가 '결제해도 되나요?'라는 '허가'의 의미를 나타내므로 May I pay ~?로 쓸 수 있다.
해석 | 신용카드로 결제해도 되나요?

6 해설 | have to의 의문문에 대한 대답으로 불필요(~할 필요가 없다)를 나타낼 때는 「No, 주어+don't have to.」 또는 「No, 주어+don't.」를 쓴다. I로 물었으니 you로 답한다.
해석 | A: 저는 지금 떠나야 하나요?
B: 아니요, 그럴 필요 없습니다. 여기서 10분밖에 걸리지 않아요.

7 해설 | be동사의 현재형은 주어의 인칭과 수에 맞게 am, are, is를 쓴다. be동사의 부정문은 be동사 바로 뒤에 not을 쓰고 is not은 isn't로, are not은 aren't로 줄여 쓸 수 있다.
지문 해석 | 선생님: 안녕하세요, 여러분. 저는 방정식입니다. 저는 수학을 가르칩니다. 어떤 학생들은 수학을 잘하지 못하겠지만, 걱정하지 마세요. 제 수학 수업은 재미있습니다!
어휘 | be good at ~을 잘하다

8 해설 | (1) 과거를 나타내는 last night이라는 표현이 나왔으므로 동사는 과거형(broke)으로 쓴다.
(2) 일반동사 과거형의 부정문은 「주어+did not [didn't]+동사원형 ~.」이다.
(3) 일반동사 과거형의 의문문은 「Did+주어+동사원형 ~?」이다.
해석 | (2) Kate는 어젯밤에 접시를 깨뜨리지 않았다.
(3) Kate가 어젯밤에 접시를 깨뜨렸니?
어휘 | break 깨뜨리다 (-broke-broken) dish 접시

누구나 합격 전략 pp. 32~33

1 ⑤ 2 ③ 3 ④ 4 ② 5 ②, ③, ④ 6 ④ 7 No, they can't. 8 began 9 saw, were, gave, was 10 (1) I will not [won't] go to the zoo again. (2) Will you go to the zoo again?

1 해설 | 과거를 나타내는 then, 5 years ago와 같은 표현이 쓰였으므로 동사를 과거형으로 써야 한다. 주어가 복수일 때 be동사의 과거형은 were로 쓴다.
해석 | • 몇몇 아이들이 그때 운동장에 있었다.
• Paul과 Ivy는 5년 전에 반 친구였습니까?

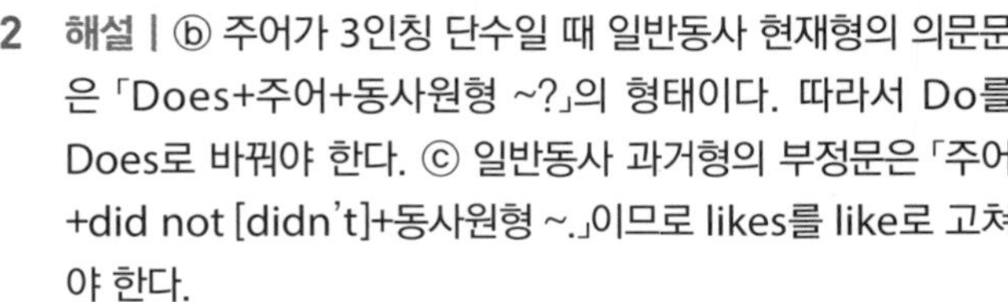

어휘 | playground 운동장

2 해설 | ⓑ 주어가 3인칭 단수일 때 일반동사 현재형의 의문문은 「Does+주어+동사원형 ~?」의 형태이다. 따라서 Do를 Does로 바꿔야 한다. ⓒ 일반동사 과거형의 부정문은 「주어+did not [didn't]+동사원형 ~.」이므로 likes를 like로 고쳐야 한다.
해석 | ⓐ 어제는 바람이 많이 불었다.
ⓓ 이 우유는 신선한가요?
ⓔ Dominic과 Karen은 더 이상 십 대가 아니다.
어휘 | windy 바람이 많이 부는 jeans 청바지 fresh 신선한 teenager 십 대 anymore 더 이상

3 해설 | 과거를 나타내는 last month라는 표현이 쓰인 일반동사 과거형의 의문문은 「Did+주어+동사원형 ~?」이고, 주어

가 I인 일반동사의 부정문은 「I don't+동사원형 ~.」이다.
해석 | • 당신은 지난달에 골프 강습을 받으셨나요?
• 나는 시력이 좋지 않다.
어휘 | eyesight 시력

4 해설 | 조동사 뒤에는 동사원형이 오고, 조동사의 부정문은 조동사 뒤에 not을 쓴다.
해석 | ② 재민이는 해산물을 좋아할지도 모른다.
어휘 | be fond of ~을 좋아하다 seafood 해산물 a friend of ~의 친구 cancel 취소하다 reservation 예약 sleeping habit 잠 버릇

5 해설 | '~해야 한다'라는 의미로 의무를 나타내는 조동사는 should, must, have to가 있다.
어휘 | gather 모으다 data 자료 by ~까지

6 해설 | ④ '~해 주시겠어요?'라는 의미가 되려면 can이나 will과 같은 요청의 조동사가 쓰여야 한다. be going to는 '~일 것이다'라는 미래의 의미를 나타낸다.
어휘 | diligent 성실한 turn off 끄다 heater 난방기, 히터 contest 대회

7 해설 | 조동사 can을 이용한 의문문이고, they를 포함하여 세 단어로 부정의 대답을 완성해야 하므로, No, they can't.로 쓴다.
해석 | Q: 펭귄과 타조는 날 수 있나요?
A: 아니요, 그것들은 날 수 없습니다.
어휘 | ostrich 타조

8 해설 | 네모 뒤의 last week가 과거를 나타내므로, 일반동사 begin의 과거형 began이 알맞다.
해석 | 동계올림픽이 지난주에 시작되었다.
어휘 | begin 시작하다 (-began-begun)

9 해설 | 첫 문장으로 보아 일기 형식의 글에서 그날 있었던 일들에 대해 쓰고 있으므로, 동사는 과거형으로 쓰는 것이 자연스럽다.
지문 해석 | 행복한 주말! - 8월 20일
오늘 삼촌과 나는 동물원에 갔다. 우리는 많은 동물을 보았다. 너구리가 매우 귀여웠다! 또, 나는 염소에게 먹이를 주었는데 재미있었다. 나는 동물원에 다시 갈 것이다.

어휘 | raccoon 너구리 goat 염소

10 해설 | 조동사 will의 부정문은 「주어+will not [won't]+동사원형 ~.」이고, 의문문은 「Will+주어+동사원형 ~?」의 형태이다.
해석 | (1) 나는 동물원에 다시 가지 않을 것이다.
(2) 너는 동물원에 다시 갈 거니?

1주 창의·융합·코딩 전략 ❶, ❷ pp. 34~37

A 1 are 2 were 3 is not 4 you B 1 Suji bakes cookies every weekend. 2 My brother did not [didn't] buy a new computer. 3 Do you do your homework after dinner? C 1 can dance 2 must be 3 will go D 1 Paul 2 Emily 3 Ron

A 1 해설 | 주어 Sophie and Charlie는 복수이므로 be동사의 현재형으로 are가 알맞다.
해석 | Sophie와 Charlie는 도서관에 있다.

2 해설 | 주어 Liam and I가 복수이므로 be동사의 과거형으로 were가 알맞다.
해석 | Liam과 나는 지난달에 매우 바빴다.

3 해설 | be동사의 부정문은 be동사 뒤에 not을 붙이므로 is not이 알맞다.
해석 | Brown 씨는 나의 음악 선생님이 아니다.

4 해설 | be동사의 의문문은 「be동사+주어 ~?」의 형태로 be동사가 주어의 앞에 오므로, you가 알맞다.
해석 | 너는 어제 학교에 결석했니?
어휘 | be absent from ~에 결석하다

B 1 해설 | 주어가 3인칭 단수일 때 일반동사의 현재형은 「동사원형+-(e)s」이므로, Suji bakes ~로 바꿔 쓴다.
해석 | 나는 주말마다 쿠키를 굽는다. → 수지는 주말마다 쿠키를 굽는다.

2 해설 | 동사 bought가 buy의 과거형이므로 「주어+did not [didn't]+동사원형(buy) ~.」으로 바꿔 쓴다.
해석 | 나의 형은 새 컴퓨터를 샀다. → 나의 형은 새 컴퓨터를 사지 않았다.

3 해설 | 동사 do는 현재형이므로 「Do(조동사)+주어(you)+동사원형(do) ~?」으로 바꿔 쓴다.
해석 | 너는 저녁 식사 후에 숙제를 한다. → 너는 저녁 식사 후에 숙제를 하니?

C 1 해설 | '~할 수 있다'라는 의미로 능력 · 가능을 나타내는 조동사는 can이다.

2 해설 | '~임에 틀림없다'라는 의미로 강한 추측을 나타내는 조동사는 must이다.

3 해설 | '~할 것이다'라는 의미로 미래를 나타내는 조동사는 will이다.
어휘 | amusement park 놀이공원

D 1 해설 | 조동사는 주어의 영향을 받지 않으므로 Tony can ~이 알맞다.
해석 | Tony는 말을 탈 수 있어.

2 **해설 |** 조동사의 부정문은 조동사 뒤에 not을 써야 하므로, You must not swim ~이 알맞다.
해석 | 너는 이 강에서 수영하면 안 돼.

3 **해설 |** 조동사의 의문문은 조동사를 주어 앞에 써야 하므로, Should we ~?가 알맞다. Do는 일반동사의 의문문을 만들 때 쓰인다.
해석 | 우리가 이 일을 오늘 끝내야 하나요?

2주 시제 / 수식어

해석 | 1 나는 한 달 전에 테니스를 쳤고 지금은 매일 조깅을 한다. 나는 다음 달에 수영을 할 것이다.
2 Eddie와 그의 여동생은 부모님을 위한 깜짝 파티를 준비하고 있었다. / 지금, Eddie의 가족은 b. 함께 즐거운 시간을 보내고 있다. / a. 함께 즐거운 시간을 보냈다.
3 여: 널 위해 쿠키를 조금 구웠어.
남: 와, 그것들은 맛있어 보여. 나는 하트 모양의 노란색 쿠키를 먼저 먹을래.
4 남: 나는 추리 소설을 아주 많이 좋아해. 너는 어때?
여: 나는 그것들을 거의 읽지 않아. 나는 판타지 소설을 더 즐겨 읽어.

2주 1일 개념 돌파 전략 ❶ pp. 40~43

개념 1 Quiz 해설 | 어제(yesterday) 청소를 한 것이므로 과거의 동작이다.
해석 | 나는 어제 집을 구석구석 청소했다.
어휘 | from top to bottom 샅샅이, 구석구석

개념 2 Quiz 해설 | 현재진행형은 「am/are/is+동사원형-ing」의 형태로, 현재 시점에 진행 중인 일이나 동작을 나타낸다.
해석 | 수호는 모형 비행기를 만들고 있다.
어휘 | model plane 모형 비행기

개념 3 Quiz 해설 | 미래시제는 「will+동사원형」이나 「be going to+동사원형」의 형태로 쓴다.
해석 | 나는 오늘 밤에 공항에 갈 거야.
어휘 | airport 공항

1-2 과거, 방문했다 **2-2** is listening, 듣고 있다
3-2 할 예정이다

1-2 해설 | 동사 visited가 「동사원형+-(e)d」 형태이고, 뒤에 과거의 시점을 나타내는 last week가 있으므로, 문장의 시제는 과거이다.
어휘 | visit 방문하다

2-2 해설 | 「am/are/is+동사원형-ing」는 현재진행형이고, '~하고 있다/~하는 중이다'로 해석한다.

3-2 해설 | 「be going to+동사원형」은 미래를 나타내고, '~할 예정이다'라고 해석한다.
어휘 | volunteer work 자원봉사

개념 4 Quiz 해설 | (1) 명사 building을 꾸미는 수식어이다.
(2) 명사 sneakers를 꾸미는 수식어이다.
해석 | (1) 이것은 높은 건물이다.
(2) 나는 새 운동화를 원한다.

개념 5 Quiz 해설 | 부사 very는 형용사 kind를 수식한다.
해석 | 그는 다른 사람들에게 매우 친절하다.

개념 6 Quiz 해설 | 「전치사+명사(구)」 형태의 전치사구는 형용사처럼 명사 뒤에서 앞에 있는 명사를 수식한다.
해석 | 갈색 머리를 가진 여자가 내 이모이다.

4-2 famous, 유명한 **5-2** very, slowly, 아주 천천히
6-2 to school, 학교에

4-2 해설 | 형용사 famous가 명사 actor를 수식한다.
어휘 | actor 배우

5-2 해설 | very와 slowly가 부사이다. very가 부사 slowly를 수식하고, slowly는 동사 spoke를 수식하고 있다.
어휘 | foreigner 외국인

6-2 해설 | 전치사구 to school이 장소를 나타내는 부사 역할을 한다.

2주 1일 개념 돌파 전략 ❷ pp. 44~45

1 (1) was, Mike는 어제 아파서 누워 있었다. (2) melts, 눈은 밝은 햇빛 아래에서 녹는다. **2** (1) is washing (2) were crossing **3** (1) Jake는 내년 여름에 하와이로 여행을 갈 것이다. (2) 우리는 다음 주에 등산하러 갈 예정이다. **4** (1) long, 보라는 긴 머리를 가지고 있다. (2) cute, Ann은 항상 귀여운 머리띠를 착용한다. **5** (1) touched, Brian이 내 어깨를 부드럽게 어루만졌다. (2) fresh, 숲속의 공기는 정말 상쾌하다. **6** (1) of the soccer team, 축구팀의 (2) in the classroom, 교실에서

1 해설 | (1) be동사의 과거형 was와 과거를 나타내는 부사 yesterday가 쓰인 과거시제 문장이다.
(2) 일반동사의 현재형 melts가 쓰인 현재시제 문장이다.

2 해설 | (1) '~하고 있다'라는 의미의 현재진행형이 되도록 is washing으로 써야 한다.
(2) '~하고 있었다'라는 의미의 과거진행형이 되도록 were crossing으로 써야 한다.

3 해설 | 미래에 일어날 일이나 미래의 계획은 「will+동사원형」이나 「be going to+동사원형」으로 나타낸다.

4 해설 | (1) 형용사 long이 뒤에 있는 명사 hair를 수식하고 있다.
(2) 형용사 cute가 뒤에 있는 명사 headband를 수식하고 있다.

5 해설 | (1) 부사 gently가 부드럽게 '어루만졌다'라는 의미로 동사 touched를 수식하고 있다.
(2) 부사 really가 정말 '상쾌하다'라는 의미로 형용사 fresh를 수식하고 있다.

6 해설 | (1) 전치사구 of the soccer team이 앞의 명사 a member를 수식하고 있다.
(2) 전치사구 in the classroom이 장소를 나타내는 부사적 수식어로 쓰였다.

2주 2일 필수 체크 전략 ❶ pp. 46~49

전략 1 필수 예제

해설 | (1) last ~는 과거시제와 함께 쓰인다.
(2) now는 현재시제와 함께 쓰인다.
(3) yesterday는 과거시제와 함께 쓰인다.
(4) ago는 과거시제와 함께 쓰인다.
해석 | (1) 우리는 지난 금요일에 도서관에서 공부했다.
(2) 내 삼촌은 지금 서울에 사신다.
(3) 나는 어제 쇼핑몰에 갔다.
(4) Kevin은 일주일 전에 뉴욕으로 떠났다.

확인 문제

1 (1) ② (2) ① 2 brushes

1 해설 | (1) last summer는 과거시제와 함께 쓰이는 표현이므로 과거시제 동사 ② joined가 빈칸에 알맞다.
(2) now는 현재시제와 함께 쓰이는 표현이므로 현재시제 동사가 와야 하고, 주어가 3인칭 단수이므로 has가 알맞다.
해석 | (1) Julia는 지난여름에 우리 팀에 합류했다.
(2) 지훈이는 지금 영어 수업이 있다.
어휘 | join 합류하다 lesson 수업

2 해설 | 현재의 반복적인 습관을 나타낼 때 현재시제를 쓴다. 주어가 3인칭 단수이므로 동사원형에 -es를 붙여 brushes로 쓰는 것이 알맞다.
어휘 | brush one's teeth 이를 닦다

전략 2 필수 예제

해설 | (1) 현재진행형은 「am/are/is+동사원형-ing」로 나타내므로 doing이 와야 한다.
(2) now가 쓰였으므로 현재진행형이 되도록 is가 와야 한다.
(3) 과거를 나타내는 표현인 then이 쓰였으므로 과거진행형이 되도록 were가 와야 한다.
해석 | (1) 내 남동생은 숙제를 하고 있다.
(2) 그는 지금 책을 읽고 있다.
(3) Jake와 나는 그때 수영장에서 수영하고 있었다.

확인 문제

1 (1) is (2) were 2 She was watching TV at home last night.

1 해설 | (1) 동사 washes가 현재형이므로 현재진행형으로 써야 하고, 주어가 3인칭 단수이므로 빈칸에는 is가 알맞다.
(2) 동사 played가 과거형이므로 과거진행형으로 써야 하고, 주어가 복수 They이므로 빈칸에는 were가 알맞다.
해석 | (1) Jessica는 설거지를 한다. → Jessica는 설거지를 하고 있다.
(2) 그들은 어제 함께 야구를 했다. → 그들은 어제 함께 야구를 하고 있었다.
어휘 | wash the dishes 설거지를 하다

2 해설 | '~하고 있었다'라는 의미의 과거진행형은 「was/were+동사원형-ing」로 나타내므로, watched를 watching으로 고쳐야 한다.

전략 3 필수 예제

해설 | 현재진행형의 의문문은 「Am/Are/Is+주어+동사원형-ing ~?」 형태로 쓴다.
해석 | 너는 사진을 찍고 있다.
④ 너는 사진을 찍고 있니?
어휘 | take a picture 사진을 찍다

확인 문제

1 (1) are not[aren't] sitting (2) Was he running
2 Is Tom painting the fence?

1 해설 | (1) 현재진행형의 부정문은 「am/are/is+not+동사원형-ing」 형태로 쓴다.
(2) 과거진행형의 의문문은 「Was/Were+주어+동사원형-ing ~?」 형태로 쓴다.
해석 | (1) 그들은 잔디 위에 앉아 있다. → 그들은 잔디 위에 앉아 있지 않다.
(2) 그는 공원 주변을 달리고 있었다. → 그는 공원 주변을 달리고 있었니?
어휘 | grass 잔디

2 해설 | 현재진행형의 의문문은 「Am/Are/Is+주어+동사원형-ing ~?」의 순서로 쓴다.
해석 | A: Tom은 울타리를 칠하고 있나요?
B: 네, 그래요.
어휘 | fence 울타리

전략 4 필수 예제

해설 | (1) will을 이용한 미래시제 부정문은 「will not[won't]+동사원형」으로 쓴다.
(2) be going to를 이용한 미래시제 의문문은 「be동사+주어+going to+동사원형 ~?」으로 쓴다.

확인 문제

1 ② 2 Are you going to attend her wedding this weekend?

1 해설 | will을 이용한 미래시제 부정문에서 not은 will 뒤에 쓴다.
어휘 | take an exam 시험을 치르다

2 해설 | be going to를 이용한 미래시제 의문문의 순서에 따라 「be동사(Are)+주어(you)+going to+동사원형(attend)」을 쓰고 뒤에 her wedding과 this weekend를 쓴다.
어휘 | attend 참석하다 wedding 결혼(식)

2주 2일 필수 체크 전략 ❷ pp. 50~51

1 (1) is, 지구는 둥글다. (2) invented, 세종대왕은 한글을 발명했다. 2 ③ 3 ④ 4 (A) forgot (C) is 5 his mother was watching him from the front row

1 해설 | (1) 지구가 둥글다는 것은 일반적인 사실이므로 현재시제가 알맞다.
(2) 세종대왕이 한글을 발명한 것은 역사적 사실이므로 과거시제가 알맞다.
어휘 | invent 발명하다

2 해설 | now는 현재진행형과, yesterday, last week는 과거진행형과 함께 쓰인다. be동사는 주어에 따라 현재형 am/are/is와 과거형 was/were를 쓴다. 동사 have는 '소유'를 나타낼 때 진행형으로 쓰지 않는다.
해석 | ③ 너는 지금 TV를 보고 있지 않다.
어휘 | backpack 배낭 carry 나르다 heavy 무거운

3 해설 | ④ 주어가 he인 과거진행형 의문문에 대한 부정의 대답은 No, he wasn't.이다.
해석 | ① A: 그녀는 하루 종일 공원 벤치에 앉아 있었니?
B: 응, 그랬어.
② A: Harry는 그의 방에서 자고 있니?
B: 응, 그래.
③ A: 그들은 이 과학책을 읽고 있었니?
B: 아니, 그러지 않았어.
④ A: 그는 그의 형을 찾고 있었니?
⑤ A: 너는 지금 음악을 듣고 있니?
B: 응, 그래.
어휘 | all day 하루 종일 science book 과학책, 과학 도서 look for ~을 찾다

4 해설 | (A) 과거의 일을 이야기하고 있으므로 forgot이 알맞다.
(C) 아들이 어머니가 한 말을 따라서 말하는 상황이므로 is가 알맞다.
지문 해석 | 한 어린 소년이 무대에서 연기를 하는 동안 자신의 대사를 잊어버렸다. 하지만 다행히도 그의 어머니가 앞줄에서 그를 지켜보고 있었다. 그녀는 자신의 아들을 돕기 위해 손짓을 했다. 하지만 그것은 소용이 없었다. 그래서 그녀는 입술로 소리 없이 그 대사를 말해 주었다. 그것 역시 그녀의 아들에게 도움이 되지 않았다. 그녀의 아들은 그곳에 서 있었지만 한 마디도 할 수 없었다. 마침내 그녀는 그에게 "나는 세상의 빛이다."라고 말해 주었다. 그러자 그녀의 아들은 크고 분명한 목소리로 "우리 엄마는 세상의 빛이다."라고 말했다.

5 해설 | 「was/were+동사원형-ing」의 과거진행형을 이용하여, '그의 어머니가(his mother) / 지켜보고 있었다(was watching) / 그를(him) / 앞줄에서(from the front row)'의 순으로 배열한다.

2주 3일 필수 체크 전략 ❶ pp. 52~55

전략 1 필수 예제

해설 | (1) 형용사는 명사를 앞에서 수식한다.
(2) -thing으로 끝나는 대명사는 형용사가 뒤에서 수식한다.
(3) 뒤에 셀 수 있는 명사가 있으므로 many가 알맞다.
해석 | (1) Alex는 새 차를 샀다.
(2) 오늘 TV에 재미있는 것이 아무것도 없다.
(3) Angela는 많은 친구들이 있다.

확인 문제

1 (1) This is a funny story. (2) There are some oranges in the basket. (3) She has something special. 2 any money

1 해설 | (1) 형용사는 명사를 앞에서 수식한다.
(2) 수량을 나타내는 형용사는 명사 앞에 쓰인다. 명사 orange와 basket은 둘 다 셀 수 있는 명사이며, orange가 복수로 쓰였으므로 그 앞에 수량형용사를 써야 한다.
(3) 형용사는 -thing, -body, -one으로 끝나는 대명사를 뒤에서 수식한다.
해석 | (1) 이것은 이야기이다. → 이것은 웃긴 이야기이다.
(2) 바구니에 오렌지가 있다. → 바구니에 오렌지가 몇 개 있다.
(3) 그녀는 어떤 것을 가지고 있다. → 그녀는 특별한 어떤 것을 가지고 있다.

2 해설 | 수량형용사 some은 긍정문이나 권유를 나타내는 문장에 사용하고 부정문이나 의문문에는 any를 이용하여 수량을 표시한다.
해석 | 내 지갑에 약간의 돈이 있다. → 내 지갑에 돈이 전혀 없다.
어휘 | wallet 지갑

전략 2 필수 예제

해설 | (1) 빈도부사는 조동사 뒤에 위치한다.
(2) 빈도부사는 be동사 뒤에 위치한다.
(3) 빈도부사는 일반동사 앞에 위치한다.
해석 | (1) 나는 절대 패스트푸드를 먹지 않을 것이다.
(2) 보민이는 가끔 학교에 늦는다.
(3) 그녀는 토요일에 대개 쇼핑하러 간다.

확인 문제

1 (1) Kevin drives carefully. 또는 Kevin carefully drives. (2) I'm really sorry about my mistake. (3) Suji usually skips breakfast.
2 go sometimes → sometimes go

1 해설 | (1) 부사는 동사를 앞이나 뒤에서 수식한다.
(2) 부사는 형용사를 앞에서 수식한다.
(3) 빈도부사는 일반동사 앞에 온다.
해석 | (1) Kevin은 운전한다. → Kevin은 조심스럽게 운전한다.
(2) 나는 내 실수에 대해 미안하다. → 나는 내 실수에 대해 정말 미안하다.
(3) 수지는 아침을 거른다. → 수지는 보통 아침을 거른다.

2 해설 | 빈도부사는 일반동사 앞에 쓰므로, sometimes를 go 앞에 써야 한다.

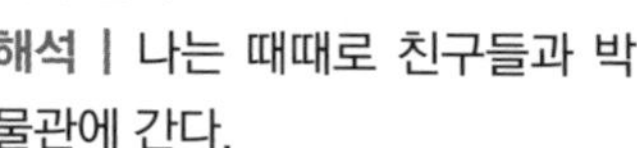
해석 | 나는 때때로 친구들과 박물관에 간다.

어휘 | museum 박물관

전략 3 필수 예제

해설 | (1) 동사 lived를 수식하는 부사 happily가 오는 것이 알맞다.
(2) late는 부사로 '늦게'라는 뜻으로 쓰이지만, -ly가 붙은 lately는 '최근에'라는 다른 뜻을 가지는 부사가 된다.
(3) hard는 '열심히'라는 뜻의 부사로 쓰이지만, -ly가 붙은 hardly는 '거의 ~ 않다'라는 다른 뜻을 가지는 부사가 된다.
해석 | (1) 그들 모두는 그후로 계속 행복하게 살았다.
(2) 그는 요즘 바빠 보인다.
(3) 나는 너무 피곤했다. 나는 거의 걸을 수 없었다.

확인 문제

1 ① 2 fastly → fast

1 해설 | ①은 '열심히'라는 뜻의 부사이고, ②, ③은 '어려운'이라는 뜻의 형용사이다.
해석 | ① 개미들이 열심히 일하고 있었다.
② 주차는 그녀에게 어려운 일이다.
③ 질문 중 몇 개는 매우 어려웠다.
어휘 | ant 개미 parking 주차

2 해설 | fast는 형용사와 부사의 형태가 같으므로 fastly를 fast로 고쳐야 한다.
해석 | 그 선생님은 학생들에게 빠르게 말했다.

전략 4 필수 예제

해설 | ④는 '그녀의 남편과 두 아이들과 함께'라는 의미로 동사 lives를 수식하는 부사 역할을 하고, 나머지는 모두 앞에 있는 명사를 수식하는 형용사 역할을 한다.
해석 | ① 침대 위의 아기는 졸려 보인다.
② 차고에 있는 차는 내 것이다.
③ 그는 상자 안의 그 쿠키들을 먹었다.
④ Harris 씨는 그녀의 남편과 두 아이들과 산다.
⑤ 교실에 있는 모두가 그녀의 생각을 비웃었다.
어휘 | garage 차고 laugh at ~을 비웃다

확인 문제

1 (1) 시간 (2) 방법 (3) 장소 2 (A) The boy (B) stood up

1 해설 | (1) '방학 동안에'라는 의미로 시간을 나타낸다.
(2) '젓가락으로'라는 의미로 방법을 나타낸다.
(3) '작은 마을에'라는 의미로 장소를 나타낸다.
해석 | (1) 나는 방학 동안 여행을 갈 것이다.
(2) 지호는 젓가락으로 국수를 먹었다.
(3) Kelly는 작은 마을에 산다.
어휘 | noodle 국수 chopstick 젓가락

2 해설 | in the picture는 명사 뒤에서 명사를 수식하는 형용사구이고, from the sofa는 동사를 수식하는 부사구이다.
해석 | 그림 속의 소년이 소파에서 일어났다.

2주 3일 필수 체크 전략 ❷ pp. 56~57

1 ④ 2 ③ 3 (1) sometimes clean my room (2) am never late for school 4 ② 5 (B) she always reads books (C) Emma hardly studies

1 해설 | 첫 번째 문장의 apples는 셀 수 있는 명사의 복수형이므로 빈칸에 many 또는 some이 들어갈 수 있고, 두 번째 문장의 sugar는 셀 수 없는 명사이므로 빈칸에 a little이 들어가야 한다.
해석 | • 탁자 위에 몇 개의 사과가 있다.
• 나는 차에 넣을 약간의 설탕이 필요하다.

2 해설 | ③ late는 동사를 수식하는 부사로 쓰였고, 나머지는 모두 명사를 수식하는 형용사로 쓰였다.
해석 | ① Cathy는 빨리 배우는 사람이다.
② 그녀는 예쁜 드레스를 입고 있다.
③ 나는 종종 밤늦게까지 깨어 있다.
④ 그것은 어려운 결정이었다.
⑤ 일찍 일어나는 새가 벌레를 잡는다.
어휘 | learner 학습자 stay up (자지 않고) 깨어 있다 worm 벌레

3 해설 | 빈도부사는 대개 일반동사 앞에, be동사와 조동사 뒤에 위치한다.
해석 | 〈보기〉 나는 항상 자전거로 학교에 간다.
(1) 나는 가끔 내 방을 청소한다.
(2) 나는 학교에 절대 지각하지 않는다.

4 해설 | (A)는 주어를 보충 설명하는 형용사이고 ②는 명사를 수식하는 형용사이며, 나머지는 형용사를 수식하는 부사이다.
해석 | ① 이 퍼즐은 꽤 어렵다.
② 저것은 아주 예쁜 인형이다.
③ 아버지는 꽤 피곤해 보이셨다.
④ 교통 체증이 꽤 심했다.
⑤ 꽤 덥겠다.
지문 해석 | Anna와 Emma는 쌍둥이 자매이다. 그들은 예쁘고 귀엽다. 그들은 거의 똑같이 생겼지만, 많은 면에서 다르다. Anna는 공부하는 것을 좋아하고, 그녀는 항상 책을 읽는다. 하지만 Emma는 공부를 거의 하지 않는다. 그녀는 운동을 좋아한다. 그녀는 야구와 축구를 아주 잘할 수 있다. Anna와 Emma는 다르지만 사이좋게 잘 지낸다.

5 해설 | (B) 빈도부사 always를 일반동사 reads 앞에 써야 한다. (C) 문장 앞에 '그러나'라는 의미의 However가 있는 것으로 보아 앞의 내용과 반대되는 내용이 나와야 하므로 hard(열심히)를 hardly(거의 ~ 않다)로 고쳐야 한다.

2주 4일 교과서 대표 전략 ❶ pp. 58~61

1 got, had, walked 2 (A) know (B) was 3 is sending, is working, is watching 4 Were, wasn't 5 ③ 6 is going to go 7 (1) (A) getting (B) was (2) I am going to paint this scene! 8 ④ 9 (1) Some (2) any 10 He drives fast on the highway. 11 I always [often/sometimes] eat vegetables for dinner. 12 ② 13 ③

1 해설 | 글의 시점이 과거인 어제로 바뀌었으므로 과거시제로 쓴다. 동사 get, have는 불규칙 변화하여 과거형은 got, had이고 walk는 규칙 동사로 과거형이 walked이다.
해석 | 남수는 보통 7시에 일어난다. 그는 7시 30분에 아침을

먹는다. 그는 8시 30분에 여동생과 함께 학교에 걸어간다.
→ 어제 남수는 7시에 일어났다. 그는 7시 30분에 아침을 먹었다. 그는 8시 30분에 여동생과 함께 학교에 걸어갔다.

2 해설 | (1) know는 진행형으로 쓰지 않는 동사이므로 현재시제로 고친다.
(2) last year는 과거를 나타내는 표현이므로 동사를 과거형으로 고친다.
해석 | 나는 수호를 알고 있다. 그는 작년에 나와 같은 반이었다.

3 해설 | 현재 진행 중인 일을 나타낼 때 「am/are/is+동사원형-ing」 형태의 현재진행형을 이용한다.
해석 | Kate는 그녀의 친구에게 문자 메시지를 보내고 있다. Jack은 그의 노트북으로 일을 하고 있다. Sandy는 그녀의 스마트폰으로 영상을 보고 있다.

4 해설 | 과거진행형의 의문문과 대답이므로 be동사를 상황에 맞게 넣어야 한다. 질문에서는 주어가 you이므로 were를 쓰고, 대답에서는 주어가 I이고 부정의 대답이므로 wasn't를 쓴다.
해석 | A: 너는 그때 호수에서 수영하고 있었니?
B: 아니. 나는 호숫가에서 낚시 중이었어.

5 해설 | tomorrow는 미래를 나타내는 표현이므로 첫 번째 빈칸에는 「will+동사원형」이 들어가야 한다. yesterday는 과거를 나타내는 표현이므로 두 번째 빈칸에는 동사의 과거형이 들어가야 한다.
해석 | • 우리는 내일 집에 도착할 거야.
• 나는 어제 내 친구들과 농구를 했다.

6 해설 | '~할 예정이다'라는 의미로 미래를 나타낼 때 「be going to+동사원형」으로 쓴다.

7 해설 | (1) (A) '~하고 있었다'라는 의미의 과거진행형이 되도록 getting이 알맞다. (B) 과거진행형은 「was/were+동사원형-ing」로 쓰므로 was가 알맞다.
지문 해석 | 바깥 날씨가 점점 더 서늘해지고 있었다. Nicole은 어머니의 작은 제과점으로 걸어가는 길이었다. 노란 나뭇잎 하나가 나무에서 떨어졌다. 그녀는 그것을 집어 들고는 잠깐 바라봤다. 나뭇잎 너머로 그녀는 어머니를 보았다. 그녀는 가게에서 일하고 있었다. Nicole은 가장 행복한 미소를 지었다. "아름다워. 나는 이 장면을 그릴 거야!"
(2) 주어진 표현에서 미래시제를 만드는 am going to 뒤에 동사원형을 써서, '나는(I) / 그릴 거야(am going to paint) / 이 장면을(this scene)'의 순으로 배열한다.

8 해설 | 주어진 표현을 나열하면 She saw something strange in the sky이므로 네 번째로 오는 말은 strange이다.

9 해설 | (1) 긍정문이므로 수량형용사 some이 알맞다. 수량형용사 some은 주로 긍정문에, 수량형용사 any는 부정문이나 의문문에 쓰인다.
(2) 의문문이므로 수량형용사 any가 알맞다.
해석 | (1) 새 몇 마리가 하늘을 날고 있다.
(2) 상자 안에 책이 좀 있나요?

10 해설 | '빠르게'라는 의미의 부사 fast가 동사 drive를 뒤에서 수식하는 구조가 되도록 '그는(He) / 운전한다(drives) / 빠르게(fast) / 고속도로에서(on the highway)'의 순으로 쓴다. 주어 He가 3인칭 단수이므로 동사는 drives로 써야 한다.
어휘 | highway 고속도로

11 해설 | 빈도부사는 함께 쓰이는 동사에 따라 위치가 달라지며, be동사와 조동사 뒤, 일반동사 앞에 쓰인다.
해석 | Q: 넌 얼마나 자주 저녁으로 채소를 먹니?
A: 나는 항상[자주/가끔] 저녁으로 채소를 먹어.

12 해설 | ②는 뒤에 있는 형용사 kind를 수식하는 부사이고, 나머지는 모두 뒤에 있는 명사를 수식하는 형용사이다.
지문 해석 | 장면 3: Stork 부부의 집 안
(선반에 접시들과 병들이 있다. Stork 씨는 Fox 부부 앞에 있는 접시들에 약간의 생선 수프를 담는다.)
Fox 씨: 저는 이 멋진 접시들이 정말 마음에 들어요.
Stork 부인: 여러분을 위해 제가 그것들을 샀답니다.
Fox 부인: 당신은 정말 친절하세요. 저도 여러분을 위해 병을 좀 사고 싶어요.
Stork 부인: 함께 Monkey 씨의 상점에 가는 게 어때요?
Fox 부인: 좋은 생각이에요.
Fox 씨: Carol의 맛있는 닭고기 수프도 곧 맛보시게 될 거예요!
Stork 씨: 몹시 기다려져요.
(그들은 모두 큰 소리로 웃는다.)
어휘 | stork 황새 plate 접시 bottle 병 shelf 선반 taste 맛보다 delicious 맛있는 wait 기다리다

13 해설 | 전치사구는 형용사적 수식어와 부사적 수식어 역할을 할 수 있다. 〈보기〉와 ③은 앞의 명사를 수식하는 형용사 역할을 하고, 나머지는 모두 장소, 시간 등을 나타내는 부사 역할을 한다.
지문 해석 | Aleksey · 모스크바, 16세
– 10월 3일 오후 9시 30분
저녁에 부모님과 저는 거실에 모여서 한국 텔레비전 프로그램을 시청해요. 우리 엄마는 한국 드라마 보는 것을 좋아하세요. 엄마는 언젠가 한국에 있는 모든 아름다운 곳을 방문하고 싶어 하세요. 저는 음악 프로그램 보는 것을 좋아해요. 저는 열렬한 케이 팝 팬이에요. 11월에 모스크바에서 케이 팝 콘서트를 해요. 저는 갈 계획이에요.
어휘 | Moscow 모스크바 gather 모이다 place 장소 some day (미래의) 언젠가 plan 계획하다

2주 4일 교과서 대표 전략 ❷ pp. 62~63

1 ④ 2 ④ 3 strange something → something strange 4 ③ 5 (1) little (2) a few (3) Many 6 ④ 7 (A) taking (C) to make 8 They are always busy on Saturdays. / 그들은 토요일에 항상 바쁘시다.

1 해설 | ① → gets up ② → learned ③ → will watch 또는 are going to watch ⑤ → had
해석 | ④ 지나는 어제 딸기 케이크를 만들었다.

2 해설 | ④ 현재진행형으로 묻고 있으므로 be동사를 이용하여 Yes, they are.로 답해야 한다.
해석 | ① A: 주호는 지금 수학을 공부하고 있니?
B: 응, 그래.
② A: 너는 그때 TV를 보고 있었니?
B: 아니, 그러지 않았어.
③ A: 그에게 문자 메시지를 보낼 거니?
B: 응, 그럴 거야.
④ A: 아이들은 부모님과 함께 있니?
⑤ A: Tony는 다음 주에 그녀를 만날까?
B: 아니, 그러지 않을 거야.
어휘 | text message 문자 메시지

3 해설 | 형용사는 -thing으로 끝나는 대명사를 뒤에서 수식하므로, strange something을 something strange로 고쳐 써야 한다.
해석 | Jenny는 어둠 속에서 이상한 무언가를 보았다.

4 해설 | •'늦게' 일어난다는 의미가 자연스러우므로 부사 late가 알맞다.
•'열심히' 연습한다는 의미가 자연스러우므로 부사 hard가 알맞다.
•'조심스럽게' 건넜다는 의미가 자연스러우므로 부사 carefully가 알맞다.
해석 | •Helen은 아침에 늦게 일어난다.
•준호는 그 대회를 위해 열심히 연습한다.
•Kevin은 낡은 다리를 조심스럽게 건넜다.

5 해설 | (1) '거의 없다'라는 의미로 셀 수 없는 명사 앞에 오는 것은 little이다.
(2) '약간의'라는 의미로 셀 수 있는 명사의 복수형 앞에 오는 것은 a few이다.
(3) '많은'이라는 의미로 셀 수 있는 명사의 복수형 앞에 오는 것은 many이다.
어휘 | stationery store 문구점 suffer from ~으로 고통받다 disease 질병

6 해설 | ④는 장소를 나타내는 부사 역할을 하고, 나머지는 모두 명사를 수식하는 형용사 역할을 한다.
해석 | ① 그 의자에 앉은 소년은 내 사촌이다.
② 내 집 앞에 있는 차는 내 것이 아니다.
③ 중국에 있는 남동생은 그의 차를 팔고 싶어 한다.
④ 소년들은 운동장에서 축구를 하고 있었다.
⑤ 전화기 옆의 펜 좀 건네주세요.

7 해설 | (A) 문장 끝에 on Saturdays가 있고 빈칸 앞에 be동사가 있으므로 현재진행형이 알맞다. (C) 문장 끝에 this Saturday가 있으므로 미래시제로 써야 하고 빈칸 앞에 be going이 있으므로 「to+동사원형」으로 써야 한다.

지문 해석 | 지호는 토요일마다 지역 주민 센터에서 요리 수업을 수강하고 있다. 그의 부모님은 작은 식당을 운영하신다. 그들은 토요일에 항상 바쁘시다. 그래서 그는 자신의 점심을 요리한다. 그는 이번 주 토요일에 스파게티 알리오 에 올리오를 만들 계획이다.
어휘 | take a cooking class 요리 수업을 수강하다
community center 지역 주민 센터
run a restaurant 식당을 운영하다 own 자신의

8 해설 | 빈도부사는 be동사 뒤에 써야 하므로, are 뒤에 always를 추가하여 문장을 다시 쓴다.

2주 누구나 합격 전략 pp. 64~65

1 take, 올림픽 대회는 4년마다 개최된다. 2 will not[won't] 3 No, he isn't. 4 ⑤ 5 (1) came (2) took (3) did (4) had 6 (1) water (2) something (3) sold out (4) I heard a strange sound 7 ⑤ 8 I need something exciting. 9 ② 10 (1) I always enjoy challenges. (2) Mom is often busy on weekends.

1 해설 | 반복되는 일은 현재시제로 나타내므로 take가 알맞다.
어휘 | take place 개최되다

2 해설 | will을 이용한 미래시제 문장이므로, 부정문은 「will not[won't]+동사원형」으로 써야 한다.

해석 | 나는 바다에서 수영을 할 것이다. → 나는 바다에서 수영을 하지 않을 것이다.

3 해설 | 질문이 현재진행형 의문문이고 그림 속 소년이 개와 놀고 있으므로, be동사를 이용하여 부정의 대답을 써야 한다. 의문문의 주어가 the boy이므로, 주어를 he로 하여 No, he isn't.로 쓴다.
해석 | Q: 그 소년은 기타를 치고 있나요?
A: 아니요, 그렇지 않아요.

4 해설 | ⑤는 「be going to+동사원형」의 형태로 미래를 나타내고, 나머지는 모두 「be동사+동사원형-ing」 형태의 진행형이다.
해석 | ① Harry는 잠옷을 입고 있다.
② Jim은 잡지를 읽고 있다.
③ 아버지는 그의 사무실에서 일하고 계시다.
④ 학생들은 서로 이야기하고 있다.
⑤ 우리는 점심으로 피자를 먹을 것이다.
어휘 | pajamas 잠옷 magazine 잡지 office 사무실

5 해설 | 과거시제는 동사의 과거형으로 나타내므로, 주어진 문장의 동사 comes, takes, does, has를 각각 과거형인 came, took, did, had로 바꿔 써야 한다.
해석 | 소라는 보통 5시경에 집에 온다. 그녀는 5시 30분에 샤워를 하고 6시에 숙제를 한다. 그러고 나서 그녀는 7시에 저녁을 먹는다. → 어제 소라는 5시경에 집에 왔다. 그녀는 5시 30분에 샤워를 했고 6시에 숙제를 했다. 그러고 나서 그녀는 7시에 저녁을 먹었다.

6 해설 | (1) some은 수량형용사로 명사 water를 수식한다.
(2) attractive는 형용사로 대명사 something을 뒤에서 수식한다.
(3) quickly는 부사로 동사 sold out을 수식한다.
(4) suddenly는 부사로 문장 전체를 수식한다.
해석 | (1) 물 좀 드릴까요?
(2) 이 그림에는 무언가 매력적인 것이 있다.
(3) 표는 웹 사이트에서 빠르게 매진되었다.
(4) 갑자기 나는 이상한 소리를 들었다.
어휘 | attractive 매력적인 sell out 매진되다 suddenly 갑자기

7 해설 | ⑤의 fresh는 뒤에 있는 명사 vegetables를 수식하는 형용사이고, 나머지는 모두 주어를 보충 설명하는 형용사이다.
해석 | ① 나는 배가 고파.
② 아버지는 멋져 보이신다.
③ 이 꽃들은 좋은 냄새가 난다.
④ 그녀는 예쁘고 친절하다.
⑤ 우리는 신선한 야채가 조금 필요하다.
어휘 | fresh 신선한

8 해설 | 대명사 something은 형용사가 뒤에서 수식하므로 something 뒤에 exciting을 써야 한다.
어휘 | exciting 신나는

9 해설 | ① → finally ③ → hardly ④ → high ⑤ → hard
해석 | ② 병이 거의 비어 있다.
어휘 | empty 비어 있는 fly 날다 (-flew-flown)

10 해설 | 빈도부사는 정도에 따라 always(항상), usually(보통), often(종종), sometimes(때때로), never(결코 ~않다) 등이 있고 일반적으로 be동사와 조동사 뒤에, 일반동사 앞에 위치한다.
해석 (1) 나는 도전을 즐긴다.
→ 나는 항상 도전을 즐긴다.
(2) 엄마는 주말에 바쁘시다.
→ 엄마는 주말에 종종 바쁘시다.
어휘 | challenge 도전

2주 창의·융합·코딩 전략 ①, ② pp. 66~69

A 1 Sophia and Chris are watching a movie together. 2 Mr. Smith was not[wasn't] drinking coffee at that time. 3 Is Lucas dancing to the music on the stage now? B 1 No, I'm not 2 Yes, I am 3 Yes, I will 4 No, I won't C 1 expensive 2 carefully 3 sweet 4 well D 1 often, in the classroom 2 sometimes, in the kitchen 3 never, in the living room 4 always, in the bathroom

A 1 해설 | 주어가 복수일 때 현재진행형은 「are+동사원형-ing」이므로 Sophia and Chris are watching ~으로 바꿔 쓴다.
해석 | Sophia와 Chris는 함께 영화를 본다. → Sophia와 Chris는 함께 영화를 보고 있다.

2 해설 | 주어가 단수일 때 과거진행형의 부정문은 「wasn't+동사원형-ing」이므로 Mr. Smith was not[wasn't] drinking ~으로 바꿔 쓴다.
해석 | Smith 씨는 커피를 마시지 않는다. → Smith 씨는 그 당시에 커피를 마시고 있지 않았다.

3 해설 | 주어가 단수인 현재진행형의 의문문은 「Is+주어+동사원형-ing ~?」이므로 Is Lucas dancing ~ now?로 바

꿔 쓴다.
해석 | Lucas는 무대 위에서 음악에 맞춰 춤을 춘다. → Lucas는 지금 무대 위에서 음악에 맞춰 춤을 추고 있나요?

B 1 해설 | 주어가 I이며, be going to를 이용한 의문문에 대한 부정의 대답이므로 No, I'm not.이다.
해석 | 너는 내일 버스를 타고 학교에 갈 거니?
– 아니야. 나는 자전거를 타고 학교에 갈 거야.

2 해설 | 주어가 I이며, be going to를 이용한 의문문에 대한 긍정의 대답이므로 Yes, I am.이다.
해석 | 너는 도서관에서 공부할 거니?
– 응, 그럴 거야.

3 해설 | 주어가 I이며, will을 이용한 의문문에 대한 긍정의 대답이므로 Yes, I will.이다.
해석 | 너는 내일 농구를 할 거니?
– 응, 그럴 거야.

4 해설 | 주어가 I이며, will을 이용한 의문문에 대한 부정의 대답이므로 No, I won't.이다.
해석 | 너는 저녁으로 피자를 먹을 거니?
– 아니야. 자장면을 먹을 거야.

C 1 해설 | 주어 This car를 보충 설명하는 보어이므로 형용사 expensive가 알맞다.
해석 | 이 자동차는 비싸다.

2 해설 | '조심스럽게'라는 의미로 동사 drives를 수식하는 부사 carefully가 알맞다.
해석 | 우리 아빠는 조심스럽게 운전하신다.

3 해설 | '달콤한'이라는 의미로 뒤에 있는 명사 strawberries를 수식하는 형용사 sweet가 알맞다.
해석 | 이것들은 달콤한 딸기이다.

4 해설 | '잘'이라는 의미로 동사 bakes를 수식하는 부사 well이 알맞다.
해석 | Jenny의 여동생은 케이크를 잘 굽는다.

D 1 해설 | 일주일에 4일 교실에서 영어를 공부하므로, often과 in the classroom을 이용한다.
해석 | Brian은 종종 교실에서 영어를 공부한다.

2 해설 | 일주일에 2일 주방에서 설거지를 하므로, sometimes와 in the kitchen을 이용한다.
해석 | Brian은 가끔 주방에서 설거지를 한다.

3 해설 | 일주일 동안 한 번도 거실에서 TV를 보지 않으므로, never와 in the living room을 이용한다.
해석 | Brian은 전혀 거실에서 TV를 보지 않는다.

4 해설 | 매일 욕실에서 샤워를 하므로, always와 in the bathroom을 이용한다.
해석 | Brian은 항상 욕실에서 샤워를 한다.

신유형·신경향·서술형 전략

pp. 72~75

1 (1) Sumin was not [wasn't] happy with his present. / 수민이는 그의 선물이 마음에 들지 않았다. (2) Is your brother a high school student? / 너의 형은 고등학생이니? **2** (1) ⓐ, 일반동사의 부정문이므로, doesn't 뒤에는 동사원형을 써야 한다. (2) ⓑ, 일반동사의 의문문이므로, 주어 뒤에는 동사원형을 써야 한다. **3** (1) had to (2) don't have to (3) can't **4** (1) Will you give me a hand? (2) She may not come to the party. **5** (1) are doing your homework / Are you doing your homework? (2) was coming across the street / She was not coming across the street. (3) were playing baseball last weekend / Were they playing baseball last weekend? **6** (1) I will (2) Are you going (3) Will you **7** (1) well, 잘 (2) heavy, 세찬 [억수 같은] (3) nearly, 거의 **8** (1) some, 권유하는 문장이므로 some을 써야 한다. (2) something mysterious, 형용사는 -thing으로 끝나는 대명사를 뒤에서 수식한다. (3) should always, 빈도부사는 조동사 뒤에 와야 한다.

1 (sample) 해설 | 주어가 복수인 They이므로, be동사는 are를 써야 한다.
(1) 해설 | be동사의 부정문은 「주어+be동사+not ~.」의 형태이다.
(2) 해설 | be동사의 의문문은 「be동사+주어 ~?」의 형태이다.

2 (sample) 해석 | 그 소년은 매우 높이 뛴다.
(1) 해석 | Martin은 이제 블록을 가지고 놀지 않는다.
(2) 해석 | 너는 영어 실력이 향상했니?
어휘 | improve 향상시키다 skill 실력

3 (sample) 해설 | '~할지도 모른다'라는 의미로 약한 추측을 나타내는 조동사는 may이다.
(1) 해설 | '~해야 했다'라는 의미로 과거의 의무를 나타낼 때 had to를 쓴다.
(2) 해설 | '~할 필요가 없다'라는 의미로 불필요를 나타낼 때 don't have to를 쓴다.
어휘 | match 경기, 시합
(3) 해설 | '~일 리가 없다'라는 의미로 강한 부정의 추측을 나타낼 때 can't를 쓸 수 있다.

4 (sample) 해설 | 조동사 뒤에는 동사원형이 와야 하므로, causes를 제외한 나머지를 배열한다.

어휘 | side effect 부작용 cause ~을 일으키다
(1) 해설 | 조동사의 의문문은 「조동사+주어+동사원형 ~?」의 형태이므로, do는 필요 없다.
어휘 | give a hand 돕다
(2) 해설 | 조동사의 부정문은 「주어+조동사+not+동사원형 ~.」이므로 does는 필요없다.

5 (sample) 해설 | am과 waiting이 있으므로 현재진행형 문장을 먼저 쓴 뒤, am 뒤에 not을 추가하여 부정문을 완성한다.
해석 | 나는 그를 기다리고 있다. → 나는 그를 기다리고 있지 않다.
(1) 해설 | are와 doing이 있으므로 현재진행형 문장을 먼저 완성하고, Are you doing ~?의 형태로 의문문을 완성한다.
해석 | 너는 과제를 하고 있다. → 너는 과제를 하고 있니?
(2) 해설 | was와 coming이 있으므로 과거진행형 문장을 먼저 쓴 뒤, was 뒤에 not을 추가하여 부정문을 완성한다.
해석 | 그녀는 길을 건너오고 있었다. → 그녀는 길을 건너오고 있지 않았다.
(3) 해설 | were와 playing이 있으므로 과거진행형 문장을 먼저 쓴 뒤, Were they playing ~?의 형태로 의문문을 완성한다.
해석 | 그들은 지난 주말에 야구를 하고 있었다. → 그들은 지난 주말에 야구를 하고 있었니?

6 (sample) 해설 | 빈칸 뒤에 「to+동사원형」이 있으므로, 주어 I와 am going을 이용하여 문장을 완성한다.
해석 | A: 너는 도서관에 갈 예정이니?
B: 아니, 그렇지 않아. 나는 체육관에 갈 예정이야.
(1) 해설 | 빈칸 뒤에 동사원형이 있으므로, 주어 I와 will을 이용하여 문장을 완성한다.
해석 | A: 너는 그녀를 버스 정류장에서 만날 거니?
B: 아니야. 나는 기차역에서 그녀를 만날 거야.
(2) 해설 | 빈칸 뒤에 「to+동사원형」이 있으므로 Are you going을 추가하여 의문문을 완성한다.
해석 | A: 너는 내일 영어를 공부할 예정이니?
B: 응, 그럴 예정이야.
(3) 해설 | 빈칸 뒤에 동사원형이 있으므로, Will you를 추가하여 의문문을 완성한다.
해석 | A: 너는 네 책상을 청소할 거니?
B: 응, 그럴 거야.

7 (sample) 해설 | '사랑스러운' 목소리라는 의미로 형용사 lovely가 명사 voice를 수식하고 있다.
(1) 해설 | 시험을 '잘' 보다라는 의미로 부사 well이 동사 do를 수식하고 있다.
(2) 해설 | '세찬' 비라는 의미로 형용사 heavy가 명사 rain을 수식하고 있다.
(3) 해설 | '거의' 비어 있다는 의미로 부사 nearly가 형용사 empty를 수식하고 있다.

8 (sample) 해석 | 나는 그에 관한 정보가 조금 필요하다.
(1) 해석 | 사탕을 좀 드시겠어요?
(2) 해석 | 그는 신비로운 무언가에 관해 이야기했다.
(3) 해석 | 너는 항상 여분의 타이어를 차에 두어야 한다.

적중 예상 전략 | 1

pp. 76~79

1 ④ 2 ④ 3 ④ 4 ② 5 ③ 6 ④ 7 ① 8 ③ 9 No, they aren't 10 (1) Yes, they do (2) she doesn't, takes a pottery class 11 (1) Peter does not [doesn't] study biology every day. (2) Does Peter study biology every day? 12 rides → ride 13 (1) can (2) must (3) will 14 doesn't have to attend 15 (A) was (B) play 16 I wasn't able to play it before. 17 Do you know the "I Spy" game? 18 (B) must (C) should

1 해설 | ④의 주어 Grace and Murphy는 복수이므로 빈칸에 are가 들어가고, 나머지 문장의 주어는 모두 3인칭 단수이므로 is가 들어간다.
해석 | ① 길이 축축하고 미끄럽다.
② 그녀는 보석 디자이너이다.
③ 이것은 당신의 이메일 주소입니까?
④ Grace와 Murphy는 매점에 있지 않다.
⑤ 네잎클로버는 행운의 상징이다.
어휘 | path 길 wet 축축한 slippery 미끄러운 jewelry 보석 cafeteria 매점 four-leaf clover 네잎클로버 symbol 상징 good luck 행운

2 해설 | be동사의 부정문은 「주어+be동사+not ~.」이고, 의문문은 「be동사+주어 ~?」이다. 주어가 3인칭 단수일 때 be동사의 과거형은 was를 쓴다.
해석 | 김 박사님은 아동 심리학 분야의 전문가이다.
④ 김 박사님은 아동 심리학 분야의 전문가가 아니었다.
어휘 | expert 전문가 psychology 심리학

3 해설 | Carl의 아침 일과를 나타내는 글이다. 주어 He[he]가 3인칭 단수이므로 일반동사의 현재형은 「동사원형+-(e)s」로

써야 한다. 따라서 빈칸에는 각각 walks와 prepares가 알맞다.

지문 해석 | Carl은 아침에 일찍 일어난다. 그는 오전 5시에 강아지를 산책시킨다. 그러고 나서 그는 자신의 도시락을 준비한다.

어휘 | walk a dog 개를 산책시키다

4 해설 | 「Did+주어+동사원형 ~?」은 일반동사 과거형의 의문문이므로, 「Yes, 주어+did.」 또는 「No, 주어+didn't.」로 답해야 한다. 질문의 주어가 you이므로 I로 답해야 하고, 빈칸 뒤의 내용으로 보아 부정의 대답인 ②가 알맞다.

해석 | A: 너는 지난 주말에 Den과 수족관에 갔었니, Sandy?
B: 아니, 그렇지 않아. 나는 그냥 집에 있었어.

어휘 | aquarium 수족관

5 해설 | ③ will not은 '~하지 않을 것이다'라는 미래의 의미이고 won't로 줄여 쓸 수 있다.
① '~해야 한다'라는 의미로 의무 · 충고 등을 나타내는 조동사는 must/have to/should이다.
② '~해 주시겠어요?'의 의미로 요청을 나타낼 때 조동사 can/will 등을 쓴다.
④ '~임에 틀림없다'라는 의미로 강한 추측을 나타내는 조동사는 must이다.
⑤ '~할 필요가 없다'라는 의미로 불필요를 나타낼 때 don't have to를 쓴다.

어휘 | clearly 분명히, 또박또박 hold 잡다 plant 공장 in operation 가동 중인 passport 여권

6 해설 | ⓐ mays → may / 조동사는 주어에 따라 형태가 바뀌지 않는다.
ⓒ prevents → prevent / 조동사 뒤에는 동사원형이 온다.
ⓓ not may → may not / 조동사의 부정형은 조동사 뒤에 not을 쓴다.

해석 | ⓑ 제가 그 제안을 받아들여야 할까요?
ⓔ 너는 알람을 맞출 필요가 없어.

어휘 | give (someone) a hand (~에게) 도움을 주다 accept a proposal 제안을 받아들이다 sunscreen 자외선 차단제 in a good mood 기분이 좋은 set the alarm 알람을 맞추다

7 해설 | 〈보기〉의 may와 ①의 can은 '~해도 될까요?'라는 의미로 허가를 나타내고, 나머지 문장의 can은 모두 '~할 수 있다'라는 의미로 능력 · 가능을 나타낸다.

해석 | 〈보기〉 제가 창가 자리에 앉아도 될까요?
① 제가 이 치마를 입어 봐도 될까요?
② 너는 내 말을 들을 수 있니?
③ 그들이 한국어를 이해할 수 있나요?
④ 북극곰은 수영을 잘한다.
⑤ 나는 이 수수께끼를 풀 수 있다.

어휘 | try on 입어 보다 polar bear 북극곰 riddle 수수께끼

8 해설 | ③은 '~해야 한다'라는 의미로 의무 · 필요를 나타낸다.

해석 | ① 우리에게 다음 기회는 없을지도 모른다.
② James는 오늘 밤 그녀와 함께 영화를 보러 갈지도 모른다.
③ 너는 반드시 자전거 헬멧을 착용해야 한다.
④ 그것은 불량품임이 틀림없다.
⑤ 그 소문은 사실이 아닌 것이 틀림없다.

어휘 | defective product 불량품 rumor 소문

9 해설 | 「be동사+주어 ~?」 형태의 의문문은 「Yes, 주어+be동사.」 또는 「No, 주어+be동사+not.」으로 답한다. 주어 the ingredients가 복수이고, 뒤에 식탁에 있다는 말이 이어지므로 부정의 대답인 No, they aren't.로 써야 한다.

해석 | A: 재료들이 냉장고에 있니?
B: 아니야. 그것들은 식탁 위에 있어.

어휘 | ingredient 재료 fridge 냉장고

10 해설 | 일반동사 현재형의 의문문에 대한 대답은 「Yes, 주어+do[does].」 또는 「No, 주어+don't[doesn't].」로 한다. 주어가 3인칭 단수일 때 일반동사의 현재형은 「동사원형+-(e)s」이다.

해석 | (1) A: Jake와 Emma는 공상 소설을 좋아하나요?
B: 네, 맞아요.
(2) A: Emma는 연기 수업을 듣나요?
B: 아니요, 그렇지 않아요. 그녀는 도예 수업을 들어요.

어휘 | fantasy novel 공상 소설 acting 연기 pottery 도예

11 해설 | 주어 Peter가 3인칭 단수이므로, 부정문은 「주어+does not[doesn't]+동사원형 ~.」, 의문문은 「Does+주어+동사원형 ~?」의 형태로 써야 한다.

해석 | Peter는 매일 생물학을 공부한다.
(1) Peter는 매일 생물학을 공부하지 않는다.
(2) Peter는 매일 생물학을 공부하니?

어휘 | biology 생물학

12 해설 | 조동사 뒤에는 동사원형이 와야 하므로 rides를 ride로 고쳐 써야 한다.

해석 | Olivia는 롤러코스터를 탈 수 있다.

어휘 | ride a roller coaster 롤러코스터를 타다

13 해설 | (1) William이 힘이 세서 무거운 짐을 '옮길 수 있다'라는 의미가 자연스러우므로 can이 와야 한다.
(2) 안전띠를 '매야 한다'라는 의미가 자연스러우므로 조동사 must가 와야 한다.
(3) 이번 주말에 조부모님댁을 '방문할 것이다'라는 의미가 자연스러우므로 조동사 will이 와야 한다.

해석 | (1) William은 힘이 아주 세다. 그는 무거운 짐을 옮길 수 있다.
(2) 우리는 차에서 안전띠를 매야 한다.
(3) 우리 가족은 이번 주말에 조부모님 댁을 방문할 것이다.
어휘 | carry 옮기다 seat belt 안전띠

14 해설 | '~할 필요가 없다'라는 의미로 불필요를 나타낼 때 「don't [doesn't] have to+동사원형」을 이용한다.

15 해설 | (A) 주어가 she이고 글이 과거에 있었던 일을 나타내므로 be동사의 과거형 was로 써야 한다. (B) be able to 뒤에는 동사원형이 와야 하므로 play를 써야 한다.
지문 해석 | 7살 난 Louise는 양손을 다쳐서 수술을 받았다. 그래서 그녀는 병원에 입원해 있었다. 어느 날 한 의사가 그녀를 보러 왔다. 그 의사를 보았을 때, 그녀가 의사에게 물었다. "제가 나중에 피아노를 칠 수 있을까요?" "물론, 칠 수 있지. 그러니 너무 많이 걱정하지 말거라."라고 의사는 대답했다. "하지만 이상하네요."라고 Louise가 말했다. "저는 예전에는 그것을 칠 수 없었거든요."
어휘 | surgery 수술

16 해설 | 주어진 표현에 wasn't, able, to가 있고, '~할 수 없었다'라는 의미의 부정문이 되어야 하므로, 「주어(I)+wasn't able to+동사원형(play) ~.」의 순으로 배열한다.

17 해설 | 일반동사(know)의 의문문은 「Do[Does]/Did+주어+동사원형 ~?」으로 써야 하므로, Are를 Do로 고쳐야 한다.
지문 해석 | 당신은 'I Spy'라는 게임을 아는가? 그것은 어린이들 사이에서 매우 인기 있는 게임이다. 또한 그것은 하기에 매우 간단한 게임이다. 여기 게임을 하는 방법이 있다. 한 사람이 한 단어를 선택한다. 그 단어는 당신이 방안에서 볼 수 있는 어떤 것의 이름이어야 한다. 그 사람이 'cup'을 골랐다고 해 보자. 그 사람은 "나는 C로 시작하는 어떤 것을 내 작은 눈으로 염탐합니다."라고 말한다.그러면 다른 사람들이 주위를 둘러보고 그 단어가 무엇인지 추측해야 한다. 한 사람이 그 단어를 맞히면 그 사람이 다음 단어를 선택한다.

어휘 | spy 정보[스파이] 활동을 하다 popular 인기 있는 among ~ 사이에 how to ~하는 방법 choose 선택하다 beginning with ~으로 시작하는 look around 둘러보다 guess 추측하다

18 해설 | (B) '어떤 것의 이름이어야 한다'라는 의미가 자연스러우므로 must가 알맞다. (C) '주위를 둘러보고 추측해야 한다'라는 의미가 자연스러우므로 should가 알맞다.

적중 예상 전략 | ❷

pp. 80~83

1 ④ 2 ④ 3 ⑤ 4 ② 5 ② 6 ⑤ 7 ④ 8 ③ 9 ⑤ 10 ④, ⑤ 11 I wasn't, was sleeping 12 preparing, is going to 13 (A) easily (B) high 14 (1) Liam often rides a bike. (2) Liam is never late for class. (3) Liam usually has dinner at home. 15 I am enjoying the summer vacation with my parents now. 16 우리는 오후에 에펠탑을 방문할 예정이다. 17 ⓓ, many → much 18 They are cooking something delicious in the kitchen.

1 해설 | next Monday는 미래를 나타내는 표현이므로 첫 번째 문장의 빈칸에는 「will+동사원형」의 미래시제가 알맞다. yesterday morning은 과거를 나타내는 표현이므로, 두 번째 빈칸에는 「동사원형+-(e)d」 형태의 arrived가 알맞다.
해석 | • 그는 다음주 월요일 오전 10시에 열리는 업무 회의에 참석할 것이다.
• 통학 버스는 어제 아침 늦게 도착했다.
어휘 | attend 참석하다 arrive 도착하다

2 해설 | 주어가 단수이고, 현재를 나타내는 표현인 now가 있으므로 현재시제(carries)나 현재진행형(is carrying)이 들어가야 한다.
해석 | 그 남자는 지금 상자를 나르고 있다.

3 해설 | 「will+동사원형」은 「be going to+동사원형」으로 바꿔 쓸 수 있다.
해석 | Ted는 공항으로 나를 데리러 올 것이다.
① Ted는 공항으로 나를 데리러 왔다.
② Ted는 공항으로 나를 데리러 올지도 모른다.
③ Ted는 공항으로 나를 데리러 와야 한다.
④ Ted는 공항으로 나를 데리러 오고 있었다.
⑤ Ted는 공항으로 나를 데리러 올 것이다.
어휘 | pick up ~을 (차에) 태우러 가다

4 해설 | ② 주어가 복수이고, 과거를 나타내는 부사 yesterday가 있으므로 과거진행형은 were를 이용해서 써야 한다.

5 해설 | ②를 제외한 나머지는 미래를 나타내는 「be going to+동사원형」이고, ②는 「be동사+동사원형-ing」 형태의 현재진행형이다.
해석 | ① 나는 축구를 할 것이다.
② 그 쇼는 생방송으로 진행되고 있습니다.
③ 그는 노트북을 사지 않을 것이다.

④ 그녀는 소포를 보낼 것이다.
⑤ 너는 여기에 머무를 거니?
어휘 | go out (라디오 · 텔레비전 프로그램이) 방송되다 package 소포, 꾸러미

6 해설 | 명사 story를 수식하는 자리이므로 형용사가 와야 한다. 부사 sadly(슬프게)는 명사를 수식할 수 없다.
해석 | 나는 오늘 매우 짧은[웃긴/흥미로운/무서운] 이야기를 읽었다.

7 해설 | 동사 should use를 수식하는 부사가 와야 하므로 carefully가 알맞다. 부사 hardly(거의 ~ 않다)는 의미상 어울리지 않고 lovely(사랑스러운), friendly(친근한), difficult(어려운)는 형용사이다.
해석 | ④ 너는 칼을 조심히 사용해야 한다.

8 해설 | ③ -one로 끝나는 대명사는 형용사가 뒤에서 수식하므로 someone popular로 고쳐야 한다.
해석 | ① 우리는 서로를 거의 알지 못한다.
② 그들은 아주 멋진 집을 가지고 있다.
④ 그 소년은 거리를 빠르게 걸었다.
⑤ 파랑새는 하늘 높이 날고 있다.
어휘 | popular 인기 있는

9 해설 | 수량형용사 some은 긍정문과 권유문에 쓰이고, any는 부정문과 의문문에 쓰인다.
해석 | ⓐ 너는 어떤 공부 비법이 있니?
ⓑ 사과 주스 좀 드실래요?
ⓒ 마당에 나무가 몇 그루 있다.
ⓓ 바구니에 어떤 공도 없다.
ⓔ 나는 그 학교에 다니는 몇몇 학생들을 알고 있다.
어휘 | tip 비법, 조언 yard 마당 basket 바구니

10 해설 | 〈보기〉와 ④, ⑤의 밑줄 친 부분은 주어를 보충 설명하는 형용사이고, 나머지는 동사를 수식하는 부사이다.
해석 | 〈보기〉 그 영화는 훌륭했다.
① 그녀는 빠르게 말하지 않는다.
② 그 남자는 나를 친절하게 도와주었다.
③ 독수리는 아주 높이 날 수 있다.
④ 네가 그 드레스를 입으니 아주 예쁘다!
⑤ 겨울에는 날씨가 춥고 건조하다.
어휘 | kindly 친절하게 eagle 독수리 dry 건조한

11 해설 | 과거진행형 의문문으로 과거의 특정 시점에 진행 중이던 일을 묻고 있으므로 be동사를 이용하여 부정의 대답을 완성하고, 실제로 하고 있던 일을 과거진행형으로 이야기하는 것이 자연스럽다.
해석 | A: 너는 어젯밤 11시에 통화 중이었니?
B: 아니, 그렇지 않아. 나는 그때 침대에서 자고 있었어.

12 해설 | 소라는 환경 캠페인을 준비하고 있고, 세호가 소라를 도와 포스터를 만들겠다고 했다. 따라서 첫 번째 빈칸은 「be동사+동사원형-ing」의 현재진행형으로, 두 번째 빈칸은 「be going to+동사원형」의 미래시제로 써야 한다.
해석 | 세호: 무엇을 하고 있니, 소라야?
소라: 나는 환경 캠페인을 준비하고 있어.
세호: 오, 대단해! 내가 도울 것이 있을까?
소라: 물론이지. 너는 포스터를 만들 수 있니?
세호: 문제없어. 내가 포스터를 만들게.
소라는 환경 캠페인을 준비하고 있다. 세호는 그녀를 도울 것이다. 그는 포스터를 만들 것이다.
어휘 | prepare 준비하다 environmental 환경의 campaign 캠페인, 운동 poster 포스터, 벽보

13 해설 | (A)에는 동사 solved를 수식하는 부사가 와야 하므로 easily로 써야 한다. (B)는 명사를 수식하는 형용사 자리이므로 high를 그대로 쓴다.
해석 | 수진이는 오늘 수학 시험을 봤다. 시험은 쉬웠다. 그래서 그녀는 문제를 쉽게 풀었고 높은 점수를 받았다.
어휘 | solve 풀다 score 점수

14 해설 | 빈도부사는 일반적으로 be동사와 조동사 뒤에, 일반동사 앞에 쓴다.
해석 | (1) Liam은 자전거를 탄다. → Liam은 종종 자전거를 탄다.
(2) Liam은 수업에 늦는다. → Liam은 수업에 절대 늦지 않는다.
(3) Liam은 집에서 저녁을 먹는다. → Liam은 보통 집에서 저녁을 먹는다.

15 해설 | '지금 ~하고 있다'라는 의미이므로 현재진행형을 이용하여 '나는(I) / 즐기고 있다(am enjoying) / 여름 휴가를(the summer vacation) / 부모님과 함께(with my parents) / 지금(now)'의 순으로 영작한다.
지문 해석 | 나는 지금 부모님과 함께 여름 휴가를 즐기고 있다. 우리는 어제 파리에 왔다. 우리는 전통 호텔에 머물렀다. 오늘 우리는 오전에 루브르 박물관에 갔다. 루브르 박물관은 세계에서 가장 큰 박물관이다. 약 35,000점의 다양한 예술 작품이 있다. 우리는 많은 유명한 그림들을 봤다. 우리는 오후에 에펠탑을 방문할 예정이다. 나는 여기서 즐거운 시간을 보낼 것이다.

어휘 | traditional 전통의, 전통적인

16 해설 | 「be going to+동사원형」은 미래를 나타내고, '~할 예정이다'로 해석한다.

17 해설 | ⓓ homework가 셀 수 없는 명사이므로, many를

much로 고쳐야 한다.

지문 해석 | Mike는 작은 집에서 그의 부모님과 함께 산다. 그의 아버지는 훌륭한 요리사이다. 그의 어머니도 요리를 잘 하신다. 그들은 주방에서 무언가 맛있는 것을 요리하고 있다. Mike는 지금 자신의 방에서 숙제를 하고 있다. 그는 오늘 숙제가 너무 많다. 하지만 그는 모든 것을 빨리 끝내고 그의 부모님과 맛있는 저녁을 즐길 것이다.

18 해설 | -thing으로 끝나는 대명사는 형용사가 뒤에서 수식하므로, '그들은(They) / 요리하고 있다(are cooking) / 무언가 맛있는 것을(something delicious) / 주방에서(in the kitchen)'의 순으로 배열한다.

BOOK 2 정답과 해설

1주 문장의 형식과 종류 / 연결어

해석 | 1 여: 새들이 나뭇가지 위에서 노래해. 그것들의 노래는 아름다워.
2 아빠: 봐! 아들, 내 친구에게서 강아지를 받아 왔단다.
아들: 너무 귀여워요. 저는 강아지를 바로라고 이름 지을 거예요.
a. Sam의 친구는 Sam에게 바로를 주었다.
b. Sam은 그의 친구에게 바로를 주었다.
3 여: 그 케이크 정말 맛있어 보여! 그걸 왜 만들었어?
남: b. 엄마의 생신이잖아. 잊어버렸다고 내게 말하지 마.
a. 내가 케이크를 만들었어.
4 아들: 저는 초콜릿과 사탕을 조금 살거예요.
엄마: 단 것은 치아에 좋지 않기 때문에 너무 많이 먹지 말아야 해.

1주 1일 개념 돌파 전략 ❶ pp. 8~11

개념 1 Quiz 해설 | (1) 주어와 동사로 이루어진 1형식 문장이다.
(2) 주어, 동사, 주격 보어로 이루어진 2형식 문장이다.
해석 | (1) 그 아기는 울었다.
(2) 그것은 좋은 냄새가 난다.
어휘 | smell 냄새가 나다

개념 2 Quiz 해설 | (1) 주어, 동사, 목적어로 이루어진 3형식 문장이다.
(2) 주어, 동사, 간접목적어, 직접목적어로 이루어진 4형식 문장이다.
해석 | (1) 나는 꽃을 좋아한다.
(2) 그는 나에게 이메일을 보냈다.

개념 3 Quiz 해설 | 주어, 동사, 목적어, 목적격 보어로 이루어진 5형식 문장이다.
해석 | 우리는 그녀를 천재라고 부른다.
어휘 | genius 천재

1-2 주어, 주격 보어, 행복해 **2-2** 간접목적어, 직접목적어, 나에게 햄버거를 **3-2** 목적어, 목적격 보어, 그 책이 어렵다는

1-2 해설 | 「주어+동사+주격 보어」 형태의 2형식 문장으로, '(주어)는 ~이다/~하다'로 해석한다. 보어(happy)는 주어(He)를 보충 설명한다.

2-2 해설 | 「주어+동사+간접목적어+직접목적어」 형태의 4형식 문장으로, '(주어)는 ~에게 …를 ~하다'로 해석한다.

3-2 해설 | 「주어+동사+목적어+목적격 보어」 형태의 5형식 문장으로, '(주어)는 ~를 …라고/…하게 ~하다'로 해석한다.

개념 4 Quiz 해설 | (1) 「Be동사+주어 ~?」 형태의 의문문이다.
(2) 「How+형용사+주어+동사!」 형태의 감탄문이다.
(3) 동사원형으로 시작하는 명령문이다.
해석 | (1) 그녀는 선생님이니?
(2) 그는 정말 키가 크구나!
(3) TV를 켜.

개념 5 Quiz 해설 | 두 개의 동사구 smells bad와 tastes good이 등위접속사 but으로 연결되어 있다.
해석 | 이 과일은 냄새가 고약하지만 맛이 좋다.

개념 6 Quiz 해설 | (1) '~라고'의 의미를 나타내므로 명사절을 이끄는 접속사 that이 알맞다.
(2) '~이기 때문에'라는 의미로 이유를 나타내는 부사절을 이끄는 접속사 because가 알맞다.

4-2 (1) Be quiet in the classroom. (2) How brave you are! (3) Do they live in this town? **5-2** so, 나는 정말 피곤해서 **6-2** Because, 하루 종일 비가 많이 내렸기 때문에

4-2 해설 | (1) 주어가 없으므로, 동사원형(Be)으로 시작하는 명령문으로 쓴다.
(2) 「How+형용사+주어+동사!」 형태의 감탄문으로 쓴다.
(3) 「Do+주어+동사원형 ~?」 형태의 의문문으로 쓴다.
해석 | (1) 교실에서는 조용히 해.
(2) 너는 정말 용감하구나!
(3) 그들은 이 마을에 사니?
어휘 | brave 용감한

5-2 해설 | '원인과 결과'의 의미로, 두 개의 절을 연결하는 등위접속사 so가 필요하다.
어휘 | go to bed 잠자리에 들다

6-2 해설 | '~이기 때문에'라는 의미로 부사절을 이끄는 종속접속사 Because가 알맞다.
어휘 | all day 하루 종일 go on a picnic 소풍을 가다

1주 1일 개념 돌파 전략 ❷ pp. 12~13

1 (1) 주어: Oliver and Lucy, Oliver와 Lucy는 미소 지었다. (2) 주어: They, 주격 보어: my neighbors, 그들은 나의 이웃들이다. 2 (1) the piano, Brian은 피아노를 칠 수 있다. (2) me, new shoes, 엄마는 나에게 새 신발을 사 주셨다. 3 (1) 목적어: the movie, 목적격 보어: interesting, 나는 그 영화가 재미있다는 걸 알게 되었다. (2) 목적어: her son, 목적격 보어: Noah, Maria는 자신의 아들을 Noah라고 이름 지었다. 4 (1) 이 의자는 정말 편안하구나! (2) 너는 내 전화번호를 알고 있니? 5 (1) 나는 이 청바지나 저 치마를 살 것이다. (2) 나는 배가 고파서 접시에 있는 모든 것을 먹었다. 6 (1) 그녀는 Kevin이 성공할 거라고 믿는다. (2) 그 남자는 그가 경찰을 보았을 때 도망쳤다.

1 해설 | (1) Oliver and Lucy가 주어, smiled가 동사인 1형식 문장이다.
(2) They가 주어, my neighbors가 주격 보어인 2형식 문장이다.

2 해설 | (1) 목적어가 the piano 하나인 3형식 문장이다.
(2) 목적어가 두 개인 4형식 문장으로, me는 간접목적어이고, new shoes는 직접목적어이다.

3 해설 | (1) 목적격 보어 interesting이 목적어 the movie를 보충 설명하는 5형식 문장이다.
(2) 목적격 보어 Noah가 목적어 her son을 보충 설명하는 5형식 문장이다.

4 해설 | (1) 「How+형용사/부사(+주어+동사)!」 형태의 감탄문이다. 감탄문은 '정말 ~하구나!'라고 해석한다.
(2) 「Do+주어+동사원형 ~?」 형태의 의문문이다. 의문문은 '~이니/~하니?'로 해석한다.

5 해설 | (1) 등위접속사 or는 '또는'의 의미로 단어, 구, 절을 연결한다.
(2) 등위접속사 so는 '그래서'의 의미로 두 개의 절을 '원인과 결과'의 관계로 연결한다.

6 해설 | (1) 접속사 that은 '~라는 것/~라고'의 의미로 명사절을 이끈다.
(2) 접속사 when은 '~할 때'의 의미로 부사절을 이끈다.

1주 2일 필수 체크 전략 ❶ pp. 14~17

전략 1 필수 예제

해설 | (1) 주어 자리이므로, 주격 인칭대명사 She가 알맞다.
(2) 날씨를 나타내는 문장의 주어 자리이므로 비인칭 주어 It이 알맞다.
(3) 주어 a cat이 단수 명사이므로 is가 알맞다.
(4) live는 1형식 동사이므로, 뒤에 장소를 나타내는 전치사구가 이어지도록 in이 함께 와야 한다.
해석 | (1) 그녀는 울었다.
(2) 멀리서 천둥이 울린다.
(3) 소파 위에 고양이가 한 마리 있다.
(4) 나의 조부모님은 우리 동네에 살고 계신다.

확인 문제

1 (1) I (2) are (3) walks to school 2 It snowed a lot last winter.

1 해설 | (1) 주어 자리이므로, 주격 인칭대명사 I가 와야 한다.
(2) 주어 a lot of people이 복수이므로 is를 are로 고쳐야 한다.
(3) walk는 1형식 동사이므로, 뒤에 장소를 나타내는 전치사구가 이어지도록 to가 함께 와야 한다.
해석 | (1) 나는 버스 정류장으로 달려갔다.
(2) 공원에 많은 사람들이 있다.
(3) Peter는 매일 아침 학교에 걸어간다.

2 해설 | 날씨를 나타내는 문장이므로, 비인칭 주어 It을 이용하여 'It / 눈이 내렸다(snowed) / 많이(a lot) / 작년 겨울에(last winter)'의 순서로 배열한다.

전략 2 필수 예제

해설 | (1) 주격 보어 자리에 명사가 바르게 쓰였다.
(2) 주격 보어 자리에 형용사가 바르게 쓰였다.
(3) 감각동사 look 뒤의 주격 보어 자리이므로, 형용사 delicious가 와야 한다. 부사는 보어 자리에 올 수 없다.
(4) 감각동사 뒤의 주격 보어 자리이므로, 형용사 cold가 와야 한다.
해석 | (1) Lucy와 Emma는 나의 가장 친한 친구들이다.
(2) 하늘이 맑고 화창해졌다.
(3) 식탁 위의 케이크는 맛있어 보인다.
(4) 얼음은 차갑게 느껴진다.

확인 문제

1 (1) hungry (2) actor (3) salty 2 sweetly → sweet

1 해설 | (1) '배고픈'이라는 의미의 형용사 hungry가 와야 한다.
(2) '유명한 영화배우'라는 의미가 되도록 명사 actor가 와야 한다.
(3) 감각동사 taste가 쓰였으므로, 형용사 salty가 와야 한다.
해석 | (1) 나는 너무 배가 고프다.
(2) Kevin은 유명한 영화배우가 되었다.
(3) 이 스프는 맛이 짜다.
어휘 | hunger 배고픔 active 활동적인

2 해설 | smell은 감각동사이므로, 주격 보어 자리에 형용사가 와야 한다. 따라서 부사 sweetly를 형용사 sweet로 바꿔 써야 한다.
해석 | 너의 정원에 있는 꽃들은 정말 달콤한 향기가 난다.

전략 3 필수 예제

해설 | (1) 목적어 자리이므로 목적격 인칭대명사 him이 와야 한다.
(2) 3형식 문장은 동사 뒤에 목적어가 바로 와야 한다.
(3) 4형식 문장은 동사 뒤에 간접목적어(사람)와 직접목적어(사물)가 차례로 온다.
(4) 4형식 동사 make는 3형식으로 쓸 때 전치사 for를 이용한다.
해석 | (1) 나는 도서관에서 그를 보았다.
(2) Olivia는 점심으로 스파게티를 먹었다.
(3) Steve는 방과 후에 그녀에게 영어를 가르쳐 준다.
(4) 할머니께서 나에게 스웨터를 만들어 주셨다.

확인 문제

1 (1) me (2) a new book (3) him a cell phone 또는 a cell phone for him 2 to me

1 해설 | (1) 목적어 자리이므로 목적격 인칭대명사 me로 바꿔야 한다.
(2) 3형식 문장은 동사 뒤에 목적어가 바로 와야 한다.
(3) 4형식 문장은 간접목적어(사람)가 직접목적어(사물) 앞에 오므로 him을 먼저 쓰거나, 전치사 for를 넣어 3형식으로 써야 한다.
해석 | (1) Terry가 어젯밤 나에게 전화했다.
(2) 그녀는 새 책을 썼다.
(3) 그의 어머니는 그에게 휴대 전화를 사 주셨다.

2 해설 | 4형식 동사 show는 3형식으로 쓸 때 전치사 to를 이용하므로 to me를 써야 한다.
해석 | David는 나에게 그의 강아지를 보여 주었다.
어휘 | puppy 강아지

전략 4 필수 예제

해설 | (1) 목적어인 his son과 William은 같은 대상을 나타내므로 목적격 보어로 명사가 바르게 쓰였다.
(2) 목적어인 musical의 '재미있는(interesting)' 상태를 설명하고 있으므로 목적격 보어로 형용사가 와야 한다.
(3) 목적어인 me의 '행복한(happy)' 상태를 설명하고 있으므로 목적격 보어로 형용사가 와야 한다.
(4) 목적어인 your hands의 '깨끗한(clean)' 상태를 설명하고 있으므로 목적격 보어로 형용사가 바르게 쓰였다.
해석 | (1) 나의 삼촌은 자신의 아들을 William이라고 이름 지었다.
(2) 우리는 그 뮤지컬이 재미있다는 걸 알게 되었다.
(3) 그의 노래는 나를 행복하게 만든다.
(4) 너는 네 손을 깨끗하게 유지해야 한다.

확인 문제

1 (1) My grandparents call me baby. (2) Exercise keeps your body healthy. 2 difficultly → difficult

1 해설 | (1) '(주어)는 ~를 …라고/…로 ~하다'라는 의미이므로, 「주어+동사+목적어+목적격 보어(명사)」 순으로 배열한다.
(2) '(주어)는 ~를 …하게 ~하다'라는 의미이므로, 「주어+동사+목적어+목적격 보어(형용사)」 순으로 배열한다.

2 해설 | 「주어+동사+목적어+목적격 보어」 형태의 5형식 문장이다. 목적격 보어가 목적어의 상태를 나타낼 때는 형용사가 와야 하므로 부사 difficultly를 형용사 difficult로 바꿔 써야 한다.
해석 | Kelly는 시험이 매우 어렵다고 생각했다.

1주 2일 필수 체크 전략 ❷ pp. 18~19

1 (A) are (B) cute 2 ③ 3 ④ 4 (A) dead (C) strange 5 Billy met his neighbor

1 해설 | (A) 주어 two rabbits가 복수이므로 복수 동사 are가 알맞다. (B) 감각동사 뒤에는 형용사가 주격 보어로 오므로 cute가 알맞다. 부사는 보어 자리에 올 수 없다.
해석 | 잔디밭에 토끼 두 마리가 있다. 그것들은 매우 귀여워 보인다.
어휘 | grass 잔디(밭)

2 해설 | Cindy는 간접목적어, her tablet PC는 직접목적어인 4형식 문장이다. 두 목적어의 위치를 바꾸고 간접목적어 앞에 전치사를 써서 3형식으로 바꿀 수 있다. 동사 lend는 4형식을 3형식으로 바꿀 때 전치사 to를 이용한다.
해석 | Linda는 Cindy에게 자신의 태블릿 PC를 빌려주었다.
어휘 | lend 빌려주다 (-lent-lent) tablet PC 태블릿 PC

3 해설 | ④는 직접목적어이고, 나머지는 모두 목적어를 보충 설명하는 목적격 보어이다.
해석 | ① 그들은 자신들의 아기를 Cathy라고 이름 지었다.
② 나의 할머니는 나를 천사라고 부른다.
③ 그녀는 자신의 딸을 농구 선수로 만들었다.
④ Jacob은 나에게 그의 가족사진을 보여 주었다.
⑤ 그들은 Tom을 반장으로 선출했다.
어휘 | elect 선출하다 class president 반장

4 해설 | (A) 주어인 The rabbit의 '죽어 있는(dead)' 상태를 설명하고 있으므로 주격 보어로 형용사가 와야 한다.
(C) sound는 감각동사이므로 주격 보어로 형용사 strange가 오는 것이 알맞다.
지문 해석 | 어느 날, Billy의 개가 이웃의 토끼를 입에 물고 왔다. 그 토끼는 죽어 있었다. Billy는 자신의 이웃이 매우 화를 낼 것이라고 확신했다. 그래서 그는 그 토끼를 집으로 가져가서 목욕을 시키고 털을 말렸다. 그러고 나서 그는 그것을 이웃 집에 있는 우리 속에 도로 넣어두었다. Billy는 그들이 자신들의 토끼가 자연적으로 죽었다고 생각하기를 바랐다. 다음 날 아침 Billy는 이웃을 만났다. 그 남자는 "이상하게 들릴지도 모르겠지만, 누군가 어제 우리의 죽은 토끼를 파내서 목욕을 시키고 다시 우리 속에 되돌려 놓았다오."라고 말했다.

5 해설 | 3형식 문장의 구조에 유의하며, 'Billy는(주어) / 만났다(동사) / 그의 이웃을(목적어)'의 순으로 배열한다.

1주 3일 필수 체크 전략 ❶ pp. 20~23

전략 1 필수 예제
해설 | (1) 명령문은 동사원형으로 시작하므로 Be가 알맞다.
(2) 부정 명령문은 「Don't [Never]+동사원형 ~.」의 형태이므로 Don't가 알맞다.
(3) 네모 뒤에 형용사 tall이 있으므로 How가 알맞다.
(4) 네모 뒤에 「a+형용사+명사」인 a boring movie가 있으므로 What이 알맞다.
해석 | (1) 다른 사람들에게 친절하게 대해라.
(2) 다시는 내게 거짓말 하지 마.
(3) 그 건물은 정말 높구나!
(4) 정말 지루한 영화였어!

확인 문제

1 (1) Open the door (2) Never be late (3) How lovely 2 What a wonderful concert (it was)!

1 해설 | (1) 명령문은 동사원형으로 시작하므로, Opens를 Open으로 고쳐야 한다.
(2) 부정 명령문은 「Don't [Never]+동사원형 ~.」으로 나타내므로 being을 be로 고쳐야 한다.
(3) 뒤에 these kittens가 주어이고, 또 다른 명사가 없으므로, 형용사 lovely를 강조하는 감탄문이 되도록 How lovely로 써야 한다.
해석 | (1) 저를 위해 문을 열어 주세요.
(2) 수업에 절대 늦지마.
(3) 이 새끼 고양이들은 정말 사랑스럽구나!

2 해설 | concert가 명사이므로, What 감탄문을 이용하여 「What+a+형용사+명사(+주어+동사)!」의 순으로 쓴다.
해석 | 그것은 매우 훌륭한 콘서트였다. → 정말 훌륭한 콘서트였어!

전략 2 필수 예제
해설 | (1) 뒤에 일반동사가 없으므로, be동사 Is가 알맞다.
(2) 뒤에 일반동사 like가 있으므로 Don't가 알맞다.
(3) be동사가 있는 의문사 의문문은 의문사 뒤에 「be동사+주어 ~?」가 이어져야 하므로 were you가 알맞다.
(4) 앞에 일반동사의 긍정문이 쓰였으므로 부가의문문은 doesn't she?가 알맞다.

해석 | (1) 이 책은 슬프니?
(2) 너는 피자를 안 좋아하니?
(3) 너는 어젯밤에 어디에 있었니?
(4) Tina는 한국어를 잘해, 그렇지 않니?

확인 문제

1 (1) Are you and your brother twins? (2) What did you eat for lunch? (3) Lily looked very angry, didn't she? 2 does he

1 해설 | (1) be동사가 있는 의문문이므로 「be동사+주어 ~?」의 순으로 쓴다.
(2) 일반동사가 있는 의문사 의문문이므로 「의문사+did+주어+동사원형 ~?」의 순으로 쓴다.
(3) 일반동사 looked를 포함하여 평서문을 먼저 쓰고, 뒤에 부가의문문 「didn't+주어(she)?」를 덧붙인다.

2 해설 | 앞에 일반동사의 부정문이 쓰였고, 주어 Mr. Brown이 남자이므로, 부가의문문은 주어를 he로 바꾸고 긍정형으로 쓴다.
어휘 | spicy 매운

전략 3 필수 예제

해설 | ④의 반칸에는 '그래서'의 의미로 원인-결과의 절을 연결하는 등위접속사 so가 어울리고, 나머지는 모두 '그리고'라는 의미로 비슷한 것을 나열할 때 쓰는 등위접속사 and가 어울린다.
해석 | ① 미술과 체육은 내가 좋아하는 과목이다.
② 코끼리는 크고 힘이 세다.
③ Jenny는 목욕을 하고 잠자리에 들었다.
④ 날씨가 화창해서 나는 소풍을 갔다.
⑤ Henry는 영어, 한국어, 그리고 중국어를 말할 수 있다.

확인 문제

1 (1) so (2) or (3) and 2 strong

1 해설 | (1) 잠을 자지 못해서(원인) 피곤한(결과) 것이므로 so가 들어가야 한다.
(2) 셋 중 하나를 선택할 수 있다는 의미이므로 or가 들어가야 한다.
(3) 손을 씻고 저녁을 먹으라는 의미가 되도록 and가 들어가야 한다.
해석 | (1) Dylan은 잠을 잘 자지 못해서 피곤했다.
(2) 당신은 차, 커피, 또는 탄산음료를 선택할 수 있다.
(3) 손을 씻고 저녁을 먹어라.

2 해설 | 등위접속사가 연결하는 어구는 문법적으로 같은 형태여야 하므로, 주격 보어 역할을 하는 형용사 tall과 연결되도록 부사 strongly를 형용사 strong으로 고쳐야 한다.
해석 | 그 남자는 키가 크고 힘이 세다.

전략 4 필수 예제

해설 | (1) '~라고'의 의미로 목적어 역할을 하는 명사절을 이끄는 접속사 that이 알맞다.
(2) '~해서'라는 의미로 이유의 부사절을 이끄는 접속사 because가 알맞다.
(3) '~한 후에'라는 의미로 시간의 부사절을 이끄는 접속사 after가 알맞다.

확인 문제

1 (1) that (2) when (3) because 2 are → is

1 해설 | (1) '~라는 것'의 의미로 보어로 쓰인 명사절을 이끄는 접속사 that이 알맞다.
(2) '그 소식을 들었을 때' 충격을 받았다는 의미가 자연스러우므로 when이 알맞다.
(3) '도로가 미끄러워서'의 의미가 자연스러우므로 because가 알맞다.
해석 | (1) 진실은 내가 최선을 다하지 않았다는 것이었다.
(2) 나는 그 소식을 들었을 때 충격을 받았다.
(3) 도로가 미끄러워서 차들이 천천히 움직이고 있었다.
어휘 | truth 진실 shocked 충격을 받은 slippery 미끄러운

2 해설 | 주어로 쓰인 that절은 단수 취급하므로, 동사 are를 is로 바꿔야 한다.
해석 | 해가 동쪽에서 뜬다는 것은 사실이다.
어휘 | rise (해 · 달이) 뜨다

필수 체크 전략 ❷ pp. 24~25

1 (1) Don't (2) Do (3) How (4) What 2 ③ 3 ④
4 where did the word *barbecue* come from 5 (B) After (C) because

1 해설 | (1) '~하지 마라'라는 의미의 부정 명령문이 되도록 Don't가 들어가야 한다.
(2) '~해 주세요'라는 부탁의 의미가 있는 명령문이 되도록 동사원형 Do가 들어가야 한다.
(3) 형용사 clever를 강조하는 감탄문이 되도록 How가 들어가야 한다.
(4) 빈칸 뒤에 「a+형용사+명사」가 있으므로 명사를 강조하는 감탄문이 되도록 What이 들어가야 한다.
해석 | (1) 에스컬레이터에서는 걷거나 뛰지 마라.
(2) 설거지를 해 주세요.
(3) 너는 정말 현명하구나!
(4) 정말 멋진 날이구나!

2 해설 | 부가의문문은 앞 문장이 긍정문이면 부정형으로, 부정문이면 긍정형으로 쓴다. be동사와 조동사는 그대로, 일반동사는 do[does/did]로, 주어는 대명사로 바꿔 쓴다. 첫 번째 빈칸에는 부정형 isn't it이, 두 번째 빈칸에는 긍정형 was he가 들어가야 한다. 세 번째 문장은 의문사가 있는 의문문이고, 빈칸 뒤에 동사원형 do가 있으므로 do you가 알맞다.
해석 | • 저것은 너의 휴대 전화야, 그렇지 않니?
• 그는 회의에 늦지 않았어, 그렇지?
• 너는 여가 시간에 보통 무엇을 하니?
어휘 | free time 여가 시간

3 해설 | think의 목적어 역할을 하는 명사절이 필요하므로 접속사 that이 들어가야 한다.
해석 | 나는 그것이 훌륭한 아이디어라고 생각한다.

4 해설 | 주어진 표현에 의문사 where, did, 일반동사 come이 있으므로, 「의문사+did+주어+동사원형 ~?」의 순으로 배열한다.
지문 해석 | 우리는 야외에서 음식을 요리하기 위해 바비큐 틀을 이용한다. 그러면 '바비큐'라는 단어는 어디에서 유래했을까? 그것은 아이티 말인 barbacoa에서 유래한 것처럼 보인다. 콜럼버스가 1492년에 북아메리카를 발견한 후, 일부 스페인 사람들이 그곳에 갔다. 그들은 아이티에서 사람들이 철제 구조물 위로 동물의 고기를 요리하는 것을 보았다. 사람들은 그것의 아래에 있는 불과 연기로 고기를 요리했다. 그들은 또한 그것이 동물들로부터 자신들을 보호해 주기 때문에 그들이 잠을 잘 때 그것을 이용했다. 아이티 사람들은 그것을 barbacoa라고 불렀다. 스페인 사람들은 나중에 그것에 '바비큐'라는 이름을 붙였고, 사람들은 그 단어를 오늘날에도 여전히 사용하고 있다.

5 해설 | (B) 콜럼버스가 북아메리카를 발견한 후에 사람들이 그곳에 갔다는 의미가 자연스러우므로, '~한 후에'라는 의미의 부사절 접속사 After가 알맞다. (C) 동물들로부터 자신들을 보호해 주기 때문에 그것을 이용했다는 의미가 자연스러우므로, 이유의 부사절을 이끄는 접속사 because가 알맞다.

1주 4일 교과서 대표 전략 ❶ pp. 26~29

1 (1) My backpack(S), is(V) (2) It(S), does not snow(V) (3) are(V), five puppies(S) 2 ④ 3 ③ 4 He gave me a teddy bear on my birthday. 5 ② 6 ④ 7 (1) (A) visit (B) dirty (2) We must keep this park clean. 8 ② 9 isn't she 10 What did the sign say? 11 so 12 ① 13 ① 14 ④

1 해설 | (1) 「주어+동사+수식어구」로 이루어진 1형식 문장이다.
(2) 날씨를 나타내는 비인칭 주어 it이 쓰인 1형식 문장이다.
(3) 「There+be동사+주어+수식어구」 형태의 1형식 문장이다.
해석 | (1) 내 배낭은 내 방에 있다.
(2) 부산에는 눈이 많이 내리지 않는다.
(3) 저기에 강아지 다섯 마리가 있다.

2 해설 | 「주어+동사+주격 보어」의 2형식 문장이다. 감각동사 look은 형용사가 주격 보어로 와야 하므로, 부사 nicely는 빈칸에 들어갈 수 없다.
해석 | 너의 컵케이크는 좋아[훌륭해/멋져/맛있어] 보여.
어휘 | nicely 멋지게

3 해설 | ③은 「주어+동사+주격 보어」로 이루어진 2형식 문장이고, 나머지는 「주어+동사+목적어」로 이루어진 3형식 문장이다.
해석 | ① 나는 그의 생각이 마음에 들었다.
② 엄마와 나는 자전거를 탄다.
③ 고래는 매우 큰 동물이다.
④ 우리는 체육 수업이 일주일에 세 번 있다.
⑤ 나는 특별한 라면을 요리할 것이다.
어휘 | PE class 체육 수업

4 해설 | 4형식 문장이므로, 「주어+동사+간접목적어(사람)+직접목적어(사물)」의 순으로 써야 한다. 과거시제이므로 동사는 gave로 써야 한다.
어휘 | teddy bear 곰 인형

5 해설 | 4형식 동사 buy는 3형식으로 바꿀 때 전치사 for를 이용하므로, 간접목적어 me 앞에 for를 넣어 직접목적어 뒤로 보낸다.
해석 | 엄마는 내게 새 목도리를 사 주셨다.

어휘 | scarf 목도리

6 해설 | 〈보기〉와 ④는 4형식 문장이고, ①은 1형식, ②는 2형식, ③, ⑤는 3형식 문장이다.
해석 | 〈보기〉 내가 너에게 파전을 만들어 줄게.
① 그들은 옆집에 산다.
② 내 수학 수업은 재미있다!
③ 그는 자신의 점심을 요리한다.
④ 내가 너에게 가족 앨범을 보여 줄게.
⑤ 나는 그것을 절대 잊지 않을 것이다.

7 해설 (1) (A) visit는 3형식 동사이므로, 뒤에 전치사 없이 바로 목적어가 와야 한다. (B) 2형식 동사 get 뒤의 주격 보어 자리이므로, 형용사 dirty가 알맞다.
지문 해석 | 소담 공원은 나와 많은 다른 이들에게 매우 중요한 장소이다. 나는 종종 가족 소풍을 위해 공원을 방문한다. 많은 사람들이 공원에서 휴식을 취하거나 운동을 한다. 그러나 요즘 이 아름다운 장소가 점점 더러워지고 있다. 어떤 사람들은 목줄 없이 개를 산책시키고 배설물도 치우지 않는다. 어떤 십 대들은 쓰레기를 여기저기에 남겨둔다. 우리는 이 공원을 깨끗하게 지켜야 한다. 이곳은 모든 이들을 위한 장소이다!

어휘 | dirty 더러운 leash (개를 매어 두는) 가죽끈
(2) 「주어(We)+동사(must keep)+목적어(this park)+목적격 보어(clean)」의 순으로 배열하여 5형식 문장을 완성한다.

8 해설 | 첫 번째 문장은 명령문이고 빈칸 뒤에 형용사가 있으므로 be동사의 원형인 be를 쓴다. 두 번째 문장은 버리지 말라는 부정 명령문이므로 Don't가 알맞다.
해석 | •맛있게 먹고 건강해져라!
•낡은 옷, 신발, 또는 책을 버리지 마라.
어휘 | throw away 버리다

9 해설 | 앞 문장이 긍정문이므로 부가의문문은 부정형으로 쓴다. 주어 Lily는 대명사 she로 바꾼다.
해석 | Lily는 네 여동생이야, 그렇지 않니?

10 해설 | 「의문사+did+주어+동사원형?」의 순으로 쓴다.
해석 | A: 표지판에 뭐라고 쓰여 있었니?
B: 표지판에 "학교가 앞에 있으니, 천천히 가시오!"라고 적혀 있었어.

11 해설 | 심사가 있어서 연습을 해야 하는 것이므로, '원인과 결과'의 절을 연결하는 접속사 so가 알맞다.

12 해설 | 동사 think의 목적어 역할을 하는 절이 이어지므로 명사절을 이끄는 접속사 that이 알맞다.
해석 | 나는 내가 행복을 퍼뜨릴 수 있다고 생각한다.
어휘 | spread 퍼뜨리다

13 해설 | 각각 '고래들이 올라올 때'와 '우리가 함께 일할 때'의 의미가 자연스러우므로 시간의 부사절을 이끄는 접속사 when이 알맞다.
해석 | •고래들은 숨을 쉬러 올라올 때 가끔 대변을 본다.
•우리가 함께 일할 때 더 재미있다.
어휘 | whale 고래 breathe 숨을 쉬다 poop 대변을 보다

14 해설 | (A) 네모 뒤에 형용사 pretty가 있으므로 How로 시작하는 감탄문이 알맞다. (B) '어떻게' 만들었는지 묻는 것이 자연스러우므로, 의문사 How가 알맞다. (C) 뒤에 「a+형용사+명사」인 a wonderful day가 있으므로 What으로 시작하는 감탄문이 알맞다.
지문 해석 | Bill이 그 눈송이를 보았을 때, 그의 얼굴은 밝아졌다. "정말 예쁘다! 그건 어떻게 만들었어?" 그들은 많은 눈송이를 만들어 모든 벽과 창문에 붙이기 시작했다. 갑자기 Bill이 "봐! 진짜 눈송이가 밖에 내리고 있어! 정말 멋진 날이야!"라고 소리쳤다.
어휘 | snowflake 눈송이

1주 4일 교과서 대표 전략 ❷ pp. 30~31

1 is → are 2 ② 3 (1) You lived there, didn't you? (2) Where is your backpack? 4 ④ 5 ③ 6 ② 7 (A) When (C) What 8 Her bread is always wonderful.

1 해설 | 주어 plates and bottles가 복수이므로 동사 is를 are로 고쳐야 한다.
해석 | 선반에 접시들과 병들이 있다.
어휘 | plate 접시 bottle 병 shelf 선반 (*pl.* shelves)

2 해설 | 〈보기〉와 ②는 2형식 문장이고, ①은 1형식, ③은 3형식, ④는 4형식, ⑤는 5형식 문장이다.
해석 | 〈보기〉 Max는 유능한 야구 선수이다.
① 그들은 모두 함께 웃는다.
② 우리는 모두 특별하다.
③ 우리는 체육관에서 농구를 한다.
④ 이 이야기는 우리에게 중요한 교훈을 가르쳐 준다.
⑤ 그들의 미소는 그를 행복하게 했다.
어휘 | gym 체육관 lesson 교훈, 가르침

3 해설 | (1) 일반동사 lived를 포함하여 평서문을 먼저 쓰고, 뒤에 부가의문문 didn't you?를 쓴다.
(2) 의문사와 be동사가 있으므로 「의문사+be동사+주어 ~?」의 순서로 쓴다.

해석 | (1) 너는 거기에서 살았어, 그렇지 않니?
(2) 네 배낭은 어디에 있니?

4 해설 | 명사 recipe를 강조하도록 「What(+a/an)+형용사+명사+주어+동사!」의 순으로 바꿔 써야 한다.
해석 | 그것은 아주 간단한 조리법이다. → 그것은 정말 간단한 조리법이구나!
어휘 | recipe 조리법

5 해설 | 빈칸을 사이에 두고 앞뒤 문장이 서로 상반되는 내용이므로 but이 어울린다.
해석 | 나는 춤을 잘 추지 못하지만, 노래를 잘해.
어휘 | be good at -ing ~를 잘하다

6 해설 | 첫 번째 문장의 빈칸에는 hope의 목적어 역할을 하는 명사절을 이끄는 접속사 that이 알맞다. 힘이 센 것이 무거운 것을 나를 수 있는 이유에 해당하므로 두 번째 문장의 빈칸에는 이유를 나타내는 접속사 because가 알맞다.
해석 | • 나는 거기에 물고기가 더 많이 있으면 좋겠다.
• 나는 힘이 매우 세니까 무거운 것을 나를 수 있다.

7 해설 | (A) '모퉁이를 돌아 걸어갈 때'의 의미가 자연스러우므로 시간을 나타내는 부사절 접속사 When이 알맞다. (C) 뒤에 「a+형용사+명사」가 이어지므로 What으로 시작하는 감탄문이 알맞다.
지문 해석 | 내가 모퉁이를 돌아 걸어갈 때 Gray 씨의 빵집에서 달콤한 냄새가 풍겨 나온다. 그녀는 빵과 케이크를 굽기 위해 정말 일찍 일어난다. 가끔 그녀는 새로운 종류의 빵을 만든다. 그러면 우리는 그것을 공짜로 맛볼 수 있다. 그녀의 빵은 항상 훌륭하다. 그녀는 마치 마술사 같다. 그녀는 밀가루, 우유, 달걀로 놀라운 일을 해낸다. 얼마나 멋진 직업인가!

어휘 | magician 마법사 flour 밀가루

8 해설 | 2형식 문장이므로 be동사 뒤의 주격 보어 자리에 있는 부사 wonderfully를 형용사 wonderful로 고쳐야 한다.

1주 누구나 합격 전략 pp. 32~33

1 Water, doesn't run, 이 파이프에는 물이 흐르지 않는다. 2 delicious, 맛있어 보인다 3 (1) 4형식 (2) 5형식 4 ⑤ 5 ④ 6 kind the neighbors are, kind neighbors (they are) 7 (1) so (2) or 8 ③ 9 will get → get 10 After, before

1 해설 | 「주어+동사+수식어구」 형태의 1형식 문장으로, Water가 주어, doesn't run이 동사이다. 1형식 문장은 '(주어)가 ~하다'로 해석한다.
어휘 | run (액체가) 흐르다

2 해설 | 감각동사 look은 2형식 동사로, 주격 보어 자리에 형용사가 온다.

3 해설 | (1) 「주어(He)+동사(gave)+간접목적어(me)+직접목적어(his phone number)」의 4형식 문장이다.
(2) 「주어(This hat)+동사(keeps)+목적어(you)+목적격 보어(warm)」의 5형식 문장이다.
해석 | (1) 그는 나에게 그의 전화번호를 가르쳐 주었다.
(2) 이 모자는 너를 따뜻하게 해 준다.

4 해설 | 명령문은 주어(You) 없이 동사원형이 맨 앞에 오는데, 문장의 앞이나 뒤에 please를 붙이면 조금 더 정중한 부탁의 표현이 된다.
어휘 | leave ~을 (어떤 상태 · 장소 등에) 그대로 두다

5 해설 | 무엇(What)을 찾고 있는지 물은 다음 어디에서(Where) 잃어버렸는지 묻는 것이 자연스럽다.
해석 | A: 무엇을 찾고 있니?
B: 지갑을 찾고 있어.
A: 뭐라고? 어디에서 잃어버렸는데?
B: 아마 버스에 두고 내린 것 같아.

6 해설 | How 감탄문은 「How+형용사(+주어+동사)!」의 어순으로 형용사를 강조할 때 쓰고, What 감탄문은 「What(+a/an)+형용사+명사(+주어+동사)!」의 어순으로 명사를 강조할 때 쓴다. 명사가 복수이거나 셀 수 없는 명사이면 관사 a/an을 쓰지 않는다.
해석 | 그 이웃들은 매우 친절하다. → 그 이웃들은 정말 친절하구나! → (그들은) 정말 친절한 이웃들이구나!

7 해설 | (1) 배가 고파서 전부 먹었다는 '원인과 결과'의 의미가 되도록, so가 알맞다.
(2) in the library와 in the gym이라는 같은 성격의 문장 성분을 연결하고 둘 중 한 곳에 있을 것이라는 '선택'의 의미이므로 or가 알맞다.
해석 | (1) 지나는 배가 고파서 접시에 있는 것을 전부 먹었다.
(2) Jack은 아마 도서관이나 체육관에 있을 것이다.

8 해설 | that이 이끄는 명사절이 동사 believe의 목적어(it)이므로 that은 believe 뒤에 들어가는 것이 알맞다.
해석 | 나는 오디션에 합격했다. 나는 그것을 믿을 수 없었다. → 나는 내가 오디션에 합격했다는 것을 믿을 수 없었다.

9 해설 | 시간을 나타내는 접속사(when)가 이끄는 부사절에서는 미래를 나타낼 때 현재시제를 사용하므로, will get을 get으로 고쳐야 한다.
해석 | 내가 그곳에 도착하면 너에게 알려 줄게.

10 해설 | Brenda가 추운 날씨에 밖에서 놀고 나서 독감에 걸렸

다는 의미이므로, 각각 '~한 후에'라는 의미의 접속사 after와 '~하기 전에'라는 의미의 접속사 before가 알맞다.
해석 | Brenda는 추운 날씨에 밖에서 놀았고 독감에 걸렸다. = Brenda가 추운 날씨에 밖에서 놀고난 후에 그녀는 독감에 걸렸다. = Brenda는 그녀가 독감에 걸리기 전에 추운 날씨에 밖에서 놀았다.
어휘 | catch the flu 독감에 걸리다

1주 창의·융합·코딩 전략 ❶, ❷ pp. 34~37

A 1 Jenny 2 Emily 3 Ron B 해설 참조 C 1 Don't 2 How 3 go 4 aren't D 1 Josh said that he didn't feel well. 2 I was so happy when I got an e-mail from her. 3 I was able to finish the work early because he helped me.

A 1 해설 | live는 1형식 동사이므로, 뒤에 장소를 나타내는 전치사구가 이어지도록 in이 함께 와야 한다.
해석 | 우리 삼촌은 샌프란시스코에 살고 계셔.

2 해설 | 「There+be동사+주어+수식어구」 형태의 1형식 문장이고 주어 many beautiful flowers가 복수이므로 be동사는 are가 알맞다.
해석 | 내 정원에는 아름다운 꽃들이 많이 있다.

3 해설 | 감각동사 look, smell 등은 주격 보어 자리에 형용사가 오므로 looks delicious와 smells bad가 알맞다.
해석 | 이 치즈는 맛있어 보이지만, 고약한 냄새가 난다.

B 1

Cindy	can play	the electric guitar.

해설 | 「주어+동사+목적어」로 이루어진 3형식 문장이다.
해석 | Cindy는 전기 기타를 연주할 수 있다.
어휘 | electric guitar 전기 기타

2

My cousin	sent	me	a beautiful postcard.

해설 | 「주어+동사+간접목적어+직접목적어」로 이루어진 4형식 문장이다.
해석 | 내 사촌은 내게 아름다운 엽서를 보내 주었다.
어휘 | postcard 엽서

3

I	always keep	my house	clean.

해설 | 「주어+동사+목적어+목적격 보어」로 이루어진 5형식 문장이다.
해석 | 나는 내 집을 항상 깨끗하게 유지한다.

C 1 해설 | 부정 명령문은 동사원형 앞에 Don't 또는 Never를 붙인다.
해석 | 도서관에서 소란을 피우지 마.

2 해설 | 형용사 beautiful을 강조하는 「How+형용사+주어+동사!」 형태의 감탄문이 되도록 How가 와야 한다.
해석 | 해변이 정말 아름답구나!

3 해설 | 일반동사가 있는 의문사 의문문은 「의문사+do[does/did]+주어+동사원형 ~?」이므로 go가 알맞다.
해석 | 너는 누구와 파티에 갔니?

4 해설 | 부가의문문은 앞 문장이 긍정문이면 부정형으로 써야 한다. 따라서 are의 부정형 aren't가 알맞다.
해석 | Nancy와 Jane은 가장 친한 친구야, 그렇지 않니?

D 1 해설 | '~라고'의 의미를 나타내는 명사절 접속사는 that이다.

2 해설 | '~할 때'의 의미를 나타내는 부사절 접속사는 when이다.

3 해설 | '~하기 때문에'의 의미를 나타내는 부사절 접속사는 because이다.

2주 to부정사와 동명사 / 비교 구문

해석 | 1 남: 12명의 학생들이 컴퓨터 게임을 하는 것을 좋아하고, 7명은 온라인으로 영상을 보는 것을 좋아합니다. 네 명은 만화를 읽는 것을 좋아하고, 세 명은 운동하는 것을 좋아합니다.
2 여1: 너는 다음에 뭘 하고 싶어? 나는 롤러코스터를 타고 싶어!
여2: 미안해, Emily. 나는 목이 마르고 지쳤어. 나는 먼저 뭔가를 마셔야 해.
3 여1: Evelyn, 누가 너의 여동생이야?
여2: 오, 그녀는 키가 나만큼 커. 그녀는 또한 나만큼 긴 머리를 갖고 있어. 그녀를 찾아 봐.
4 Miles에게는 두 명의 남동생 Ian과 Simon이 있다. 그들은 Miles보다 더 어리다. Ian은 12살이고, Simon은 10살이다. Ian은 셋 중 가장 키가 크다.

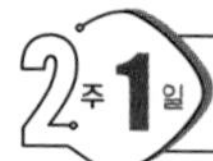

2주 1일 개념 돌파 전략 ❶ pp. 40~43

개념 1 Quiz 해설 | 목적어 자리이므로 동명사가 알맞다.
해석 | 사람들은 놀이공원에서 여러 가지 놀이 기구를 타는 것을 즐긴다.
어휘 | ride 타다; 놀이 기구
amusement park 놀이공원

개념 2 Quiz 해설 | to부정사구가 명사처럼 쓰여 문장의 주어 역할을 하고 있다.
해석 | 다음 학기에 더 좋은 성적을 받는 것이 내 목표이다.
어휘 | semester 학기

개념 3 Quiz 해설 | '~해서'의 의미로 감정(glad)의 원인을 나타내는 to부정사를 써야 한다. to부정사의 형태는 「to+동사원형」이다.
해석 | 나는 너를 다시 만나서 정말 기쁘다.

> 1-2 playing table tennis, 다나는 탁구를 치는 것을 즐긴다. 2-2 to take a break 3-2 저녁 식사를 준비하기 위해

1-2 해설 | 동명사구 playing table tennis가 목적어 역할을 하고 있다.
어휘 | table tennis 탁구

2-1 해석 | 너는 목욕을 할 필요가 있다.
어휘 | have a bath 목욕을 하다

2-2 해설 | to부정사구 to take a break가 동사 want의 목적어로 쓰였다.
해석 | 나는 잠깐 쉬고 싶어.
어휘 | take a break 휴식을 취하다, 잠깐 쉬다

3-1 해석 | 나는 지갑을 찾기 위해 가방을 열었다.
어휘 | purse 지갑

3-2 해설 | to부정사구가 동사를 수식하는 부사 역할을 하며 '~하기 위해'라는 의미로 목적을 나타내고 있다.
해석 | 그는 저녁 식사를 준비하기 위해 집에 일찍 왔다.
어휘 | get home 귀가하다 prepare 준비하다

개념 4 Quiz 해설 | 수박과 농구공을 비교하여 크기가 같음을 나타내는 문장이므로, 「as+원급+as」의 원급 비교가 알맞다.
해석 | 그 수박은 농구공만큼 크다.

개념 5 Quiz 해설 | 분홍색 자는 초록색 자보다 더 짧으므로 형용사 short의 비교급 shorter가 알맞다.
해석 | 분홍색 자는 초록색 자보다 더 짧다.

개념 6 Quiz 해설 | '가장 ~한'이라는 의미의 최상급 비교 표현이 되어야 하므로 long을 longest로 고쳐야 한다.

> 4-2 fast 5-2 ② 6-2 the coldest

4-1 해석 | 내 형은 내 아버지만큼 키가 크다.

4-2 해설 | 원급 비교는 「as+원급+as」의 형태로 쓴다. 이 문장은 my dog과 your dog이 얼마나 빠르게 달리는지 비교하고 있다.
해석 | 내 개는 너의 개만큼 빨리 달린다.

5-1 해석 | 파란색 티셔츠가 녹색 티셔츠보다 더 크다.

5-2 해설 | 그림으로 보아 갈색 지갑이 검은색 지갑보다 더 싸므로 cheap의 비교급 cheaper가 알맞다.
해석 | 갈색 지갑이 검은색 지갑보다 더 싸다.

6-2 해설 | 표로 보아 목요일의 기온이 가장 낮으므로, 목요일은 한 주 중 '가장 추운' 날일 것이므로 '추운'이라는 의미의 형용사 cold의 최상급 coldest를 쓰고 앞에 the를 붙이는 것이 적절하다.
해석 | 목요일은 한 주 중 가장 추운 날이 될 것이다.
어휘 | of the week 한 주 중에서

2주 1일 개념 돌파 전략 ❷ pp. 44~45

1 (1) 주어, 세계를 여행하는 것은 정말 멋진 경험이다. (2) 목적어, 그 기자는 질문하기를 계속했다. 2 (1) 명사, 너는 TV 드라마 보는 것을 좋아하니? (2) 형용사, 파리를 방문하기에 가장 좋은 때는 언제니? 3 (1) 그는 책 몇 권을 찾기 위해 도서관에 갔다. (2) 나는 그 소식을 들어서 매우 유감스럽다. 4 (1) as, as (2) as, as 5 (1) smaller than (2) more diligent 6 (1) 가게에서 가장 비싸다 (2) 이 일의 가장 어려운

1 해설 | (1) Traveling이 이끄는 동명사구가 문장의 주어로 쓰였다.
(2) asking이 이끄는 동명사구가 kept의 목적어로 쓰였다.

2 해설 | to부정사는 명사처럼 쓰여 문장에서 주어, 보어, 목적어 역할을 할 수 있고, 형용사처럼 쓰여 명사를 뒤에서 수식할 수 있다.

3 해설 | to부정사는 부사처럼 쓰여 '목적'이나 '감정의 원인' 등을 나타낼 수 있다.

4 해설 | 두 사람의 키가 같고, 나이도 같으므로 원급 비교를 써서 나타낼 수 있다. 원급 비교는 「as+원급+as」로 쓴다.
해석 | (1) Josh는 Randy만큼 키가 커 보인다.
(2) Randy는 Josh만큼 나이가 많다.

5 해설 | 두 대상을 비교할 때는 「비교급+than」을 이용한다. 비교급은 형용사나 부사의 뒤에 -(e)r을 붙이거나, 앞에 more를 써서 만든다.

6 해설 | 여러 대상을 비교하여 정도가 가장 높은 것을 나타낼 때는 「the+최상급」을 이용하고 '(~ 중에서) 가장 …한/…하게'로 해석한다. 최상급은 형용사나 부사의 뒤에 -(e)st를 붙이거나, 앞에 most를 써서 만든다.

2주 2일 필수 체크 전략 ❶ pp. 46~49

전략 1 필수 예제

해석 | (1) 많은 물을 마시는 것은 당신의 피부에 좋다.
(2) 그녀는 영어 수필을 쓰는 것을 끝마쳤다.
(3) 그의 좋은 습관 중 하나는 아침에 자신의 침대를 정돈하는 것이다.

확인 문제

1 ③ 2 make → makes

1 해설 | 전치사 in의 목적어 자리이므로 동명사 designing이 알맞다.
해석 | Lucy는 옷을 디자인하는 것에 흥미가 있다.
어휘 | be interested in ~에 흥미가 있다, ~에 관심이 있다 clothes 옷

2 해설 | 주어 자리의 동명사는 단수 취급하므로 뒤에 단수 동사가 와야 한다. 따라서 동사 make를 「동사원형+-(e)s」 형태인 makes로 고쳐야 한다.
해석 | 규칙적으로 운동하는 것은 당신을 건강하게 만든다.
어휘 | regularly 규칙적으로

전략 2 필수 예제

해설 | ②의 to부정사는 앞의 명사 chair를 수식하는 형용사처럼 쓰였고 나머지는 모두 명사처럼 쓰였다. ① 주어(진주어) ③, ④ 목적어 ⑤ 보어
해석 | ① 그 병을 치료하는 것은 불가능하다.
② 우리는 앉을 의자가 전혀 없다.
③ 나는 그 사고에 대해 아는 것이 필요하다.
④ 아이들은 뭔가 달콤한 것을 먹고 싶어 했다.
⑤ 내 새로운 취미는 내 햄스터를 위해 옷을 만드는 것이다.
어휘 | impossible 불가능한 cure 치료하다 disease 질병

확인 문제

1 (1) nothing to tell (2) to visit your new school
2 It is hard to solve a Rubik's Cube.

1 해설 | (1) to부정사 to tell이 nothing을 뒤에서 수식하도록 nothing to tell의 순으로 배열한다.
(2) to부정사가 동사 hope의 목적어 역할을 하도록 to visit을 먼저 쓰고 visit의 목적어 your new school을 이어서 배열한다.

2 해설 | to부정사와 it이 있는 것으로 보아 가주어 it을 먼저 쓴 뒤 진주어 to부정사를 뒤에 쓰는 것이 알맞다.
해석 | 루빅큐브를 푸는 것은 어렵다.

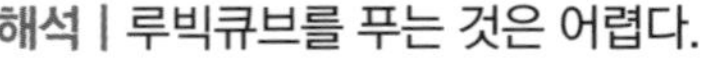

전략 3 필수 예제

해설 | (1) 목적을 나타내도록 '~하기 위해'로 해석한다.
(2) 앞에 감정을 나타내는 형용사가 있으므로 '~해서'로 해석한다.

(3) 앞의 형용사 easy를 수식하므로 '~하기에'로 해석한다.
(4) to부정사가 앞 내용의 결과를 나타내므로 '~해서 …하다'로 해석한다.

확인 문제

1 (1) to ask (2) to read **2** in order to work

1 해설 | (1) '~하려고'의 의미이므로 목적을 나타내는 to부정사로 쓰는 것이 자연스럽다.
(2) '~해서'의 의미로 감정의 원인을 나타내는 to부정사로 쓰는 것이 자연스럽다.
어휘 | surprised 놀란

2 해설 | 목적을 나타내는 부사적 용법의 to부정사는 「in order to+동사원형」으로 바꿔 쓸 수 있다.
해석 | Eddie는 일을 하려고 노트북을 켰다.
어휘 | turn on (전기, 전원 등을) 켜다

전략 4 필수 예제

해설 | 전치사의 목적어로는 to부정사가 아닌 동명사를 써야 하므로 to move를 moving으로 고쳐야 한다. 또한 want는 to부정사를 목적어로 쓰는 동사이므로 starting을 to start로 고쳐야 한다.
해석 | 나는 도시로 이사하는 것에 대해 생각 중이야. 나는 새로운 삶을 시작하고 싶어.
어휘 | move 이사하다

확인 문제

1 (1) using (2) to lock **2** ②

1 해설 | (1) '(시험 삼아) 한번 ~해 보다'라는 의미는 「try+동명사」이다.
(2) '(앞으로) ~할 것을 잊다'라는 의미는 「forget+to부정사」이다.
어휘 | lock (문, 자물쇠를) 잠그다

2 해설 | enjoy는 동명사를 목적어로 쓰는 동사이므로 to play를 playing으로 고쳐야 한다.
해석 | 준호와 민수는 일요일에 비디오 게임을 하는 것을 즐긴다.

2주 2일 필수 체크 전략 ②

pp. 50~51

1 ④ **2** ④ **3** (1) He is good at taking pictures (2) Can you recommend some books to read **4** to get **5** When he starts to write [writing] a new series

1 해설 | 동사 want, wish, refuse, decide는 to부정사를 목적어로 쓰지만 avoid는 동명사를 목적어로 쓴다. 따라서 ④는 빈칸에 들어갈 수 없다.
해석 | William은 새 휴대 전화를 사는 것을 원했다[바랐다/거절했다/결정했다].
어휘 | refuse 거부하다, 거절하다 avoid 피하다

2 해설 | ④의 running은 앞의 be동사 were와 함께 '~하고 있었다'라는 의미의 과거진행형을 이루고 나머지는 모두 보어 역할을 하는 동명사이다.
해석 | ① 가장 중요한 것은 그들의 생명을 구하는 것이다.
② 그가 가장 좋아하는 것은 피아노를 연주하는 것이었다.
③ Ann의 직업은 학생들을 가르치는 것이다.
④ 그들은 토끼를 뒤쫓고 있었다.
⑤ 내 꿈은 비행사가 되는 것이다.
어휘 | save 구하다 run after ~을 뒤쫓다

3 해설 | (1) 전치사의 목적어로는 동명사가 오므로 take를 taking으로 고쳐 good at 뒤에 쓴다.
(2) '읽을 책'이라는 의미로 to부정사가 명사를 수식하도록 read를 to read로 고쳐 some books 뒤에 쓴다.
어휘 | recommend 추천하다 holiday 휴가, 방학

4 해설 | '얻기 위해'라는 의미로 '목적'을 나타내므로 to부정사 to get으로 써야 한다.
지문 해석 | Austin 씨는 옆집에 산다. 그는 TV 드라마 대본 작가이다. 그의 미스터리 시리즈는 항상 매우 인기 있다. 그는 일에 대한 아이디어를 얻기 위해 여행을 많이 한다. 그가 새로운 시리즈를 쓰기 시작할 때, 그는 대개 며칠 동안 늦게까지 깨어 있다. 지난 토요일에 나는 그에게 그의 드라마의 마지막 에피소드에 대해 물었지만, 그는 "곧 TV에서 보게 될 거란다, Emma."라고 말했다. 아, 나는 정말 기다려진다!

5 해설 | 부사절 접속사 when을 먼저 쓴 뒤 부사절의 주어, 동사, 목적어를 차례로 배열한다. 주어가 he이므로 start를 3인칭 단수 현재 형태인 starts로 고치고 뒤에 목적어를 쓴다. start는 동명사와 to부정사를 모두 목적어로 쓸 수 있는 동사이므로 동사 write를 to write 또는 writing으로 쓴다.

2주 3일 필수 체크 전략 ❶ pp. 52~55

전략 1 필수 예제

해설 | (1), (2) 원급 비교는 「as+원급+as」로 쓴다.
(3) '~의 몇 배만큼 …한/…하게'라는 의미를 나타낼 때에는 「as+원급+as」 앞에 배수 표현을 쓴다. '두 배'를 나타내는 배수 표현은 twice이다.
해석 | (1) 너는 Harris 씨만큼 빨리 걸을 수 있니?
(2) 나는 내 언니만큼 빨리 일어난다.
(3) 이 재킷은 저것의 두 배만큼 비싸다.

확인 문제

1 (1) ⓐ (2) ⓑ **2** ③, ⑤

1 해설 | (1) 원급 비교의 부정은 「not as[so]+원급+as」로 쓰며, '~만큼 …하지 않은/…하지 않게'로 해석하는 것이 자연스럽다.
(2) 「as+원급+as possible」은 '가능한 한 ~한/~하게'로 해석하며, possible 대신 「주어+can」을 쓸 수 있다.

2 해설 | '가능한 한 ~한/~하게'라는 의미는 「as+원급+as possible」 또는 「as+원급+as+주어+can」으로 나타낼 수 있다.

전략 2 필수 예제

해설 | ③ high의 최상급은 highest로 쓴다. 최상급을 붙일 때 앞에 most를 쓰는 것은 3음절 이상이거나 -ful, -ous, -ive, -able, -ing 등으로 끝나는 단어이다. the most highest tower → the highest tower
해석 | ① 너는 그보다 더 크게 노래할 수 있다.
② 이 질문은 저것보다 쉽니?
③ 이것은 세상에서 가장 높은 탑이다.
④ 나에게는, 네 이야기가 영화보다 더 흥미롭다.
⑤ 새 등이 예전 것보다 더 밝아 보이지 않는다.

확인 문제

1 ③ **2** faster, harder

1 해설 | 기린과 코뿔소를 비교하면 기린이 먹이를 더 적게 먹으므로 첫 번째 빈칸에는 little의 비교급 less가 알맞다. 셋 중 코끼리가 가장 많이 먹으므로 두 번째 빈칸에는 much의 최상급 앞에 the를 추가한 the most가 알맞다.
해석 | • 기린은 코뿔소보다 더 적게 먹는다.
• 코끼리는 셋 중 가장 많이 먹는다.
어휘 | rhino 코뿔소

2 해설 | 각각 '더 빨리'와 '더 열심히'라는 의미를 나타내도록 fast는 faster로, hard는 harder로 고쳐야 한다.
해석 | A: 내가 어떻게 너보다 더 빨리 달릴 수 있을까?
B: 나보다 더 열심히 연습해야 해.

전략 3 필수 예제

해설 | 「비교급+than」은 '~보다 더 …한/…하게'라는 의미이다. Olivia와 Liam을 비교하는 항목이 무엇인지 잘 파악해야 한다.
해석 | (1) Olivia는 Liam보다 키가 더 작다.
(2) Liam은 Olivia보다 더 나이가 많다.
(3) Liam은 Olivia보다 더 일찍 잠자리에 든다.

확인 문제

1 (1) red (2) red, blue **2** ④

1 해설 | (1) 노란 공보다 더 작은 공은 빨간 공이다.
(2) 노란 공을 기준으로 빨간 공이 더 작고 파란 공이 더 크다.
해석 | (1) 빨간 공은 노란 공보다 더 작다.
(2) 노란 공은 빨간 공보다 더 크지만, 파란 공보다 더 작다.

2 해설 | '~보다 더 …한/…하게'라는 의미는 「비교급+than」으로 나타낸다.

전략 4 필수 예제

해설 | (1) 셋 중에 Bill이 가장 키가 작다.
(2) 셋 중에 Emma가 가장 빨리 달린다.
(3) 셋 중에 Julia가 가장 나이가 어리다.
해석 | (1) Bill은 셋 중 가장 키가 작다.
(2) Emma는 셋 중 가장 빠르게 달린다.
(3) Julia는 셋 중 가장 어리다.

확인 문제

1 (1) the cheapest (2) the most expensive **2** ②

1 해설 | (1) 흰색 모자가 가장 저렴하므로, cheap을 최상급으로 고친 뒤 앞에 the를 쓴다.
(2) 검정색 모자가 가장 비싸므로, most를 이용하여 expensive를 최상급으로 고친 뒤 앞에 the를 쓴다.

해석 | (1) 흰색 모자가 가게에서 가장 저렴하다.
(2) 검정색 모자가 가게에서 가장 비싸다.

2 해설 | 최상급 비교 표현은 「the+최상급+in/of+명사(구)」로 쓴다. 비교 범위가 복수 명사일 때에는 전치사 of를 쓴다.

2주 3일 필수 체크 전략 ❷ pp. 56~57

1 (1) the tallest (2) as old as (3) shorter than 2 ⑤
3 (1) is the most popular restaurant in this village
(2) finish the work as soon as possible 4 ②
5 this soccer ball is more special than a World Cup match ball

1 해설 | (1) 교회가 셋 중 가장 높으므로 「the+최상급」 형태의 최상급 비교 표현을 이용한다.
(2) 교회와 학교는 같은 해에 지어졌으므로 「as+원급+as」 형태의 원급 비교 표현을 이용한다.
(3) 병원은 교회보다 낮으므로 「비교급+than」 형태의 비교급 비교 표현을 이용한다.
해석 | (1) 교회는 셋 중 가장 높다.
(2) 학교는 교회만큼 오래되었다.
(3) 병원은 교회보다 더 낮다.

2 해설 | ⑤ 「배수 표현+as+원급+as」는 '~의 몇 배만큼 …한/…하게'라는 의미이다.
해석 | ⑤ 너의 가방이 내 것보다 두 배만큼 더 비싸다.

3 해설 | (1) '~에서 가장 …한' 이라는 의미의 최상급 표현은 「the+최상급(+명사)+in/of+명사」이다.
(2) '가능한 한 ~한/~하게'라는 의미의 비교 표현은 「as+원급+as possible」이다.

4 해설 | 원급 비교의 부정은 「not as[so]+원급+as」로 쓰고, '~만큼 …하지 않은/…하지 않게'로 해석한다.
지문 해석 | 저는 제 특별한 물건에 대해 말하고 싶습니다. 저는 작년에 울산에서 이곳으로 이사를 왔습니다. 처음에는, 저는 지금만큼 친구가 많지 않았습니다. 저는 종종 이 공으로 혼자 놀았습니다. 몇 주가 지난 뒤, 체육 시간에 축구 경기가 있었습니다. 저는 두 골을 넣었고, 저희 팀이 이겼습니다. 그 후, 저는 친구를 많이 사귀었습니다. 그래서, 제게, 이 축구공은 월드컵 공인구보다 더 특별합니다. 저는 요양원에 있는 사람들을 위한 선물을 사기 위해 이 물건을 판매하고 싶습니다.

5 해설 | '~보다 더 …한'이라는 의미를 나타내야 하므로 「비교급+than」을 이용한다. 형용사 special은 비교급으로 만들 때 앞에 more를 쓴다.

2주 4일 교과서 대표 전략 ❶ pp. 58~61

1 ②, ⑤ 2 ⑤ 3 ② 4 It is not easy 5 ② 6 ④
7 I often practice playing the guitar. 8 ① 9 (1) as large as (2) not as[so] expensive as 10 Drink water as often as you can. 11 smaller than
12 the worst, better 13 Jake is much taller than Chris. 14 older than 15 ③ 16 the freshest seafood in this area

1 해설 | 명사처럼 쓰여 문장의 주어 역할을 할 수 있는 것은 동명사와 to부정사이다.
해석 | 웃긴 영상을 보는 것은 내가 가장 좋아하는 취미이다.
어휘 | pastime 취미

2 해설 | ⑤의 밑줄 친 부분은 보어 역할을 하는 동명사이고, 나머지는 모두 「be동사+동사원형-ing」 형태의 진행형이다.
해석 | ① 나는 당근 씨앗을 심고 있다.
② 너는 부엌에서 뭘 하고 있니?
③ 우리는 그녀를 위해 파티를 준비하고 있었다.
④ 그는 종이 위에 뭔가를 쓰고 있다.
⑤ 그녀의 일은 학교 안의 모든 것을 수리하는 것이다.
어휘 | seed 씨, 종자

3 해설 | 전치사 in의 목적어 자리이므로 명사나 명사 역할을 하는 어구가 와야 한다. to부정사는 전치사의 목적어로 쓰이지 않으므로 동명사인 ② drawing만 쓸 수 있다.
해석 | A: 너는 무엇에 관심이 있어?
B: 나는 만화를 그리는 것에 관심이 있어.

4 해설 | 주어인 to부정사구가 뒤로 갔으므로, 가주어를 이용한 It ~ to부정사 구문임을 알 수 있다.
해석 | 외국어를 배우는 것은 쉽지 않다.

5 해설 | ②는 to부정사가 명사처럼 쓰여 동사 remember의 목적어 역할을 하고 있고, 나머지는 모두 '목적(~하기 위해)'을 나타낸다.
해석 | ① 그는 빵을 굽기 위해 밀가루를 좀 샀다.
② 나는 보고서를 제출해야 하는 것을 기억한다.

③ 그녀는 Jade를 만나기 위해 학교를 방문했다.
④ 그들은 오디션을 통과하기 위해 열심히 연습했다.
⑤ 나는 손을 씻기 위해 화장실에 갔다.
어휘 | flour 밀가루 audition 오디션

6 해설 | 과거에 눈사람을 만든 일을 잊었는지 묻는 것이므로 동명사를 목적어로 써야 한다. to부정사를 쓰면 '너는 나와 눈사람을 만들기로 한 일을 잊었니?'라는 의미가 된다.

7 해설 | practice는 동명사를 목적어로 쓰는 동사이므로 play를 playing으로 고쳐 practice 뒤에 쓴다.

8 해설 | ① deny는 목적어로 동명사가 오는 동사이다. to lie → lying
해석 | ① 그녀는 친구들에 관해 거짓말한 것을 부인했다.
② 나는 저녁에 조깅하는 것을 좋아한다.
③ Joe는 그가 가장 좋아하는 곡을 연주하기 시작했다.
④ 그들은 유성을 관찰할 것을 기대했다.
⑤ 그는 경찰에게 진실을 말할 것을 거부했다.
어휘 | deny 부인하다 shooting star 유성, 별똥별
refuse 거부하다

9 해설 | (1) 원급 비교는 「as+원급+as」로 쓴다.
(2) 원급 비교의 부정은 「not+as[so]+원급+as」로 쓴다.
해석 | (1) 분홍색 컵은 회색 컵만큼 크다.
(2) 회색 컵은 분홍색 컵만큼 비싸지 않다.

10 해설 | '가능한 한 ~한/~하게'라는 의미는 「as+원급+as possible」 또는 「as+원급+as+주어+can」으로 쓸 수 있다. 명령문이므로 Drink water로 시작하고 '자주, 종종'이라는 의미의 부사 often을 as와 as 사이에 넣어 문장을 완성한다.

11 해설 | 원급 비교의 부정은 「not as[so]+원급+as」로 쓰고, '~만큼 …하지 않은/…하지 않게'로 해석한다. 내 방이 언니의 방만큼 크지 않다는 말은 언니의 방보다 작다는 의미이다.
해석 | 내 방은 언니의 방만큼 크지 않다. = 내 방은 언니의 방보다 작다.

12 해설 | 의미상 첫 번째 빈칸에는 bad의 최상급이, 두 번째 빈칸에는 good의 비교급이 들어가야 한다. 최상급 앞에 the를 쓰는 것에 유의한다.

13 해설 | Jake가 Chris보다 더 키가 크므로, 주어를 Jake로 하고 than 뒤의 비교 대상을 Chris로 하여 비교급 문장을 완성한다. much는 비교급 앞에 쓰여 비교급을 강조한다.
해석 | Jake는 Chris보다 훨씬 더 키가 크다.

14 해설 | 주어가 Mia이고 Lucas가 비교 대상이므로, 'Mia가 Lucas보다 더 나이가 많다'라는 의미의 비교급 비교 문장을 완성한다. 비교급 비교는 「비교급+than」으로 쓴다.

15 해설 | 돌고래의 지능이 가장 높으므로 「the+최상급(+명사)+in/of+명사(구)」 형태의 최상급 비교 표현을 이용해야 한다. 따라서 ③의 smarter를 최상급 the smartest로 바꿔야 한다.
해석 | 돌고래는 셋 중에서 가장 똑똑한 동물이다.

16 해설 | fresh의 최상급은 the freshest이므로 most를 제외한 나머지를 바르게 배열하여 최상급 비교 문장을 완성한다.

교과서 대표 전략 ❷

pp. 62~63

1 ② 2 (1) Working outside [To work outside] is very hard for anyone (2) They wanted to practice dancing. 3 ④ 4 ③ 5 Please bring us some chairs to sit on. 6 (1) the cheapest (2) the most expensive (3) more expensive (4) cheaper 7 Noah: more, notebooks / Victoria: fewer, ruleres 8 spent as much money as Noah

1 해설 | 주어진 문장의 to부정사는 형용사로 쓰였고, 이와 쓰임이 같은 것은 ②이다. 나머지는 모두 명사처럼 쓰였다. ①, ⑤ 목적어 ③ 주어(진주어) ④ 보어
해석 | 〈보기〉 마실 것 좀 드릴까요?
① 그는 이발을 하는 것이 필요하다.
② 그들은 머물 장소를 찾았다.
③ 네 이야기를 하는 것이 중요하다.
④ 내 꿈은 나만의 집을 짓는 것이다.
⑤ 나는 가능한 한 빨리 부모님을 만나기를 희망한다.

2 해설 | (1) 동명사와 to부정사는 모두 주어 자리에 올 수 있으므로 동사 work를 working 혹은 to work로 고쳐야 한다.
(2) want는 to부정사를 목적어로 쓰는 동사이고, practice는 동명사를 목적어로 쓰는 동사이다. 쓰임에 맞게 동사의 형태를 변형한다.

3 해설 | 과거에 시드니를 다녀온 경험이 있으므로 가족과 함께 시드니를 '여행했던 것을 기억한다'는 의미로 동명사 traveling이 어울린다. visit는 앞의 명사 place를 수식하는 형용사 역할을 하도록 to부정사로 써야 한다. 또한 hope는 to부정사를 목적어로 쓰는 동사이므로 to go를 쓰는 것이 알맞다.
해석 | 나는 가족과 시드니를 여행했던 것을 기억한다. 그곳은 방문하기에 멋진 장소였다. 나는 그곳에 다시 가기를 바란다.

4 해설 | to부정사의 부정은 to부정사 앞에 not이나 never를 써서 나타내므로, We decided not to see the movie.로

쓰는 것이 적절하다.

5 해설 | to부정사의 수식을 받는 명사 some chairs가 sit on some chairs의 의미로 전치사 on의 목적어가 되도록 to sit 뒤에 on을 써야 한다.

6 해설 | (1), (2) 뒤에 비교 범위가 나오는 것으로 보아 최상급을 쓰는 것이 적절하다.
(3), (4) '~보다'라는 의미인 than과 비교 대상이 뒤에 나오므로 비교급을 쓰는 것이 적절하다.
해석 | (1) 사과는 가게에서 가장 싼 과일이다.
(2) 멜론은 가게에서 가장 비싼 과일이다.
(3) 망고는 복숭아보다 더 비싸다.
(4) 사과 세 개가 복숭아 두 개보다 더 싸다.

7 해설 | 무엇을 비교하고 있는지 파악하여 영수증 내용과 비교한 뒤 빈칸에 알맞은 말을 쓴다.
해석 | Noah: 나는 Victoria보다 더 많은 연필을 샀고, 그녀는 내가 산 것보다 더 많은 공책을 샀다.
Victoria: 나는 Noah보다 더 적은 지우개를 샀고, 그는 내가 산 것보다 더 많은 자를 샀다.

8 해설 | 두 사람이 쓴 금액이 같으므로 원급 비교 표현 「as+원급(+명사)+as」를 이용한다.
해석 | Victoria는 Noah만큼 많은 돈을 썼다.

2주 누구나 합격 전략 pp. 64~65

1 ④ 2 to fix 3 much more interesting than 4 ⑤ 5 (1) to surf the Internet (2) to get around 6 ⑤ 7 (1) It, to build (2) in order to catch 8 as short as 9 to see you, to see you 10 (1) taking pictures (2) dancing to pop music

1 해설 | 첫 번째 문장의 빈칸은 보어 자리이므로 동명사나 to부정사가 올 수 있고, 두 번째 문장의 빈칸은 want의 목적어 자리이므로 to부정사만 올 수 있다. 따라서 공통으로 들어갈 말은 ④ to take이다.
해석 | • 내 일은 그들을 돌보는 것이다.
• 나는 사진을 찍기를 원하지 않는다.

2 해설 | try는 to부정사와 동명사 모두 목적어로 쓸 수 있지만 의미가 다르다. 「try+to부정사」는 '~하려고 애쓰다, 노력하다'의 뜻이고 「try+동명사」는 '(시험 삼아) 한번 ~해 보다'의 뜻이다.
어휘 | broken 부서진

3 해설 | '~보다 더 …한'이라는 의미는 「비교급+than」으로 나타내고, much는 비교급을 강조하기 위해 비교급 앞에 쓴다.

4 해설 | ⑤ 비교급은 형용사/부사의 끝에 -(e)r을 붙이거나 앞에 more를 써서 만든다. easy의 비교급은 easier이므로 앞의 more를 빼야 한다.
해석 | ① 태양은 달보다 더 밝다.
② 그 개는 주인보다 더 빨리 걸었다.
③ 내 자전거는 내 형의 것보다 더 새것이다.
④ 오늘은 어제보다 더 나쁘지 않을 것이다.
⑤ 이 질문은 저것보다 더 쉬워 보인다.
어휘 | owner 소유자, 주인

5 해설 | 동사를 to부정사로 고쳐 '~하기 위해'라는 의미로 목적을 나타낼 수 있다.
해석 | 〈보기〉 나는 내 시간을 관리하기 위해 스마트폰을 사용한다.
(1) 나는 인터넷 서핑을 하기 위해 노트북을 사용한다.
(2) 나는 여기저기 돌아다니기 위해 자전거를 사용한다.
어휘 | manage 관리하다, 조정하다 laptop 노트북 컴퓨터 get around (여기저기) 돌아다니다

6 해설 | ⑤는 to부정사가 명사처럼 쓰여 hope의 목적어 역할을 하고 있고, 나머지는 모두 형용사처럼 앞의 명사를 수식하는 역할을 하고 있다.
해석 | ① 우리는 완료해야 할 임무가 있다.
② 그녀는 할 숙제가 많다.
③ Daniel은 그를 도울 많은 친구들이 있다.
④ 우리는 팔 물건들에 관해 그와 이야기했다.
⑤ 나는 제주도를 방문하길 바란다.
어휘 | mission 임무 complete 완료하다

7 해설 | (1) to부정사가 주어로 쓰였을 때, 주어 자리에 가주어 it을 쓴 뒤 진주어인 to부정사를 문장 뒤로 보낼 수 있다.
(2) 목적을 나타내는 부사적 용법의 to부정사는 in order to로 바꿔 쓸 수 있다.
해석 | (1) 하루 안에 집을 짓는 것은 불가능하다.
(2) Jake는 버스를 타기 위해 빨리 달렸다.

8 해설 | 초 두 개의 길이가 같으므로, 원급 비교 표현 「as+원급+as」를 이용한다.
해석 | 초 A는 초 B만큼 짧다.

9 해설 | 동사 see를 to부정사로 만들고, 목적어 you를 각각 추가하여 문장을 완성한다. A의 to부정사는 감정의 원인을 나타내는 수식어(부사)이고, B의 to부정사는 동사 hope의 목적어(명사)이다.

10 해설 | (1) 전치사의 목적어가 될 수 있는 것은 동명사이므로 take를 동명사 taking으로 고쳐 문장을 완성한다.
(2) 동사 enjoy는 동명사를 목적어로 쓰므로 dance를 동명사 dancing으로 고쳐 문장을 완성한다.
해석 | A: 너는 무엇에 관심이 있니?
B: 나는 사진을 찍는 것에 관심이 있어. 나는 밖에서 사진을 찍는 것을 좋아해. 너는?
A: 오, 나는 춤추는 것을 무척 좋아해. 나는 종종 팝 음악에 맞춰 춤을 추는 것을 즐겨.

2주 창의·융합·코딩 전략 ❶, ❷ pp. 66~69

A 해설 참조 B 1 to fly his kite 2 playing soccer 3 to jog 4 to ride a bike 5 inline skating
C 1 longer, as long as 2 higher than, high, A, B
D (1) to play with (2) to protect my skin (3) to find directions (4) to take photos

A 1 해설 | '가장 긴(the longest)' 연필을 골라야 한다.
해석 | 다섯 개 중에서 가장 긴 연필을 나에게 빌려줄래?

2 해설 | '가장 키 큰(the tallest)' 나무를 골라야 한다.
해석 | 숲에서 가장 키 큰 나무를 베어라.

3 해설 | '가장 빠른(the fastest)' 주자를 골라야 한다.
해석 | 너는 저 그룹에서 가장 빠른 주자를 스카우트해야 해.
어휘 | scout 스카우트[발굴]하다

4 해설 | '가장 큰(the biggest)' 장난감을 골라야 한다.
해석 | 선반 위에서 가장 큰 장난감을 사는 게 어때?
어휘 | shelf 선반

B 1 해설 | 아이가 연을 날리려 하고 있으므로 fly his kite라는 표현을 고른 뒤, want의 목적어가 되도록 동사 fly를 to부정사로 고쳐 쓴다.
해석 | 아빠의 어깨 위에 앉은 소년은 연을 날리기를 원한다.

2 해설 | 소년들은 축구를 하고 있으므로 play soccer라는 표현을 고른 뒤, enjoy의 목적어가 되도록 동사 play를 동명사로 고쳐 쓴다.
해석 | 소년들은 공원에서 축구하는 것을 즐긴다.

3 해설 | 아버지와 딸은 조깅을 하고 있으므로 jog라는 표현을 골라 to부정사로 고쳐 공원에 온 목적을 나타낸다.
해석 | 아버지와 딸은 조깅을 하러 공원에 온다.

4 해설 | 여자는 자전거를 타고 있으므로 ride a bike라는 표현을 골라 to부정사로 고쳐 공원에 온 목적을 나타낸다.
해석 | 여자는 자전거를 타러 공원에 온다.

5 해설 | 여자는 인라인스케이트를 연습하고 있으므로 inline skate라는 표현을 고른 뒤, practice의 목적어가 되도록 동명사로 고쳐 쓴다.
해석 | 여자는 혼자 인라인스케이트를 타는 것을 연습한다.

C 1 해설 | 비교급 비교 표현과 원급 비교 표현을 이용한다.
해석 | 여: 어느 선이 다른 것보다 더 길까?
남: 음… 내 생각에는 B가 A보다 긴 것 같아.
여: 네가 틀렸어. B는 A만큼 길어.
남: 정말? 그것들이 같다고? 재미있구나!

2 해설 | 비교급 비교 표현과 원급 비교 표현을 이용하되, '몇 배'를 나타내는 표현은 「배수 표현+as+원급+as」임에 유의한다.
해석 | 남: 산 B가 산 A보다 훨씬 더 높아 보여.
여: 맞아. 산 B가 산 A의 두 배만큼 높아.
남: 산들이 얼마나 높은데?
여: 산 A는 800미터이고, 산 B는 1,600미터야.

D 해설 | (1) '가지고 놀'이라는 의미로 앞의 명사 a ball을 수식하도록 play with라는 표현을 골라 to부정사로 고쳐 쓴다.
(2) '피부를 보호할'이라는 의미로 앞의 명사 a cap을 수식하도록 protect my skin이라는 표현을 골라 to부정사로 고쳐 쓴다.
(3) '방향을 찾기 위해' 그것들(지도와 나침반)이 필요하다는 의미로 find directions를 골라 목적을 나타내는 to부정사로 고쳐 쓴다.

(4) 카메라로 사진을 찍는 것이 자연스러우므로 '사진을 찍기 위해'라는 의미로 take photos를 골라 목적을 나타내는 to 부정사로 고쳐 쓴다.
해석 | 먼저, 나는 수건 몇 장과 구급상자를 챙겼어. 나는 또한 가지고 놀 공과 햇빛으로부터 내 피부를 보호할 모자를 챙겼어. 나는 지도와 나침반을 챙겼어. 나는 숲속에서 방향을 찾기 위해 그것들이 필요해. 나는 또한 사진을 찍기 위해 카메라도 가져갈 거야. 나는 티셔츠와 반바지를 입고 운동화를 신을 거야.

신유형·신경향·서술형 전략

pp. 72~75

1 해설 참조 **2** (1) me, 동사 help의 목적어 자리이므로 목적격 인칭대명사가 알맞다. (2) sweet, 감각동사 taste의 주격 보어 자리이므로 형용사가 알맞다. (3) interesting, 5형식 동사 find의 목적격 보어 자리이므로 형용사가 알맞다. **3** (1) What did you eat for breakfast? (2) What an intelligent woman she is! (3) How difficult this puzzle is! **4** (1) Ms. Wilson couldn't sleep well because she drank a lot of coffee in the evening. (2) When I called Tom last night, he was taking a shower. **5** (1) most (2) earlier **6** (1) They decided to make a soccer field on the sea. (2) I recommend trying ice cream on a cold day. **7** (1) is excited to win the race (2) to stop eating unhealthy food **8** (1) Do you mind turning off the air conditioner? (2) It is not safe to eat wild mushrooms.

1 (1) Christmas(주어) / is(동사) / my favorite holiday(보어).
➡ 크리스마스는 내가 가장 좋아하는 휴일이다.
(2) Mom(주어) / made(동사) / me(간접목적어) / a carrot cake(직접목적어) / yesterday.
➡ 엄마는 어제 내게 당근 케이크를 만들어 주셨다.
(3) Sandy(주어) / goes(동사) / to the same school / as her twin sister.
➡ Sandy는 그녀의 쌍둥이 자매와 같은 학교에 다닌다.

2 (sample) **해설 |** 「주어+동사+목적어」의 3형식 문장이다.
해석 | 그는 액션 영화를 좋아한다.
(1) **해설 |** 「주어+동사+목적어」의 3형식 문장이다.
해석 | 아빠가 내 숙제를 도와주셨다.
(2) **해설 |** 「주어+동사+주격 보어(형용사)」의 2형식 문장이다.
해석 | 꿀은 정말 달콤한 맛이 난다.
(3) **해설 |** 「주어+동사+목적어+목적격 보어(형용사)」의 5형식 문장이다.
해석 | 우리는 새로운 텔레비전 프로그램이 재미있다는 것을 알았다.

3 (sample) **해설 |** be동사의 의문사 의문문은 「의문사+be동사+주어 ~?」이므로, does를 제외한 나머지를 이용한다.
해석 | 네가 가장 좋아하는 가수는 누구니?
(1) **해설 |** 일반동사의 의문사 의문문은 「의문사+do[does/did]+주어+동사원형 ~?」이므로, 동사의 과거형 ate를 제외한 나머지를 이용한다.
해석 | 너는 아침으로 무엇을 먹었니?
(2) **해설 |** 명사 woman을 강조하는 감탄문이 되도록 how를 제외한 나머지를 「What+an+형용사+명사+주어+동사!」 형태로 배열한다.
해석 | 그녀는 정말 똑똑한 여자구나!
(3) **해설 |** 형용사 difficult를 강조하는 감탄문이 되도록 what을 제외한 나머지를 「How+형용사+주어+동사!」 형태로 배열한다.
해석 | 이 퍼즐은 정말 어렵구나!

4 (sample) **해설 |** 첫 번째 문장이 두 번째 문장에서 believe의 목적어로 쓰인 it을 대신하도록 명사절 접속사 that을 이용한다.
해석 | 몇몇 사람들은 네잎클로버가 행운을 가져다준다고 믿는다.
(1) **해설 |** 커피를 많이 마신 것이 잠을 자지 못한 이유에 해당하므로, 이유를 나타내는 부사절 접속사 because를 이용한다.
해석 | Wilson 씨는 저녁에 커피를 많이 마셔서 잠을 잘 자지 못했다.
(2) **해설 |** 전화를 했을 때 샤워 중이었다는 의미이므로 시간을 나타내는 부사절 접속사 when을 이용한다.
해석 | 내가 어젯밤에 Tom에게 전화했을 때 그는 샤워 중이었다.

5 (sample) **해설 |** 두 사람의 키가 차이가 나므로, 원급 비교 표현을 이용하려면 부정어 not을 넣어 Suho is not as[so] tall as my brother.로 쓸 수 있다.
해석 | 수호는 키가 160cm이고, 내 형은 키가 170cm이다.
→ 수호는 내 형만큼 키가 크지 않다.

(1) **해설 |** 세 사람의 득점을 비교했을 때 수지가 가장 많이 득점했으므로, 최상급 비교 표현을 이용하여 Suji scored the most goals of the three.로 쓸 수 있다.
해석 | 수지는 다섯 골을 넣었고, Kelly는 두 골을, Amy는 세 골을 넣었다. → 수지는 셋 중에서 가장 많은 골을 넣었다.
(2) **해설 |** 두 사람이 집에 오는 시간이 차이가 나고, 'I'가 집에 더 빨리 오므로 비교급 비교 표현을 이용하여 I come home earlier than my sister.로 문장을 완성할 수 있다.
해석 | 나는 오후 4시에 집에 오고, 내 언니는 오후 6시에 집에 온다. → 나는 내 언니보다 집에 더 일찍 온다.

6 (sample) **해설 |** 동사 finish는 동명사를 목적어로 쓰는 동사이므로 doing을 목적어로 쓰고 to do는 제외한다.
(1) **해설 |** 동사 decide는 to부정사를 목적어로 쓰는 동사이므로 to make를 목적어로 쓰고 making은 제외한다.
(2) **해설 |** 동사 recommend는 동명사를 목적어로 쓰는 동사이므로 trying을 목적어로 쓰고 to try는 제외한다.

7 (sample) **해설 |** 책을 빌리기 위해 도서관에 가는 것이므로 동사 borrow를 to부정사로 바꿔 목적을 나타내는 것이 알맞다.
해석 | 그녀는 책을 빌리러 도서관에 간다.
(1) **해설 |** 경주에 이겨 기쁜 상황이 되는 것이 적절하므로 동사 win을 to부정사로 바꿔 감정의 원인을 나타내는 것이 알맞다.
해석 | 그 소년은 경주에서 이겨서 기쁘다.
(2) **해설 |** 건강에 좋지 않은 음식을 먹는 것을 중단하기로 결심한다는 의미가 되도록 동사 stop을 to부정사로 바꿔 decide의 목적어 자리에 쓴다. 또한 stop은 동명사를 목적어로 쓰므로 동사 eat을 동명사 eating으로 바꿔야 한다.
해석 | 그는 건강에 좋지 않은 음식을 먹는 것을 그만두기로 결심한다.

8 (sample) **해설 |** thank *A* for ~는 '~에 대해 A에게 감사하다'라는 의미이다. for는 전치사이므로 동사 welcome을 동명사 welcoming으로 고쳐야 한다.
(1) **해설 |** 동사 mind는 '~을 꺼리다, 언짢아하다'라는 의미의 동사로 'Do you mind ~?'는 상대방의 허락을 구하기 위해 쓰는 표현이다. mind가 동명사를 목적어로 쓰므로, 동사 turn을 동명사 turning으로 고쳐야 한다.
(2) **해설 |** 의미상 '야생 버섯을 먹는 것'이 주어가 되어야 하고 주어진 표현에 가주어 it이 있으므로 eat wild mushrooms를 to부정사구로 고쳐 It ~ to부정사 구조로 쓴다.

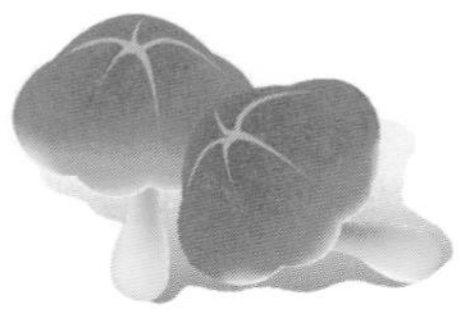

적중 예상 전략 | 1

pp. 76~79

1 ⑤ 2 ⑤ 3 ③ 4 ④ 5 ② 6 ② 7 ④ 8 ⑤ 9 There are two apples and four bananas 10 His parents bought a drone for him. 11 How long does it take to the train station? 12 What a beautiful painting this is! 13 I belive that you will win the contest. 14 When you get on the boat, you must wear a life jacket. 15 (A) When (B) that 16 the little one gave him another chance 17 ⓑ, Put your hand in here. 18 because he didn't bring his cat to the cashier

1 **해설 |** 감각동사 look은 2형식 동사로 주격 보어 자리에 형용사를 쓴다. ⑤ bravely는 부사이므로 빈칸에 들어갈 수 없다.
해석 | 너의 개는 행복해[귀여워/건강해/온순해] 보여.
어휘 | bravely 용감하게

2 **해설 |** ⑤는 「주어+동사+주격 보어」의 2형식 문장이고, 나머지는 모두 1형식 문장이다. ①, ②, ③은 「주어+동사+수식어구」, ④는 「There+be동사+주어+수식어구」의 1형식 문장이다.
해석 | ① 아빠는 부엌에 계시다.
② Tina는 아주 빠르게 수영한다.
③ 어린 소년은 기뻐서 날뛰었다.
④ 우리 집 뒷마당에는 그네가 있다.
⑤ Allen과 Jessica는 친구가 되었다.

3 **해설 |** 〈보기〉와 ③은 4형식 문장이고, ①은 5형식, ②는 2형식, ④, ⑤는 3형식 문장이다.
해석 | 〈보기〉 Jennifer는 나에게 책갈피를 만들어 주었다.
① 내 고양이는 나를 행복하게 만든다.
② Ava는 프로그래머가 되었다.
③ 나는 Liam에게 감사 편지를 보냈다.
④ Tom은 초콜릿칩 쿠키를 만든다.
⑤ 엄마는 고등학교에서 수학을 가르치신다.

4 **해설 |** ④는 빈칸 뒤에 형용사(amazing)와 명사(recipes)가 나오므로 명사를 강조하는 감탄문이 되도록 What을 쓰고 나머지는 모두 How를 쓴다.
해석 | ① 그 물고기는 정말 크구나!
② 그 바이러스는 정말 위험하구나!
③ 이 거북이들은 정말 느리구나!
④ 너는 정말 놀라운 조리법들을 가지고 있구나!
⑤ 건강한 습관들이 정말 중요하구나!

5 **해설 |** ② 부정 명령문은 「Don't[Never]+동사원형 ~.」의 형태이므로 Don't waste ~로 써야 한다. waste는 일반동사

이므로 앞에 be가 필요 없다.
해석 | ① 너의 약속을 지켜라.
② 너의 시간을 낭비하지 말아라.
③ 저녁 식사에 절대 늦지 마.
④ 쓰레기는 쓰레기통에 버려라.
⑤ 그것에 관해 너무 걱정하지 마.

6 해설 | ② 일반동사의 과거형 made가 쓰였으므로 부가의문문은 didn't를 이용해야 한다.
해석 | ① 그들은 부자가 아니야, 그렇지?
② Amy가 이 샌드위치를 만들었어, 그렇지 않니?
③ Jack은 프랑스어를 못해, 그렇지?
④ 너는 김치를 먹을 수 없어, 그렇지?
⑤ 그들은 어제 행복했어, 그렇지 않니?

7 해설 | ④ 빨강과 파랑 중에 어떤 색이 좋은지 묻는 '선택'의 의미이므로, and를 or로 바꿔야 한다.
해석 | ① 개미들은 작지만 힘이 세다.
② 너는 우산이나 비옷이 필요하다.
③ 나는 약간의 펜과 공책을 샀다.
④ 너는 어떤 색을 좋아하니, 빨강 아니면 파랑?
⑤ 우리는 점심으로 피자나 햄버거를 먹을 것이다.

8 해설 | 자전거를 잃어버린 것이 많이 운 이유에 해당하므로 첫 번째 빈칸에는 이유를 나타내는 부사절 접속사 because가 알맞다. 두 번째 빈칸에는 문맥상 '~하기 전에'라는 의미로 시간을 나타내는 부사절 접속사 before가 알맞다.
해석 | • 그는 자전거를 잃어버려서 많이 울었다.
• 방문하기 전에 제게 전화를 주세요.

9 해설 | 「There+be동사+주어(+수식어구)」 구문을 이용하고, 주어가 복수이므로 be동사는 are를 쓴다.

10 해설 | 4형식 문장을 3형식으로 바꿀 때 간접목적어 앞에 전치사를 붙여 뒤로 보낸다. buy는 3형식으로 바꿀 때 전치사 for를 이용한다.
해석 | 그의 부모님은 그에게 드론을 사 주셨다.

11 해설 | 의문사로 시작하여 구체적인 정보를 요청하는 의문사 의문문이므로 「How long+does+주어+동사원형 ~?」의 어순으로 쓴다.
해석 | A: 기차역까지 얼마나 오래 걸리나요?
B: 버스로 약 20분 정도 걸립니다.

12 해설 | What으로 시작하는 감탄문은 「What(+a/an)+형용사+명사+주어+동사!」의 어순으로 쓴다.
해석 | 이것은 매우 아름다운 그림이다. → 이것은 정말 아름다운 그림이구나!

13 해설 | 접속사 that을 이용하여 첫 번째 문장을 명사절로 바꿔 두 번째 문장의 동사 believe의 목적어 자리에 쓴다.
해석 | 네가 그 대회에서 이길 것이다. 나는 그것을 믿는다. → 나는 네가 그 대회에서 이길 것이라고 믿는다.

14 해설 | 시간을 나타내는 접속사 when이 이끄는 부사절(When you get on the boat,)을 먼저 쓰고, 이어서 주절을 「주어(you)+동사(must wear)+목적어(a life jacket)」의 순서로 배열한다.

15 해설 | (A) 문맥상 '우리가 야생 붉은 여우를 관찰했을 때'의 의미가 자연스러우므로 시간을 나타내는 부사절을 이끄는 접속사 when이 알맞다. (B) '~라는 것'의 의미로 동사 found의 목적어 역할을 하는 명사절을 이끄는 접속사 that이 알맞다.
지문 해석 | 당신의 친구가 당신에게 친절하게 굴지 않았을 때 당신은 어떻게 했는가? 아마도 그냥 가 버렸을 것이다. 우리가 야생 붉은 여우를 관찰했을 때 그 여우도 당신과 똑같이 했다. 두 마리의 여우가 놀고 있을 때 더 큰 녀석이 작은 녀석을 너무 세게 밀었다. 작은 녀석은 그것을 좋아하지 않았다. 그래서 그녀는 그 자리를 떠나 버렸다. 하지만 우리는 곧 큰 녀석이 그녀와 함께 놀기를 원한다는 것을 알았다. 그는 그녀에게 달려가 절을 하고 굴렀다. 우리는 그가 너무 귀엽다고 생각했다. 마침내 작은 녀석은 그에게 또 한번의 기회를 주었고, 이번에는 그 더 큰 녀석이 그녀와 온화하게 놀았다.

어휘 | while ~하는 동안 bow down 절을 하다 roll over 구르다 gently 온화하게

16 해설 | '(주어)가 ~에게 …를 ~하다'라는 의미의 문장이고, 주어진 표현 중 gave가 4형식 동사이므로, 「주어(the little one)+동사(gave)+간접목적어(him)+직접목적어(another chance)」의 순서로 배열한다.

17 해설 | ⓑ '~해라'라는 의미의 명령문이 되도록 주어 You를 생략하고 동사원형 Put으로 시작해야 한다.
지문 해석 | 슈퍼마켓에서 한 남자가 개 사료를 계산대로 가져갔다. 계산대 직원은 "이곳에 당신의 개가 있나요?"라고 물었다. "아니요."라고 남자가 말했다. "죄송합니다. 개를 데려오지 않으면 개 사료를 살 수 없어요. 그것이 규정입니다."라고 그녀가 말했다. 다음날 그는 고양이 사료를 사기 위해 다시 왔다. 그가 자신의 고양이를 계산대 직원에게 데려오지 않았기 때문에 또다시 그는 그것을 살 수 없었다. 다음날 그는 갈색 종이 가방을 가지고 가게로 걸어 들어왔다. 그는 계산대 직원에게 "이 속에 손을 넣어 보세요."라고 말했다. 그녀는 "부드럽고 따뜻하군요. 무엇인가요?"라고 말했다. 그 남자는 "화장지 주세요."라고 말했다.

18 해설 | '~하기 때문에'라는 의미로 이유를 나타내는 부사절 접속사 because를 쓰고 「주어(he)+동사(didn't bring)+목적

어(his cat)+전치사구(to the cashier)」의 순서로 부사절을 완성한다.

적중 예상 전략 | ❷

pp. 80~83

1 ③ 2 ⑤ 3 ① 4 ③ 5 ③ 6 ⑤ 7 ② 8 ② 9 turned on the TV to watch his favorite drama 10 ⓐ listening ⓑ listening 11 ⓐ to live ⓑ to break 12 this backpack is much more expensive than that one 13 Henry forgot texting his friend John. 14 He grew up to be a great musician. 15 to float 16 sometimes as big as mountains 17 (A) It is older than you. (B) You are stronger than me[I] 18 not as[so] expensive as

1 해설 | 주어진 문장의 planting은 be동사와 함께 '~하고 있다'라는 의미를 나타내는 진행형이다. 이와 쓰임이 같은 것은 ③이고, 나머지는 모두 동명사이다. ① 주어 역할을 하는 동명사 ② 보어 역할을 하는 동명사 ④ 목적어 역할을 하는 동명사 ⑤ 전치사의 목적어 역할을 하는 동명사
해석 | 나는 꽃나무를 심고 있어.
① 나무를 심는 것은 중요한 일이다.
② 우리 아버지의 취미는 꽃을 심는 것이다.
③ 그들은 뒷마당에 무엇을 심고 있니?
④ 그들은 밭에 밀을 심는 것을 끝마쳤다.
⑤ 나는 몇몇 식물들을 심는 것에 관심이 있다.
어휘 | flowering tree 꽃나무 backyard 뒷마당 wheat 밀

2 해설 | ⑤ 감정을 나타내는 형용사 뒤에 오는 to부정사는 '~해서(감정의 원인)'의 의미로 해석하는 것이 적절하다. 따라서 'Ethan은 그 결과를 알게 되어서 실망했다.'로 해석해야 한다.

3 해설 | ①의 to travel은 보어 역할을 하는 to부정사이고, 나머지는 모두 목적어 역할을 하는 to부정사이다.
해석 | ① 내 계획은 자동차로 여행하는 것이다.
② 나는 내일 당신을 만나기를 바란다.
③ 우리는 스페인어로 인사를 하는 법을 배웠다.
④ 당신은 그것에 대해 항의해야 합니까?
⑤ 고양이들은 창밖의 새를 관찰하기를 좋아한다.
어휘 | complain 불평[항의]하다

4 해설 | ⓒ 전치사 by의 목적어 자리이므로 동명사 cooking이 와야 한다. ⓓ decide는 to부정사를 목적어로 쓰는 동사이므로 practicing을 to practice로 고쳐야 한다. ⓔ keep은 동명사를 목적어로 쓰는 동사이므로 to practice를 동명사 practicing으로 고쳐야 한다.
지문 해석 | Wells 씨는 요리하는 것을 좋아하지 않았다. 그러나 그는 그의 딸을 위해 맛있는 것을 요리해서 그녀를 행복하게 해 주고 싶었다. 그래서 그는 그녀가 가장 좋아하는 음식을 만드는 것을 연습하기로 결심했다. 그는 계속해서 연습했고, 이제 그는 요리하는 것을 즐긴다.

5 해설 | '~보다 더 …한/…하게'라는 의미인 「비교급+than」이 사용되었다. 첫 번째 빈칸에 들어갈 도시보다 서울이 더 따뜻해야 하므로 빈칸에는 서울보다 기온이 낮은 전주가 알맞다. 두 번째 빈칸에 들어갈 도시는 네 도시 중 가장 따뜻해야 하므로 기온이 가장 높은 목포가 알맞다.
해석 | 오늘, 대전은 서울보다 더 따뜻하고, 서울은 전주보다 더 따뜻하다. 목포는 네 도시 중 가장 따뜻하다.

6 해설 | '~에서 가장 …한/…하게'라는 의미로 「the+최상급(+명사)+in/of+명사(구)」를 쓴다. 주어진 표현을 바르게 배열하면 Disneyland is the most famous theme park in the world.이므로, 네 번째로 오는 표현은 famous이다.

7 해설 | ② 책 C는 250페이지이고 책 A는 260페이지이므로 책 C의 페이지가 더 적다.
해석 | ① 책 A는 세 권의 책 중 가장 싸다.
② 책 C는 책 A보다 페이지가 더 많다.
③ 책 B는 책 C만큼 페이지가 많다.
④ 책 C는 책 B보다 더 비싸다.
⑤ 책 A는 세 권의 책 중 가장 페이지가 많다.

8 해설 | ⓐ 형용사 sweet는 뒤에 -er을 붙여 비교급을 만들면 되므로, 앞에 more를 쓸 필요가 없다. more sweeter → sweeter ⓓ 원급 비교 표현은 「as+원급+as」로 쓴다. more useful → useful ⓔ 최상급 비교 표현의 비교 범위는 「in/of+명사(구)」로 쓴다. than은 비교급 뒤에 쓴다. than → of
해석 | ⓐ 이 주스는 꿀보다 더 달콤하다.
ⓑ 나는 가능한 한 천천히 걸었다.
ⓒ 이 영화는 올해 가장 지루한 영화이다.
ⓓ 나는 연필이 볼펜만큼 유용하다고 생각한다.
ⓔ 주원은 그 건물들 중에서 가장 높은 건물을 지었다.

9 해설 | Brian이 좋아하는 드라마를 보기 위해 TV를 켰다는 의미가 되도록 첫 번째 문장 뒤에 두 번째 문장의 to watch 이하를 연결하는 것이 적절하다.
해석 | Brian은 TV를 켰다. 그는 그가 가장 좋아하는 드라마를 보기를 원했다. → Brian은 그가 가장 좋아하는 드라마를 보기 위해 TV를 켰다.

10 해설 | ⓐ의 listen은 전치사의 목적어가 되어야 하므로 동명사 listening으로 쓰는 것이 적절하다. ⓑ의 listen은 be동사와 함께 과거진행형을 만들어야 하므로 listening으로 고치는 것이 적절하다.

해석 | • 나는 큰 소리로 음악을 듣는 것에 지쳤다.

• 학생들은 선생님의 말씀을 듣고 있었다.

11 해설 | 필리핀 사람들이 생일에 국수를 먹는 것은 '장수를 누리기 위해서'이고, 피냐타를 치는 것은 '불운을 깨기 위해서'이다. 따라서 live와 break 모두 목적을 나타내는 to부정사로 고쳐야 한다.

해석 | 필리핀에서, 사람들은 장수를 누리기 위해 생일에 국수를 먹는다. 그들은 또한 불운을 깨기 위해 피냐타를 친다.

12 해설 | 비교급 비교는 「비교급+than」으로 쓴다. expensive의 비교급은 앞에 more를 써서 만들며, '훨씬'이라는 강조의 의미를 더하기 위해 앞에 부사 much를 쓴다. than 뒤에는 비교 대상인 that one(= that backpack)이 와야 한다.

해석 | A: 이 배낭을 사는 게 어때?

B: 글쎄, 이 배낭이 저것보다 훨씬 더 비싸.

13 해설 | 과거에 문자를 보냈던 것을 잊은 것이므로 forget의 목적어로 동명사 texting을 쓴다. 과거시제로 써야 하므로 forget은 과거형 forgot으로 쓴다.

해석 | • Henry는 그의 친구 John에게 문자를 보냈다.

• 그는 그가 그랬다는 것을 잊었다.

→ Henry는 그의 친구 John에게 문자를 보냈던 것을 잊었다.

14 해설 | 그림으로 보아 소년이 자라서 음악가가 된 것이므로, '~해서 …하다'의 의미로 결과를 나타내는 to부정사를 이용하여 문장을 완성하는 것이 적절하다.

해석 | 그는 자라서 훌륭한 음악가가 되었다.

15 해설 | 동사 want는 to부정사를 목적어로 쓰므로 to float로 쓰는 것이 적절하다.

지문 해석 | Ottis 씨: 안녕하세요, 저는 바다와 해안을 따라 삽니다. 저는 물속에서 먹고, 쉬고, 잠을 잡니다. 저는 해초로 저를 감싸고 제 친구들과 손을 잡아요. 왜 그런지 아세요? 파도에 쓸려 떠내려가고 싶지 않거든요. 파도는 때로 저에게는 산만큼 크지만, 저는 걱정하지 않아요. 친구들이 있으니까요!

16 해설 | '~만큼 …한'이라는 의미의 원급 비교 표현은 「as+원급+as」이다. 빈도부사 sometimes는 일반적으로 be동사 뒤에 쓴다.

17 해설 | '~보다 더 …한'의 의미이므로 「비교급+than」을 이용한다. 형용사 old와 strong은 둘 다 단어 끝에 -er을 붙여 비교급을 만든다.

지문 해석 | 송 선생님: 이것은 비틀스의 음반이에요. 그것은 여러분보다 나이가 더 많아요. 내 아버지가 이 음반을 내 열세 번째 생일에 내게 주셨어요. 저는 이 음반에 수록된 노래들을 무척 좋아했습니다. 음악에 대한 제 사랑은 이 음반과 함께 시작되었어요. 지금 저는 음악 선생님이고요. 그래서 이 음반은 제게 특별합니다.

지수: 제가 그것에 5,000원을 낼게요!

호준: 여러분은 제 특별한 물건을 볼 수 없습니다. 무엇인지 아시겠어요? 그것은 시간입니다. 토요일에 제 여가 중 두 시간을 드릴게요. 저는 여러분의 숙제를 도울 수 있습니다. 저는 여러분의 반려동물을 돌볼 수 있습니다. 저는 여러분 대신 쇼핑을 갈 수 있습니다. 저는 힘이 매우 세니까 무거운 것도 나를 수 있습니다.

송 선생님: 너는 나보다 힘이 세, 그렇지? 너의 시간을 30,000원에 살게.

18 해설 | 지수는 비틀즈의 앨범을 5,000원에 산다고 했고, 송 선생님은 호준이의 시간을 30,000원에 산다고 했으므로 원급 비교의 부정 표현 「not+as [so]+원급+as」를 이용하여 문장을 완성해야 한다.

MEMO